宋史

元 脱脱等撰

第一一册

卷一四三至卷一六〇（志）

中華書局

宋史卷一百四十三

志第九十六

儀衞一

殿庭立仗

蓋天下之貴，一人而已。是故環拱而居，備物而動，文謂之儀，武謂之衞。一以明制度，示等威；一以愼出入，遠危疑也。書載弁戈、冕劉、虎賁、車輅。周官旅賁，王出入，執盾以夾王車。朝儀之制，固已粲然。降及秦、漢，始有周廬、陛戟、鹵簿、金根、大駕、法駕千乘萬騎之盛。歷代因之，雖或損益，然不過爲尊大而已。宋初，因唐、五代之舊，講究修葺，尤爲詳備。其殿庭之儀，則有黃麾大仗、黃麾半仗、黃麾角仗、黃麾細仗。凡正旦、冬至及五月一日大朝會，大慶、册、受賀、受朝，則設大仗；月朔視朝，則設半仗；外國使來，則設角仗；發册授寶，則設細仗。其鹵簿之等有四：一曰大駕，郊祀大饗用之；二曰法駕，方澤、明堂、宗廟、籍田用之；三曰小駕，朝陵、封祀、奏謝用之；四曰黃麾仗，親征、省方還京用之。南渡之後，務爲簡省。此其大較也。若夫臨時增損，用置不同，則有國史、會要、禮書具在。今取所載，撮其凡爲儀衞志。

殿庭立仗，本充庭之制。唐禮，殿庭、屯門，皆列諸衞黃麾大仗。宋興，太祖增創錯繡諸旗幷幡氅等，著于通禮，正、至、五月一日，御正殿則陳之。青龍、白虎旗各一，分左右；五嶽旗五在左，五星旗五在右；五方龍旗二十五在左，五方鳳旗二十五在右；紅門神旗二十八，分左右；朱雀、眞武旗各一，分左右；皁纛十二，分左右。以上金吾。天一、太一旗各一，分左右；攝提旗二，分左右；五辰旗五，北斗旗一，分左右；木、火、北斗在左，金、水、土在右。二十八宿各一，角宿至壁宿在左，奎宿至軫宿在右。風伯、雨師旗各一，分左右；白澤、馴象、仙鹿、玉兎、馴犀、金鸚鵡、瑞麥、孔雀、野馬、犛牛旗各二，分左右；日月合璧旗一在左，五星連珠旗一在右；雷公、電母旗各一，分左右；軍公旗六，分左右；黃鹿、飛麟、兕、騶牙、白狼、蒼烏、辟邪、網子、貔旗各二，分左右；信幡二十二，分左右；傳敎、告止幡各十二，分左右；

黃麾二，分左右。以上兵部。日旗、月旗各一，分左右；君王萬歲旗一在左，天下太平旗一在右；獅子旗二，分左右；金鸞、金鳳旗各一，分左右；五方龍旗各一。青、赤在左，黃、白、黑在右。以上龍墀。龍君、虎君旗各五，分左右；赤豹、黃羆旗各五，分左右；小黃龍旗一在左，天馬旗一在右；吏兵、力士旗各五，分左右；天王旗四，分左右；太歲旗十二，分左右；天馬旗六，分左右；排闌旗六十，分左右；左右幡氅各五行，行七十五；大黃龍旗二，分左右；大神旗六，分左右。以上六軍。

神宗元豐二年，詳定所言：「正旦御殿，合用黃麾仗。案唐開元禮，冬至朝會及皇太子受册、加元服，册命諸王大臣，朝宴外國，亦皆用之。故事，皇帝受羣臣上尊號，諸衞各率其屬，勒所部屯門、殿庭列仗衞。今獨修正旦儀注，而餘皆未及。欲乞冬會等儀，悉加詳定。」詔從之。又言：「御殿儀仗，有黃麾幡三而無黃麾。請製大麾一，注旄於干首，以取夏制；黃色，以取漢制；用十二幅，以取唐制；用一旒，以取今龍墀旗之制。建於當御廂之前，以爲表識。其當御廂之後，則建黃麾幡二。」上謂蔡確等曰：「黃麾制度，終有可疑。今鑿而爲植於大庭，夷夏共瞻，或致博聞多識者譏議，非善。宜姑闕之。」乃止。三年，詳定所言：「昨定朝會圖，於大慶殿橫街北止陳大輦、逍遙、平輦，而輿未陳也。當大輦之南，增腰輿一，小輿一。古者扇翣，皆編次雉羽或尾爲之，故於文從『羽』。唐開元改爲孔雀，凡大朝會，陳一百五十有六，分居左右。國朝復雉尾之名，而四面略爲羽毛之形，中繡雙孔雀，又有雙盤龍扇，皆無所本。」遂改製偏扇、團方扇爲三等，繡雉。凡朝會，平輦、逍遙並陳於東西龍墀上。

徽宗政和三年，議禮局上大慶殿大朝會儀衞：

黃麾大仗五千二十五人。仗首左右廂各二部，絳引幡十。執各一人。第一部，左右領軍衞大將軍各一員，第二部，左右領軍衞折衝〔二〕，掌鼓一人，帥兵官一十人。次執儀刀部十二行，每行持各十人：後部並仗同。第一行，黃雞四角氅；凡氅，皆持以龍頭竿。第二，儀鍠五色幡；第三，靑孔雀五角氅；第四，烏戟；第五，緋鳳六角氅；第六，細弓矢；第七，白鵝四角氅；第八，朱縢絡盾刀；第九，皁鵝六角氅；第十，細弓矢；第十一，矟；第十二，綠縢絡盾刀。掲鼓二，掌鼓二人。後部同。以上排列左右廂。第一部各於軍員之南，居次廂第一部矟前。第二部於第一部之後，並相向。

次廂左右各三部：第一，左右屯衞，第二，左右武衞，並大將軍；第三，左右衞將軍：各一員。第一，果毅；第二、第三，折衝：各一員。於仗首左右廂第一部之南，相向。持黃麾幡二人，在當御廂前分立。當御廂左右各一部，左右衞果毅各一人，於玉輅之前分左右，並北向。

次後廂左右各三部：第一，左右驍衞將軍；第二，左右領軍衞折衝；第三，左右領軍衞果毅；各一員。第一部，分於當御廂之左右差後；第二部，左在金輅之後西偏，右在象輅之後東偏；第三部，左在革輅之後西偏，右在木輅之後東偏，並北向。

次左右廂各三部：第一，左右武衞將軍；第二，左右屯衞將軍；第三，左右領軍衞折衝：各一員。各在網子、鶡雞、貔旗之前，東西相向。左右廂各步甲十二隊：第一隊，左右衞果毅；第二，左右衞，第四，左右驍衞，第六，左右武衞，第八，左右屯衞，第十、第十二，左右領軍衞，並折衝；第三，左右驍衞，第五，左右武衞，第七，左右屯衞，第九、第十一，左右領軍衞，並果毅：各一員。每隊旗一，貔、鶡雞、仙鹿、金鸚鵡、瑞麥、孔雀、野馬、犛牛、甘露、網子。內第十二隊旗同第一隊。刀盾、弓矢相間，分十二隊，每隊三十人，五重。第一至第六隊，在仗首第二部北；第七至第十二隊，在仗首第二部南，東西相向。

左右廂後部各十二隊：第一、第二，左右衞；第五至第七〔二〕，左右武衞；第十至第十二〔三〕，左右領軍衞：並折衝。第三、第四，左右驍衞；第八、第九，左右屯衞：並果毅。每隊旗二，角端、赤熊、兕、太平、馴犀、鵕鸃、騼騊、騶牙、蒼烏、白狼、龍馬、金牛。次弩五人爲一列，弓矢十人爲二重，矟二十人爲四重。以上在大慶殿門外，第一至第四隊在前，第五至第八隊在後，第九至第十二隊又在後，東西相向。

眞武隊：金吾折衝都尉一員，仙童、眞武、螣蛇、神龜旗各一，執各一人。犦矟二人，弩五人爲一列，弓矢二十人爲四重，矟二十五人爲五重。以上在大慶門外中道，北向排列。

殿中省尙輦陳孔雀扇四十於簾外。執各一人。陳輦輿於龍墀。大輦在東部，押、執、擎人二百二十有二人；腰輿在南，一十有七人；小輿又在南，二十有五人，皆西向。平輦在西，逍遙在南，共三十七人，皆東向。設繖、扇於沙墀：方繖二，分左右；執繖將校四人。團龍扇四，分左右；執扇都將四人。方雉扇一百，分繖、扇之後，爲五行。執扇長行一百人。押當職掌二人，各立團龍扇之北。金吾引駕官二人，分立團扇之南。

文德殿入閤之制，唯殿中省細仗，與兩省供奉官班於庭。太宗淳化三年，增黃麾仗二百五十人。神宗熙寧三年，修閤門儀制宋敏求言：「本朝惟入閤乃御文德殿視朝。今既不用入閤儀，卽文德殿遂闕視朝之禮。乞下兩制及太常禮院，約唐御宣政殿制裁定，以備朔望正衙視朝之禮。」詔學士院詳定。學士韓維等上其儀：朔前一日，有司供張於文德殿庭。東面，左金吾引駕官一人，四色官二人，各帶儀刀。被金甲天武官一人，判殿中省一人，排列官一人。扇二，方繖一。金吾仗碧襴十二，各執儀刀。兵部儀仗排列職掌一人，押隊員傺二人。黄麾幡一，告止幡、傳教幡、信幡各八，龍頭竿、戟各五十。西面，右金吾引駕官以下，皆如東面。天武官東西總百人。門外立仗：其東，青龍旗一，五嶽旗五，五龍旗十；其西，白虎旗一，五星旗五，五鳳旗十。御馬，東西皆五匹，每匹人員二人，御龍官四人。設御幄於殿後閣。其日，左右金吾將軍常服押本衞仗，殿中省官押細仗，東西對列，俟皇帝受朝、降坐、放仗，乃退。

徽宗政和三年，議禮局上文德殿視朝之制：

黄麾半仗，共二千二百六十五人。殿內仗首，左右廂各一部，每部一百二十四人，在金吾仗南，東西相向。絳引幡十，執各一人。分部之南北，爲五重。當御廂左右部同，左部在帥兵官東，右部在帥兵官西，各爲十重。左右領軍衞大將軍各一員，居部之中。次廂左右第一、第二、第三部同。掌鼓一人，次大將軍後。次廂左右第一部并當御廂左右部，次果毅，次廂左右第二、第三部，次折衝，次後廂左右部，次將軍。帥兵官十人，分部之南北，爲五重，北在絳引幡之南，南在絳引幡之北。次廂左右第一、第二、第三部在部之南北，當御廂、次後廂左部在黄麾東，右部在黄麾西。

執儀刀部十行，行十人，每色兩行，爲五重。次廂左右第一、第二、第三部同。當御廂、次後廂左右部，每色一行，爲十重。左部以東爲首，右部以西爲首，並次帥兵官。第一行，龍頭竿黄雞四角氅；

凡氅皆持以龍頭竿。第二，儀鍠五色幡；第三，青孔雀五角氅；第四，烏戟；第五，緋鳳六角氅；第六，細弓矢；第七，白鵝四角氅；第八，朱縢絡盾刀；第九，皁鵝六角氅；第十，矟。揭鼓二，掌揭鼓二人。分立緋氅、烏戟後當中，次廂左右第一、第二、第三部同，當御廂、次後廂並一在儀鍠、青氅間，一在弓矢、白氅間，與後行齊。次廂左右各三部，每部一百一十五人，次左右廂仗首之南，東西相向。第一部，左右屯衞大將軍及果毅各一員；第二部，左右武衞大將軍，第三部，左右衞將軍各一員，折衝各一員。黃麾幡二，分立當御左右廂前中間，北向。當御廂左右各一部，每部一百二十四人，在殿門內中道，分東西，並北向。次後廂左右部同。大慶殿列於樂架之南。左右衞果毅各一員。左在部西，右在部東。次後左右廂將軍准此。次後廂左右各一部，每部一百一十四人，次當御廂南，左右驍衞將軍各一員。左右廂各步軍六隊，第一隊，每隊三十三人，第二至第六隊，每隊各二十七人。分東西，在仗隊後。第一，左右衞；第三，左右武衞；第五，左右領軍衞：並果毅，各一員。第二，左右驍衞；第四，左右屯衞；第六，左右領軍衞：並折衝，各一員。每隊旗二，貔、金鸚鵡、瑞麥、犛牛、甘露、鵕雞，執各一人。刀盾、弓矢相間，人數行列同前。左右廂步軍，殿門外左右廂後部各六隊，每隊三十八人，在部下親從後，東西相向。第一隊，左右衞；第三，左右武衞；第五，左右領軍衞：並折衝，各一員。第二，左右驍衞；第四、第六，左右屯衞：

並果毅，各一員。角觹、太平、馴犀、鵕牙、白狼、蒼烏等旗各二，弩五人，爲一列，弓矢十人，爲二重，矟二十人，爲四重。

眞武隊五十七人，在端禮門內中道，北向。大慶殿於殿門外。前有金吾折衝都尉一員，仙童、眞武、螣蛇、神龜等旗各一，爆矟二人，弩五人爲一列，弓矢二十人爲四重，矟二十五人爲五重。排列仗隊職掌六人，分立仗隊之間，殿內四人，殿外二人。

殿中省尚輦陳扇二十於簾外，執扇殿侍二十人。陳腰輿、小輿於東西朵殿，腰輿在東，小輿在西，人員、都將各一人，輦官共四十人。陳繖、扇於殿下，方繖二，團龍扇四，並分左右夾繖。執扇各一人，將校或節級。方雉扇六十，作三重，在繖、扇之後。輦官長行各一人，金吾左右將軍各一員，在繖、扇之南，稍前。四色官四人，二人立於將軍之南，與繖、扇一列。宣敕放仗二人，在引駕官南。執儀刀引駕官二人，在親從官後。長行二十四人，在四色官之南。排列官二人，在長行之南〔四〕。次金甲天武官二人，在長行南。以上並分東西相向立。設旗於殿門之外，青龍旗一在左，五嶽神旗各一次之，五方色龍旗各一次之，五方色龍旗各一又次之。白虎旗一在右，五星神旗各一次之，五方色鳳旗各一次之，五方色鳳旗各一又次之。

詔頒行之。大慶殿冊命諸王、大臣，黃麾仗準文德殿視朝。

政和中，大祀饗立仗：大黃龍負圖旗一，執絲二百人，陳于闕庭赤龍旗南少西大黃龍旗之北。宣和冬祀，陳于大內前。大黃龍旗一，執絲六十人，陳于逐頓宮門外宣德門，次大黃龍負圖旗之南。宣和，此旗下又有日、月、五星連珠、北斗、招搖、蒼龍、白虎、朱雀、玄武、君王萬歲、獅子、金鸞、金鳳、五方龍、天下太平等旗，凡二十一。正、至受朝同。龍墀旗陳於殿庭；太廟，在西欞星門外路南，次赤龍旗少北；青城，在泰禋門外，夏祭大禮在明禋門外。赤龍旗之南。宗祀祫饗大禮，不設大黃龍負圖旗、大黃龍旗。大神旗六，執絲各九十人，宣德門、泰禋門並陳于大黃龍旗之南，東西相望；太廟陳于西欞星門外，大黃龍旗之西少南，視赤龍旗爲列，南北相望。龍墀旗執絲各十二人，左右有日、月旗各一。次君王萬歲旗一，宣德門、泰禋門，在路東；太廟，在門外路南。次獅子旗二，左右有金鸞、金鳳旗各一。次五方龍旗各一：青、黃、赤龍旗，宣德、泰禋門在東，太廟在南；黑、白龍旗，宣德、泰禋門在西，太廟在北。次天下太平旗一，宣德、泰禋門，在路西；太廟，在路北。以上旗皆在車駕前發仗內。執絲人並錦帽、五色絁繡寶相花衫、錦臂鞲、革帶。

政和中，遼使朝紫宸殿，用黃麾角仗，共一千五十六人。殿內黃麾幡二，次四色官之南，分左右。仗首左右廂各一部，每部一百四十人，朵殿下稍南〔五〕。絳引幡十，分部之南北，各爲五重。左右領軍衞大將軍各一員，在部中稍南。次廂左右第一、第二部同。掌鼓一人，次大將軍後。次廂左右第一部次果毅，第二部次折衝。帥兵官十人，分部之南北，北在絳引幡之南，南在絳引幡之北。次廂左右第一、第二部在部之南北。各爲五重。執儀刀部九行，每行持各十人。第一，龍頭竿黃雞四角氅；皆持以龍頭竿〔六〕。第二，儀鍠五色幡；第三，青孔雀五角氅；第四，烏戟；第五，緋鳳六角氅；第六，細弓矢；第七，白鵝四角氅；第八，矟；第九，皁鵝六角氅。掌揭鼓一人，在緋氅、烏戟之後。次廂左右第一、第二部同。次廂左右各二部，每部一百五人，次左右廂仗首之南。第一部，左右屯衞大將軍、果毅各一員；第二，左右武衞大將軍、折衝各一員。掌鼓以下至掌揭鼓人數，並同仗首。殿外左右廂各步甲三隊，每隊三十三人。第一，左右衞，第三，左右武衞，並果毅；第二，左右驍衞折衝：並各一員。貔、金鸚䳄、瑞麥旗各二，以次分在三隊。刀盾三十人，爲五重。內第二隊弓矢。左右廂後部各三隊，第一隊每隊三十八人，第二隊每隊三十三人。第一，左右衞，第三，左右武衞，並折衝；第二，左右驍衞果毅。角觿、太平、馴犀旗各二，以次分在三隊。弩五人，爲一列，弓矢十人，爲二重，第二、第三隊爲一列。矟二十人，爲四重。排列仗隊職掌二人，次廂第二部之南，分左右。以上殿內外仗隊〔七〕，東西相向排列。

殿中省尚輦陳輿、輦於東西朵殿，平輦在東，西向；逍遙輦在西，東向。設繖、扇於殿下，方繖二，分左右；團龍扇四，分左右，夾方繖。方雉扇二十四，分左右，各二重，在繖、扇之後。金吾四色官一人。

政和中，文德殿發册，用黃麾細仗，共一千四百二人。設日旗、君王萬歲旗、獅子旗、金鸞旗、青龍旗、赤龍旗各一，在殿東階之東，以西爲上；月旗、天下太平旗、獅子旗、金鳳旗、白龍旗、黑龍旗各一，在殿西階之西，以東爲上；每旗執擔四人。俱北向立。押當職掌二人，分左右立於日、月旗南。次方繖二，團龍扇四，夾方繖。次金吾上將軍二人，將軍四人，引駕官四人。次金甲二人。次四色官六人，內二人執笏，餘執金銅儀刀。次碧襴二十四人，內執金銅儀刀左右各六人，在北。次都押衙二人，立於碧襴之南，少退。次皁纛旗一十二，每旗執擔五人。左右金吾仗司員僚各一人押纛，立於旗南。次青龍旗一在東，白虎旗一在西，每旗執擔六人。員僚二人押旗，在旗之北。以上並分左右，東西向。次五方龍旗在東，五方鳳旗在西，各二十五。每五旗相間，各依方色排列。次五嶽神旗五在東，五星神旗五在西，各依方位排列。每旗執擔三人。次朱雀旗一在東，眞武旗一在西。每旗執擔六人。以上並北向。員僚二人押旗，在旗之南，分左右。次紅門旗二十八，分左右。每旗執擔二人。次寅、卯、辰、巳、午、未旗六，在東；申、酉、戌、亥、子、丑旗六，在西。天王旗四，分左右，夾辰旗。次龍君、赤豹、吏兵旗各五，每旗各爲一列在東，每列掩尾天馬旗一，以次在東。次虎君、黃熊、力士旗各五，每旗各爲一列在西〔八〕，每列掩尾天馬旗一，以次在西。每旗執擔三人。員僚六人押仗，各分立旗前。次員僚四人押旗，分左右，東西爲一列。每列一員。左廂第一隊，鵰雞、白澤、玉馬、貔旗、四瀆旗各一，爲一列；下至第九隊旗行列準此。第二隊，角、亢、氐、房、心宿旗各一；第三隊，虛、危、室、壁、奎宿旗各一；第四隊，參、井、鬼、柳宿、駃騠旗各一；第五隊，三角獸、黃鹿、苣文、馴象、飛麟旗各一；第六隊，辟邪、玉兔、吉利、仙鹿、祥雲旗各一；第七隊，花鳳、飛黃、野馬、金鸚鵡、瑞麥旗各一；第八隊，孔雀、兕、甘露、網子、角觿旗各一，並各爲一列；第九隊，犛牛旗一，設於孔雀旗後。右廂第一隊，同左廂第一。第二隊，尾、箕、斗、牛、女宿旗各一；第三隊，婁、胃、昴、畢、觜宿旗各一；第四隊，星、張、翼、軫、駃騠旗各一；第五至第八隊，並同左廂第五至第八；第九隊，騶牙旗、蒼烏旗各二，相間爲一列。每旗執擔三人。俱北向。員僚二人，押黃麾立於龍鳳旗之北。左右廂五色龍鳳旗之東西，各設黃麾幡二。次告止幡、傳教幡、信幡各五，次絳麾幡二，次絳引幡五。員僚五人，押黃麾立於龍鳳旗北少東。排闌旗三十，自黃麾幡東西排列，以次於南，每旗執擔三人。俱北向。鐙杖、哥舒各三十，於殿東西兩廂排列。鐙杖起北，哥舒間之，俱東西相向。左右廂執白柯槍各七十五人，東西相向。又於騶牙旗南設大黃龍旗一，在殿門裏少西，執擲二十人。小黃龍旗一，在大黃龍旗後少西，執擲三人。次大神旗六，分左右。衞尉寺押當儀仗職掌四人，排仗通直官〔九〕二人，大將二人，節級二人，檢察六人，左右金吾仗司押當職掌、排列官各一人。職掌、大將、檢察〔一〇〕。凡大朝會儀衞，有司皆依令式陳設。

初，宋制，有黃麾大仗、半仗、角仗、細仗。南渡後，儀仗尤簡，惟造黃麾半仗、角仗、細仗，而大仗不設。中興大朝會，四朝惟一講，紹興十五年正月朔旦是也。然止以大仗三分減一，用三千三百五十人。自是正旦、冬至俱免大朝賀，以爲定例焉。

黃麾半仗者，大慶殿正旦受朝、兩宮上册寶之所設也，用二千四百一十五人。其內儀仗官兵等一千八百三人，兵部職掌五人，統制官二人，皆幞頭、公裳、腰帶、靴、笏。金吾司碧襴三十二人，幞頭、碧襴衫、銅革帶，執儀刀。將官二人，幞頭、緋抹額、紫繡羅袍、背螣蛇、銅革帶，執儀刀。旁頭一十人，素帽、紫紬衫、纈衫、黃勒帛，執銅仗子。金銅甲二人，兜鍪、甲衫、錦臂衣，執金銅鉞斧。絳引幡十，告止幡、傳教幡、信幡各二，執幡人皆武弁、緋寶相花衫、勒帛。黃麾幡二，執幡人武弁、黃寶相花衫、銅革帶。小行旗三百人，素帽、五色抹額、緋寶相花衫、勒帛。五色小氅三百人，儀鍠四十人，皆纈帽，五色寶相花衫、勒帛。金節一十二人，武弁、青寶相花衫、銅革帶。殳叉三十人，素帽、五色寶相花衫、勒帛。綠矟二百一十人，素帽、緋寶相花衫、勒帛。烏戟二百一十人，纈帽、緋寶相花衫、勒帛。白柯槍六十人，素帽子、銀褐寶相花衫、勒帛。儀弓二百七十人，纈帽、青寶相花衫、勒帛。儀弩六十人，平巾幘、緋寶相花衫、勒帛。銅仗子二十人，素帽、紫紬衫、黃勒帛。儀刀百八十四人，平巾幘、緋寶相花衫。內大旗下六百一十二人，大旗三十四，龍旗一十，鳳旗一十，五星旗、五嶽旗各五，青龍旗、白虎旗、朱雀旗、玄武旗各一，每旗扶拽一十七人，搭材一名，武弁、五色寶相花衫、勒帛。其外殿中輿輦、繖扇百三十三人，逍遙、平輦各一，每輦人員八人，帽子、宜男纈羅單衫、塗金銀柘枝腰帶。輦官二十七人，幞頭、白獅子纈羅單衫、塗金銀海捷腰帶、紫羅裏夾三襜。中道繖扇六十六，輦官七十人，素方繖四十四人，弓脚幞頭、碧襴衫、塗金銅革帶、烏皮履。繡紫方繖六、花團扇十二、十八人，雉扇二十二人，準備四人，皆武弁、緋寶相花袍、銅革帶。鳳扇二十二人，黃抹額、黃寶相花袍、黃勒帛。編排儀仗職掌五人，立殿下繖扇後，烏皮介幘、緋羅寬衫、白羅大帶。

其黃麾小半仗者，大慶殿册皇太子及穆淸殿皇后受册之所設也，用一千四百九十九人。其內儀仗官兵等八百八十七人，兵部職掌十二人，金吾司碧襴三十人，絳引幡二、告止幡一、傳教幡一、信幡一、用十五人，黃麾幡一，三人。小行旗百八十人，五色小氅子百八十人，金節十二人，儀鍠、斧二十三人，緌矟七十五人，烏戟七十五人，白柯槍八十一人，儀弓六十三人，儀弩四十五人，銅仗子一十人，儀刀六十七人。統制官、將官、牽頭、金銅甲，皆與前半仗同。內大旗下六百一十二人，殿中輿輦、繖扇百三十二人，皆同前半仗。

其黃麾角仗者，大慶殿冬至受朝、紫宸殿卽位、兩宮賀節慶壽、紫宸殿受金使朝之所設也，用一千五十六人。內金吾司放仗官二人，統制官一人，攝大將軍六人，旁頭五人，黃麾幡一，三人，絳引幡八，二十四人，金節十二人，儀弓七十人，儀弩五十人，儀刀七十人，儀鍠、斧一十三人，白柯槍三十人，緌矟七十人，烏戟七十人，小行旗三百人，五色小氅三百人，銅仗子三十人。

其黃麾細仗者，大慶殿、文德殿發册及進國史之所設也。東都用一千四百二人，中興後或用百人至五百人，隨事增損。而其執仗有四，小行旗、五色小氅、儀刀、銅仗子；其服色有四，緋帽子、素帽子、平巾幘、武弁冠，五色寶相花衫、勒帛。

大朝會之外，有日參、四參、六參、朔參、望參。朔參，用釐務、不釐務通直郎已上。望參，用釐務通直郎已上。宣制、非時慶賀以望參官，餘以朔參官。四參官，謂宰執，侍從，武臣正任，文臣卿監、員郎、監察御史已上。四參遇雨則改日參。在京宮觀奉朝請者赴六參。高宗移蹕臨安，殿無南廊，遇雨雪，則日參官於南閤內起居。宰執、使相立簷下；侍從、兩省、臺諫官以下立南閤內；卿監、郎官、武功大夫以下立東西廊。紹興十二年十月，有司請行正、至朝賀禮，及講求祖宗故實常朝、視朝、正衙、便殿之儀。乃討論朔日文德殿視朝，紫宸殿日參、望參，垂拱殿日參、四參，假日崇政殿坐，聖節垂拱、紫宸殿上壽之制。請先御正殿視朝。十一月，禮部侍郎王賞言：「正、至及大慶賀受朝，係御大慶殿，與文德、紫宸、垂拱殿禮制不同。月朔視朝，則御文德殿，謂之前殿正衙，設黃麾半仗。其餘紫宸、垂拱皆係別殿，不設儀仗。今大慶殿朝會，禮文繁多，欲先舉行文德殿視朝之制。」時行宮止一殿，乃更作崇政、垂拱二殿。御史臺請以射殿爲崇政殿，朔望權置帳門以爲紫宸殿，宣赦書、德音、麻制以爲文德殿，羣臣拜表、聽御札批答權作文德殿東上閤門。其垂拱殿四參，於殿門外設位版。十三年，始視朝于文德殿，設黃麾半仗二千四百十五人。六月，紫宸殿望參，設黃麾角仗一千五十六人。自是，後殿坐及射殿引呈公事，以日景已高，依舊制設衞士、青涼繖十。淳熙十四年，詔引呈射殿公事，殿門外排立御馬，如後殿之儀。

大朝會儀，舊制，垂拱殿設簾，殿上駐輦，候起居稱賀班絕，乘輦，樞密、知閤門官、樞密都副承旨、諸房副都承旨前導，管軍引駕至大慶殿後幄降輦，入次更衣。紹興十五年正月朔旦，以二殿經涂與東都異，乃以常御殿爲垂拱殿，免駐輦，設簾帷，設椅子，稱賀畢，過大慶殿後幄。前期，儀鸞司設御榻於大慶殿中，南向，設東西房於御榻左右稍北，設東西閤於殿後左右，殿上前楹施簾，設香案於殿下。太常展宮架樂於殿庭橫街之南。其日，御輦院陳輿輦、繖扇於殿下，東西相向。兵部陳五輅於皇城南門外，俱北向。騏驥院列御馬於殿門外，東西相向。兵部帥屬設黃麾仗三千三百五十人於殿門內外。以殿狹，輦出房，不鳴鞭。淳熙十六年正旦，行稱賀禮，比政和五禮月朔視朝儀。皇帝御大慶殿，服韡袍，卽御坐，皇太子、文武百僚常服稱賀，而設黃麾半仗二千四百十五人。及冬至朝賀，設黃麾角仗一千五十六人。著爲令。而大朝會儀，自紹興十五年以後不設。

校勘記

〔一〕第二部左右領軍衞折衝　據五禮新儀卷二一，此句疑爲注文。

〔二〕第五至第七　「至」字原脫，據五禮新儀卷二一補。

〔三〕第十至第十二　「至」字原脫，據同上書補。

〔四〕在長行之南　「南」，五禮新儀卷二一作「西」。

〔五〕朵殿下稍南　五禮新儀卷二二作「在朵殿下稍南」。

〔六〕皆持以龍頭竿　五禮新儀卷二二，此句上有「凡氅」二字。

〔七〕以上殿內外仗隊　「外」字原脫，按此處仗隊當指上文殿內、殿外兩部分，「內」下應有「外」字，據五禮新儀卷二二補。

〔八〕在西　二字原脫，據五禮新儀卷二二補。

〔九〕排仗通直官　「仗」原作「列」，據五禮新儀卷二二改。

〔一〇〕職掌大將檢察　按五禮新儀卷二二，此處係敍述職掌等官員服飾；關於仗衞人員服飾，本卷多從略，此六字當刪。

宋史卷一百四十四

志第九十七

儀衞二

宮中導從　行幸儀衞　太上皇儀衞　后妃儀衞

宮中導從之制，唐已前無聞焉。五代漢乾祐中，始置主輦十六人，捧足一人，掌扇四人，持踏牀一人，並服文綾袍、銀葉弓脚幞頭。尚宮一人，寶省一人，高鬢、紫衣。書省二人，紫衣、弓脚幞頭。新婦二人，高鬢、青袍。大將二人，紫衣、弓脚幞頭。童子執紅絲拂二人，高鬢髻、青衣。執犀盤二人，帶鞘頭、黃衫。執翟尾二人，帶鞘頭、黃衫。雞冠二人，紫衣，分執金灌器、唾壺。女冠二人，紫衣，執香爐、香盤。分左右以次奉引。

太宗太平興國初，增主輦二十四人，改服高脚幞頭；輦頭一人，衣紫繡袍，持金塗銀仗以督領之。奉珍珠、七寶、翠毛華樹二人，衣緋袍；奉金寶山二人，衣綠繡袍；奉龍腦合二人，衣緋銷金袍，並高脚幞頭。執拂翟四人，鬅頭、衣黃繡袍。舊衣綾袍、紫衣者，悉易以銷金及繡。復增司簿一人，內省一人，司儀一人，司給一人，皆分左右前導，凡一十七行。每正至御殿，祀郊廟，步輦出入至長春殿用之。其乘輦，則屈右足、垂左足而憑几，蓋唐制也。眞宗時，加四面內官周衞。大中祥符三年，內出繪圖以示宰相。

行幸儀衞。宋初，三駕皆以待禮事。車駕近出，止用常從以行。其舊儀，殿前司隨駕馬隊，凡諸班直內，殿前指揮使全班祗應：左班七十六人，二十四人在駕前左邊引駕，五十二人作兩隊隨駕〔一〕；右班七十七人，二十四人在駕前右邊引駕，五十三人在駕後作兩隊隨駕，二十七人第一隊，二十六人第二隊。內殿直五十四人，散員六十四人，散指揮六十四人，散都頭五十四人，散祗候五十四人，金槍五十四人，茶酒班祗應殿侍百五十七人，東第二班長入祗候殿侍十八人，駕後動樂三十一人，馬隊弩手分東西八十五人，招箭班三十五人，散直百七人，鈞容直三百二十人，御龍直百四十二人，御龍骨朵子直二百二十人，並全班祗應。御龍弓箭直百三十三人，御龍弩直百三十三人，寬衣天武指揮二百一十六人。各有都虞候、指揮使、員僚。若隨駕不使馬隊〔二〕，卽減內殿直、散員、散指揮、散都頭、散祗候、金槍等直，仍減東西班馬隊弩手八十五人，餘並同上。

凡皇城司隨駕人數：崇政殿祗應親從四指揮共二百五十二人，執擎骨朵，充禁衞；崇政殿門外快行、祗候、親從第四指揮五十四人；車駕導從、兩壁隨行親從親事官共九十六人，並於駕前先行，行幸所到之處，充行宮司把門、灑掃祗應。各有正副都頭、節級、十將。

尙書兵部供黃麾仗內法物：罕畢各一。五色繡氅子並龍頭竿挂，第一，青繡孔雀氅；第二，緋繡鳳氅；第三，青繡孔雀氅；第四，皁繡鵝氅；第五，白繡鵝氅；第六，黃繡雞氅。又六軍儀仗司〔三〕供儀仗法物，內獅子旗四口，充門旗二口，各一人執，分左右；二口各十人執擔，分左右，擔人執弓箭。又左金吾引駕仗供牙門旗十四口，十口開五門，每門二口，每口一人執二人夾，計三十人，並騎，夾人執弓箭。監門校尉二十人，每門四人，並帶儀刀，騎。二口係前步甲第七隊前，二口係前部黃麾第一隊前，二口係後部黃麾第一隊前，二口係後步甲第一隊前，二口係後步甲第七隊前。四口開二門，每門二口，每口一人執二人夾，計十二人，並騎。監門校尉六人，並帶儀刀，騎。二口係兵部班劍儀刀隊後，二口係眞武隊前。又右金吾引駕仗供牙門旗十四口，制同左仗。

仁宗康定元年，參知政事宋庠言：「車駕行幸，非郊廟大禮具陳鹵簿外，其常日導從，惟前有駕頭，後擁繖扇而已，殊無禮典所載公卿奉引之盛。其侍從及百司官屬，下至廝役，皆雜行道中。步輦之後，但以親事官百餘人執檛以殿，謂之禁衞。諸班勁騎，頗與乘輿相遠；士庶觀者，率隨扈從之人，夾道馳走，喧呼不禁。所過旗亭市樓，垂簾外蔽，士民憑高下瞰，莫爲嚴憚。邏司街使，恬不呵止，威令弛闕，玩習爲常。非所謂旄頭先驅，清道後行之愼也。且自黃帝以神功盛德，猶假師兵營衞，則防微御變，古今一體。案漢魏以降，有大駕、小駕之儀。至唐又分殿中諸衞、黃麾等仗，名數次序，各有施設。國朝承五姓荒殘之弊，事從簡略，每鳴鑾游豫，盡去戈戟、旌旗之制，儀衞寡薄，頗同藩鎭。此皆制度放失，憚于改作之咎。宜委一二博學近臣，討繹前代儀注及鹵簿令，以乘輿常時出入之儀，比之三駕諸仗，酌取其中，稍增儀物，具嚴法禁，以示尊極，以防未然。革去因循，其在今日。」詔太常禮院與兩制詳定，參以舊儀，別加新制。

兩制同禮官議，略準小駕制度，添清道馬、罕畢、旗氅等物。別爲常行禁衞儀，加清道馬百匹，並帶器械，分五行，行二十人。請下殿前司，於諸班內差。罕畢各一，分左右，並騎。牙門旗前後各四，分左右，並騎。緋繡鳳氅二十四，分左右，並騎。以上請下殿前司，於諸班內差充。雉扇十二，分左右。請於親從官內差充。以上新添百六十二人。凡天武官舊二百一十六人，空行，今添執哥舒，爲一重。親從官舊百四十五人，今添百五十五人，通爲三百人，爲一重。殿前指揮使舊四十八人，今添百五十二人，通爲二百人，或於近上諸班相兼差充，並騎，爲一重。以上因舊人數添。舊四百九人，新添三百七人，共七百一十六人。

凡駕前殿前指揮使、親從官爲二重，左右相對，各開二門，約二丈，每門並差人員二人押當。第一門與通事舍人相對，第二門與閤門使相對。每有臣僚迎駕起居，並令中道候起居畢，於左右門出。其諸色人止令於牙門旗前道傍起居，不得便入禁衞中。每門外重，令殿前指揮使執旗二面以表門，用轉光錯綵旗，通上計五重，皆掩後團轉。凡百司祗應人於禁衞內無執掌者，及隨駕臣僚除合將入禁衞隨從人數外，餘並令於殿前指揮使行外左右前後行。凡前牙門旗以後，後牙門旗以前，屬禁衞中，不得輒入。凡中書、樞密院臣僚，並於從內第三重寬衣天武內行馬；其餘隨駕文武臣僚，並在從內第四重殿前指揮使內，分左右依官位行馬。

凡車駕經歷去處，若有樓閣，並不得垂簾障蔽，及止絕士庶不許臨高瞰下，止於街兩傍立觀，即不得夾路喧呼馳走。前牙門以前，後牙門以後，不在此限。凡車駕未出皇城門，宣德、左右掖、東華、拱宸門及已至所幸處，即自有門禁，不用牙門旗約束。凡車駕已在道，前牙門旗雖行，後牙門旗未行，除止絕閑雜行人外，其隨駕臣僚官司人等，並依常例，次第赴合隨從及行馬去處。凡前牙門旗在清道馬後約十步已來，後牙門旗在駕後殿前指揮使之後。凡街巷寬闊處，儀衞並依新圖排列。如遇窄狹街巷，禁衞止用親從官二重，御龍直二重，雉扇隨輦。其殿前指揮使〔四〕、天武官，並權分於駕前後隨行。後至寬闊處，乘輿徐行，儀仗依舊排列。或駕幸園苑、宮觀、寺院并臣僚宅，即清道馬、儀仗、殿前指揮使、天武官更不入，惟於外排立。其隨駕臣僚及諸司人，自依常例隨從，候駕行，依次排列。或臣僚宅在巷內，前去不通人行處，其儀仗、殿前指揮使等，各於巷口排立，止絕行人，餘並如故。時詳定閱習既畢，或言新制嚴密，慮違犯者衆，因不果行。

嘉祐六年，先是，幸睦親宅，抱駕頭內臣墜馬，壞駕頭。太常禮院、閤門及整肅禁衞所請自今車駕出，以閤門祗候并內臣各二員，分駕頭左右扇筤後編攔，仍以皇城司親從官二十人隨之。

哲宗紹聖二年，詔：車駕行幸儀衞，駕後東西班殿侍馬兩隊，撥充駕前編攔，分兩壁行於前引行門之前，隨身器械，各別給銀骨朵一。駕後馬隊、殿前指揮使馬，以百人分四隊。不足，據人數均差，仍別差人員六人。內殿直、散員、散指揮、散都頭、散祗候，並增作一百四人，分四隊，內人員各四人。金槍班添一隊，作七十八人，內人員三人。弩手班添兩隊，充填撥過東西班殿侍馬兩隊。禁衞御龍直、弓箭直、弩直、長行，仍各添給銀骨朵。禁衞外，添差編攔天武人員、長行共二百人，揀選有行止舊人充，出入止於宣德門外，至行在所，即止於行宮門外。

南渡後，乘輿出入，初未有儀。高宗將迎韋太后于郊，因製常行儀仗，用黃麾仗二千二百六十五人。孝宗朝德壽宮，減一千人，用殿前司六百二十九人，皇城在內巡檢司三百九十一人，崇政殿四百四十九人，凡一千四百六十九人。四孟詣景靈宮，用殿前司八百七十五人，皇城在內巡檢司五百二十八人，崇政殿五百二十一人，凡一千九百二十四人。九年正月，詔：駕出御後殿坐，宰執、百官、儀衛等赴後殿，起居殿上；登輦，出後殿門，駕回，入祥曦殿門。

太上皇儀衛。隆興元年，孝宗嗣位，詔有司討論德壽宮輿輦儀衛。先是，紹興三十二年六月，詔：「上皇日常朝殿，差御龍直四十三人，執仗排立，幷設繖扇，鳴鞭。宰執退朝，仍赴德壽宮起居。如遇行幸，令禁衞所隨以祗應。」兩奉上皇旨，却而不受，故復有是詔。尋有司上言：「漢之未央，唐之興慶，其車輦儀衞不載。今父堯子舜，事親典禮，凡往古來今所未備者，當以義起，極其尊崇，爲萬世法。」遂定宰執、百官詣德壽宮起居，則禁衞所依後殿坐儀排列，禁衞二百九十七人祗應。行幸，則禁衞所差行門、禁衞諸班直、天武親從官及繖扇、鳴鞭、燭罩等合五百人，隨行扈從。前引七十人：內行宮殿前崇政殿親從一十人，都下親從二十人，快行親從二十人，殿前指揮使二十人。中道六十人：編排禁衞行子一十人，執從物御龍直三十人，執繖扇天武一十人，崇政殿親從攔前一十人。禁衞圍子四重四百人：

第一，崇政殿親從一百人；第二，御龍直、骨朵直、弓箭直三十人，東西班七十人；第三，執燭罩都下親從一百人；第四，內殿直一十人，散員、散指揮、散都頭、散祗候、金鎗、銀鎗班各一十人，後從殿前指揮使二十人。

皇太后儀衞。自乾興元年仁宗卽位，章獻太后預政，侍衞始盛。用禮儀院奏，製皇太后所乘輿，名之曰「大安輦」。天聖元年，有司言：「皇太后車駕出，合設護衞：御龍直都虞候一人，都頭二人，副都頭一人，長行五十人；十將已下〔五〕；骨朵子直都虞候一人，都頭二人，副都頭二人，十將、長行八十人；弓箭直指揮使一人，都頭二人，副都頭二人，十將、長行五十人；弩直指揮使一人，都頭二人，副都頭二人，十將、長行五十人。殿前指揮使兩班：左班都虞候一人，都知一人，行門三人，長行二十人，帶器械；右班指揮使一人，都知一人，行門三人，長行二十人，帶器械。皇城司禁衞二百人，寬衣天武二百人，供御輦官六十二人，寬衣天武百人。餘諸司祗應、鳴鞭、侍衞，如乘輿之儀。」詔依。

嘉祐八年，英宗卽位，太常禮院言：「準詔再詳定皇太后出入儀衞：御龍直都頭二人，長行二十五人；骨朵子直都頭二人，長行四十人；弓箭直都頭二人，長行二十五人；弩直都頭二人，長行二十五人。殿前指揮使兩班，各都知一人，行門各二人，長行各一十人，帶器械。皇城司禁衞一百人，寬衣天武一百五十人，打燈籠子親事官八十人。入內都知、御藥院官各一員，內東門司使臣二員。御輦院短鐙、敎駿、攏馬親事官，入內院子，諸司幷入內內侍省祗應內品，人數不定。」詔依。

治平元年，詔皇太后出入唯不鳴鞭〔六〕，他儀衞如章獻明肅故事。四年，神宗嗣位，詔太皇太后儀範已定，皇太后合設儀衞：御龍直、骨朵子直差都虞候、都頭、副都頭各一人，十將、長行各共三十人；弓箭直、弩直差指揮使、都頭、副都頭各一人，十將、長行各共二十人。皇城司親從官一百人，執骨朵寬衣天武官百五十人，充圍子行宮司人員共一百人，入內院子五十人，充圍子皇城司親事官八十人。打燈籠、短鐙馬、攏馬親從官，金銅車、椶車隨車子祗應人，擎檐子供御輦官，執擎從物等供御、次供御幷下都輦直等，人數不定。都知一員，御藥院使臣二員，內東門司使臣二員，內酒坊、御廚、法酒庫、儀鸞司、乳酪院、翰林司、翰林院、車子院、御膳素廚、化成殿果子庫，並從。遇出新城門，添差帶器械內臣。

哲宗卽位，元祐元年，詔太皇太后出入儀衞，並依章獻明肅皇后故事。其不可考者，則依慈聖光獻皇后之例。旣而又詔：太皇太后出入儀衞，添御龍骨朵子直三十六人，御龍弓箭直四十五人，御龍弩直四十五人，皇城司禁衞五十人，馬隊三百五十人，東西班、茶酒班殿侍共一百人，快行增至二十人。軍頭引見司監官二員，並將帶承局、等子，依隨駕例祗應；鈞容直幷動樂殿侍，則候開樂取旨。仁、英、哲之世，太后臨朝垂簾，儀從亦不崇侈，止曰儀衞，無鹵簿名也。南渡後尤簡，其車以輿不以輦，餘惟繖、扇而已。紹興奉迎太母，極意備禮，然猶曰太后天性朴素，不敢過飾儀從。器物惟塗金，輿前用黃羅繖扇二，緋黃繡雉扇六，紅黃緋金拂扇二，黃羅暖扇二。朝謁景靈宮、太廟，則用禁衞諸班直、天武親從五百人。其前引、中道、圍子，同上皇儀衞而差省焉。

皇太妃出入儀衞。哲宗紹聖元年，三省、樞密院言：「增崇皇太妃出入儀衞：龍鳳扇二十，侍從官入內省都知或押班一員，內侍省都知或押班一員，皇城司、御藥院、內東門司各一員，帶御器械內侍八員，引喝內侍一員。殿前指揮使三十二人，內人員二人，御龍直三十三人，骨朵子直三十三人，弓箭直二十三人，弩直二十三人，天武官一百五十四人，皇城司禁衞一百人，入內院子五十人，行宮司一百人，輦官供御六十二人，次供御四十九人，下都五十八人，燭籠七十，諸司御燎子、茶牀、快行親從四人。」禮部太常寺又言：「元祐三年，詔皇太妃繖用紅黃羅。參議得皇太后出入繖用紅黃，今皇太妃若亦用黃，則非差降之意。伏請紅黃兼用，從皇太后出入，則止用紅。」

徽宗崇寧元年，臣僚言：「元符皇后，先帝皇后也，其典禮宜極褒崇。」於是約聖瑞皇太妃之制，出入由宣德正門，增龍鳳扇二十，御龍直十二人，御龍骨朵子直十七人，御龍弓箭直十二人，御龍弩直二十二人，殿前指揮十三人，皇城司禁衞二十人，快行親從官四人，執燭、皇城司親從官、金銅車幷樏車，隨時定數供須。行幸藥架一坐，勾當官、吏人二員，封題一員，藥童三人，擡藥架輦官十一人，秤、庫子親事官，量差人數祗應。從之。

二年，臣僚又言：「元符皇后，元符未嘗預定策之勳〔七〕，以承神宗、哲宗之志。」禮部太常寺奏：「典禮，準聖瑞皇太妃例，侍從官入內內侍省都知或押班一員，皇城、御藥、內東門司官各一員，御輦院輪官隨從，諸司御燎子、茶牀、帶御器械內侍十人，引喝內侍一人。輿用龍鳳、織紅黃兼用。出入由宣德東門，今欲出入由宣德正門。龍鳳扇二十柄，今添作三十柄。輦官供御六十二人，次供御四十九人，都下五十八人。御龍直三十三人，今添作四十五人。御龍骨朵子直三十三人，今添作五十人。御龍弓箭直三十三人，今添作四十五人。御龍弩直二十三人，今添作四十五人。殿前指揮三十二人，今添作四十五人。內臣二人。皇城司一百人禁衞，今添作一百二十人。天武官一百五十四人，行宮司一百人，入內院子五十人。快行親從官四人，今添作八人。執燭、皇城司親從官、金銅車並樏車，逐時內中批出合要數供須。行幸藥架一坐，勾當官一員，吏人二員，封題一員，藥童三人，擡藥架輦官十一人，秤、庫子親事官，量差人數祗應。」從之。

皇后儀衞，惟東都政和禮有鹵簿，他無鹵簿之名，惟曰儀衞而已。中興後，皇太后既尙簡素，后尤簡焉。出入朝謁宮廟，用應奉御輦官一員，人吏三人。供應六十三人：內人員十五人，頭帽、紫羅四褛單衫、金塗銀柘枝腰帶；肩擎輦官四十八人，幞頭、緋羅單衫、金塗海捷腰帶、紫羅表夾三襜、緋羅看帶。次供應十四人：內人員一人，服同上，惟海捷帶；輦官一十三人，服同肩擎官，惟行獅帶。都下五十四人：內人員一人，帽服同前；輦官五十三人，服同上，輦官惟雲鶴帶。

校勘記

〔一〕作兩隊隨駕　「隊」下原衍「馬」字，據下文右班「作兩隊隨駕」句和太常因革禮卷八五删。

〔二〕若隨駕不使馬隊　「駕」原作「馬」。按此處係敍述隨駕馬隊，「馬」當爲「駕」；太常因革禮卷八五正作「駕」，據改。

〔三〕又六軍儀仗司　「又」原作「右」。按宋以左右羽林、龍武、神武爲六軍，掌郊祀、朝會儀仗，見宋會要職官二三之六，「六軍儀仗司」上不當有「右」字。太常因革禮卷八五「右」作「又」，據改。

〔四〕殿前指揮使　「殿」原作「後」，據上下文和太常因革禮卷八五改。

〔五〕長行五十人十將已下　本句有誤。按太常因革禮卷八五作：「十將、長行五十人。」和下文敍述一致，疑以因革禮爲是。

〔六〕詔皇太后出入唯不鳴鞭　「皇太后」原作「太皇后」，據宋會要輿服一之一三、長編卷二〇一改。

〔七〕元符末嘗預定策之勳　「末」原作「未」。按宋會要后妃一之二〇，崇寧元年七月八日詔：「元符皇后自今應共須薦獻之物，並依聖瑞皇太妃元符三年體例，以后於元符末嘗參預欽聖援立之謀也。」據改。

宋史卷一百四十五

志第九十八

儀衞三

國初鹵簿

國初鹵簿。太祖建隆四年，將郊祀，大禮使范質與鹵簿使張昭、儀仗使劉温叟，同詳定大駕鹵簿之制，惟得唐長興南郊鹵簿字圖，校以令文〔一〕，頗有闕略違戾者。禮儀使陶穀建議：「金吾及諸衞將軍導駕及押仗，舊服紫衣，請依開元禮各服本色繡袍。金吾以辟邪，左右衞以瑞馬，驍衞以雕虎，威衞以赤豹，武衞以瑞鷹，領軍衞以白澤，監門衞以師子，千牛衞以犀牛，六軍以孔雀爲文。舊，執仗軍士悉衣五色畫衣，隨人數給之，無有準式，請以五行相生之色爲次，黑衣先之，青衣次之，赤、黃、白又次之。大駕五輅，各有副車，近代寢廢，請依令文增造。又案明宗舊圖，導駕三引而儀仗法物人數多，周太祖鹵簿六引而人數少，請準令文用六引，其鹵簿各依本品以給。」從之。舊淸游隊有甲騎具裝，亡其制度，穀以其所記造之。又作大輦，皆率意定其制。穀又取天文大角、攝提列星之象，作攝提旗及北斗旗、二十八宿旗、十二辰旗、龍墀十三旗、五方神旗、五方鳳旗、四瀆旗。時有貢黃鸚鵡、白兎，及馴象自來，又作金鸚鵡、玉兎、馴象旗。太祖又詔別造大黃龍負圖旗一，大神旗六，日旗一，月旗一，君王萬歲旗一，天下太平旗一，師子旗二，金鸞旗一，金鳳旗一，五龍旗五，凡二十一旗〔二〕，皆有架，南郊用之。大黃龍負圖旗陳於明德門前，餘二十旗悉立於宿頓宮前，遇朝會冊禮，亦皆陳於殿庭。凡馬步儀仗，共一萬一千二百二十二人，悉用禁軍。大將軍、將軍以軍主、都虞候攝事，中郎將、都尉以指揮使、副指揮使攝事，校尉、主帥以軍使、副兵馬使、都頭、副都頭、十將攝事。

乾德三年，蜀平，命左拾遺孫逢吉收蜀法物，其不中度者悉毀之。是歲，太祖親閱鹵簿。四年，始命改畫衣爲繡衣，至開寶三年而成，謂之「繡衣鹵簿」。其後郊祀皆用之。軍衞羽儀，自是寖甚。每大祀，命大禮、禮儀〔三〕、儀仗、鹵簿、橋道頓遞五使，鹵簿使專掌定字圖排列，儀仗使糾督之，大禮及餘使同按閱，致齋日巡仗。又命殿前大校管勾捧日、奉宸隊，侍衞大校勾當儀仗兵隊，捧日、天武廂主四人，編排捧日、奉宸隊及執仗人，內諸司使、副使三員同押儀仗，別二員編排導引官。六年，詔節度使已下，除在京巡檢及押儀仗外，並令服袴褶衣導引。

太宗至道中，令有司以絹畫爲圖，圖凡三幅，中幅車輅、六引及導駕官，外兩幅儀衞，其聲場青城，又別爲圖，圖成，以藏祕閣。凡仗內自行事官、排列職掌并捧日、奉宸、散手天武外，步騎一萬九千一百九十八人，此極盛也。

眞宗咸平五年，詔南郊儀仗引駕官，不得多帶從人。宰臣，親王，樞密、宣徽使，參知政事，樞密副使，三司使，各四人。尚書，節度使，翰林學士、侍讀、侍講學士，各三人。給事，諫議，知制誥，大卿監，金吾大將軍，樞密都承旨、副承旨，客省閤門使、副使，諸司使、副使至內殿崇班，各二人。少卿監，諸行郎中已下，閤門祗候已下，各一人。又詔南郊引駕官，中書、樞密院一行在東，親王一行在西，餘依官次。大中祥符元年，改小駕爲鑾駕。

自太祖易繡衣鹵簿後，太宗、眞宗皆增益之。仁宗卽位，儀典多襲前世，宋綬定鹵簿，爲圖記十卷上之，詔以付祕閣。凡大駕，用二萬六十一人，大率以太僕寺主車輅，殿中省主輿輦、繖扇、御馬，金吾主纛、矟、十六騎、引駕細仗、牙門，六軍主槍仗，尚書兵部主六引諸隊、大角、五牛旗，門下省主寶桉，司天臺主鐘漏，太常主鼓吹，朝服法物庫出旗器、名物、衣冠、幰蓋，軍器庫出箙、弩、矢，內弓箭庫出戎裝、雜仗。凡六引導駕、太僕卿、千牛將軍、殿中侍御史、司天監少府監僚佐局官、乘黃令、大將軍、金吾上將軍、將軍、六統軍，皆以京朝官內諸司使、副使以下攝事。仗內用禁軍諸班直：捧日、天武、拱聖、神勇、宣武、驍騎、武勝、寧朔、虎翼兵。大將軍、將軍以軍主、都虞候攝。中郎將、郎將、都尉以指揮使、副指揮使攝。校尉、主帥、旅帥、隊正以軍使、副兵馬使、都頭、副都頭、十將攝。餘法駕、鸞駕、黃麾仗，則遞減其數。

景祐五年，賈昌朝言儀衞三事：

一曰南郊鹵簿，車駕出宮詣郊廟日，執毬杖供奉官，於導駕官前分列迎引，至於齋宮。夫毬杖非古，蓋唐世尙之，以資玩樂。其執之者皆褻服，錦繡珠玉，過於侈麗，既不足以昭文物，又不可以備軍容。常時豫游，或宜施用。方今夙夜齋戒，親奉大祀，端冕顒昂，鼓吹不作，而乃陳戲賞之具，參簪紳之列，導迎法駕，入于祠宮。稽諸典儀，未爲允稱。況導駕官兩省員數悉備，何煩更有此色供奉官，謂宜徹去毬杖，俟禮畢還宮，鼓吹振作，卽復使就列。

二曰大駕鹵簿，有羊車前列。臣案羊車本漢、晉之代，乘於後宮。隋大業中，增金寶之飾，駕以小馳，馭以丱童，自是以來，遂爲法從。唐制兼有輦車、副車之名，國朝因循，尙未改革。竊以郊祭天地，廟見祖宗，車服所陳，動必由禮。至於四望、耕根之屬，兼包歷代，皆或有因，豈容後宮所乘，參陪五輅。欲望大駕不用羊車，所冀肅恭，稽合典禮。

三日南郊大駕鹵簿，儀衞甚衆，有司雖依典禮，名物次第，兵杖數目，預先分布，及五使量行案閱。其如被差執掌吏員兵伍，素不閑習，行列先後，多失次序；所持名物，亦或差互。押當官但以行事爲名，從便趨進，失其處守。竊謂三載親郊，國之大事，旁陳象物，仰法乾行，四方之人，觀禮於是，宜詳制度，以示光華。請大駕鹵簿前後仗衞次第，於致齋前命儀仗、鹵簿使令有司執簿籍率押當官暨諸衞、諸省〔四〕執仗士卒將領者，自殿門至郊廟分列之處，詳視先後及器仗名品，無令差忒。

詔禮儀使宋綬與太常禮院同詳定以奏。綬奏：「鹵簿內有諸司供奉，蓋資備物，以奉乘輿。今昌朝言宿齋之時，不可陳玩樂之具。請郊祀前一日，應供奉官等令宿幕次，俟皇帝行禮畢降壇，導至青城，由青城前導歸大內。後漢劉熙釋名曰：『羸車、羊車，各以所駕名之也。』隋禮儀志曰：『漢氏或以人牽，或駕果下馬。』此乃漢代已有，晉武偶取乘於後宮，非特爲掖庭制也。況歷代載於輿服志〔五〕，自唐至今，著之禮令，宜且仍舊。其鹵簿儀仗，遇南郊前，五使預閱素備，願依昌朝所奏，下儀仗、鹵簿使加點閱，使之齊肅。」

皇祐二年，將享明堂，鹵簿使奏：「法駕減大駕三分之一，而兵部亡字圖故本，且文牘散逸，雖粗有名數，較之禮令，未有以裁其中。」詔禮官與兵部加考正，爲圖以奏。及上圖，法駕鹵簿用萬有一千八十八人。嘉祐二年祫享，用禮儀使奏：「南郊仗，金吾上將軍、六統軍、左右千牛，皆服紫繡戎服，珂珮，騎而前；節度使亦衣袴褶導駕，如舊例。」是月，禮官奏：「南郊還，在禮當乘金輅，而或詔乘大輦，宜著于令，常以大輦從。」六年，幸睦親宅，內侍抱駕頭墮馬，駕頭壞。御史中丞韓絳奏請嚴儀衞，事下閤門、太常禮院議。遂合奏：「車駕出，請以閤門祗候及內侍各二員，扶駕頭左右，次扇筤，又以皇城親從兵二十人從其後。」

神宗熙寧七年，詔太常看詳兵部大駕鹵簿字圖，遂奏言：「制器尙象，有其數者，必有其義。後世車駕儀仗，多雜秦、漢制度，當革其尤者。周禮車僕：『凡師，共革車，各以其萃。』萃，副車也。諸輅之副，宜次正輅。羊車，前代宮中所乘；五牛旗，蓋古之五時副車也，以木牛載旗，用人輿之，失其本制：宜除去。」從之。

元豐元年，詳定所言：「大駕輿輦、仗衞儀物，兼取歷代所用，其間情文訛舛甚衆。或規摹苟簡而因循已久；或事出一時而不足爲法。」詔令更定。於是請去二十八宿、五星、攝提旗所繪人形，及龍、虎、仙童、大神、金鸚鵡、黃鸚鵡、網子、螣蛇、神龜等旗。舊制，親祠南郊，皇帝自大次至版位，內侍二人執翟羽前導，號曰「拂翟」。拂翟不出禮典，乃漢乾祐中宮中導從之物，不宜用諸郊廟。詔可。

又禮文所言：

近制，金輅不以金飾諸末，象輅不以象飾諸末，革輅不鞔，木輅不漆，請改飾四輅。太常則繪三辰，加升龍、降龍，大旂則繪交龍、大赤鳥隼、大白熊虎、大麾龜蛇而去其雲龍，使之應禮。又古者，五輅皆載旗，謂之「道德之車」。考工記車戟崇於殳，酋矛崇於戟，各四赤，戟矛皆插車騎，謂之「兵車」。戰國尚武，故增插四戟，謂之「闟戟」。則知德車、武車，固異用矣。漢鹵簿，前驅有鳳凰闟戟，猶未施於五輅。江左以來，五輅乃加棨戟於車之右，韜以黼繡之衣。後周司輅，左建旂，右建闟戟，闟戟方六尺，而被之以黼，皆戾於古。請去五輅闟戟，以應「道德」之稱，而建太常於車後之中央，升輅則由左。

又按周禮：「大馭，掌馭玉輅以祀。」則祀乘玉輅也。齋僕掌馭金輅，齋右充金輅之右，則齋乘金輅也。齋祀之車，異用而不相因。國朝親祠太廟，致齋文德殿，翌日卽進玉輅，非制。請進金輅，俟太廟祠畢，翌日，御玉輅詣郊。

又周禮戎右職曰：「會同，充革車。」儀禮曰：「貳車畢乘。」禮記曰：「乘君之乘車，不敢曠左，左必式。」蓋古者後車餘輅，不敢曠空，必使人乘之，所以別曠左之嫌也。自秦兼九國車服，西漢因之，大駕屬車八十一乘。後漢志云：「尚書、御史所載。」揚雄曰：「鴟夷國器，託於屬車。」則是漢之屬車，非獨載人，又以載物，亦儀禮所謂「畢乘」之義也。國朝鹵簿，車十二乘，虛設於法駕之後，實近曠左之嫌。請令尙書、御史乘之，或以載乘輿服御。

又言：「法駕之行，必有共輿者，蓋以承淸問。周官有太僕、齋僕、道僕，所以御車，至參乘，則其禮益重。故道德之車則有齋右、道右，武車則有戎右，皆以士大夫爲之。國朝之制，乘輿有太僕而無參乘，請增近臣一員，立車右。」

其後，詔增製五輅及參乘，玉輅建太常，金輅建大旂，象輅建大赤，革輅建大白，木輅建大麾。諸輅之副，各次正輅，仍存闟戟焉。時大駕鹵簿，仗下官一百四十六員，執仗、押引從軍員、職掌諸軍諸司二萬二千二百二十一人。初，玉輅自唐顯慶中傳之，號「顯慶輅」。神宗更製新玉輅，六年正月，御大慶殿受朝，先夕陳諸庭，夜半徹幕屋，壓焉。自是竟乘舊輅。

徽宗建中靖國元年，太常寺狀具南郊儀仗，人兵二萬一千五百七十五人。政和四年，禮制局言：「鹵簿六引儀仗，信幡承以雙龍，大角黑漆畫龍，紫繡龍袋，長鳴、次鳴、大小橫吹、五色衣幡、緋掌畫交龍。按樂令，三品以上緋掌畫蹲豹。蓋唯乘輿器用，並飾以龍。今六引內係羣臣鹵簿，而旗物通畫交龍，非便，合釐正。」七年，兵部尙書蔣猷請令有司取天聖鹵簿圖記，更加考正可否而因革之。詔如其請。宣和元年，蔡攸被旨改修，凡人物器服，盡從古制，飾以丹采，三十有三卷。

高宗初至南京，孟太后以乘輿服御及御輦儀仗來進。建炎初，詔東京所屬起發祭器、法服、儀仗赴行在所。十一月，帝郊於揚州，儀仗用一千三百五十五人。倉卒渡江，皆爲金兵所焚。紹興十二年，有司言：「天子起居，當備法駕，況太母回鑾，將奉郊迎。」遂令工部尚書莫將等檢會本朝文德、大慶殿舊儀，下太常定，用二千二百六十五人，於是始備黃麾仗，慶、册、親饗皆用焉。是年冬，玉輅成。

明年，郊，準國初大駕之數，一萬一千二百二十二人。內舊用錦襖子者以纈繒代，用銅革帶者以勒帛代。而指揮使、都頭仍舊用錦帽子、錦臂袖者，以方勝練鵲羅代；用絁者以紬代。禁衞班直服色，用錦繡、金銀、眞珠、北珠者七百八十人，以頭帽、銀帶、纈羅衫代。旗物用繡者，以錯采代；車路院香鐙案、衣褥、睥睨，御輦院華蓋、曲蓋及仗內幢角等袋用繡者，以生色代。殿前司仗內金槍、銀槍、旗幹，易以漆飾；而拂扇、坐褥以珠飾者去之。帝曰：「事天貴質，若惟事華麗，非初意矣。」十月，鹵簿器物及金象革木四輅、大安輦皆成。太常又奏，前後六引鼓吹八百八十四人，舊制騎。今路狹擁遏，欲止令步導。從之。十六年，始增捧日、奉宸隊，合一萬五千五十人。鹵簿之制備矣。三十一年九月，行明堂禮，儀物視郊祀省三之一，用一萬一千五人〔六〕。

孝宗隆興二年正月，以鹵簿勞民，乃令有司條具其可省者。次年郊祀，止用六千八百八十九人，蓋減紹興二十八年人數之半也。乾道六年之郊，雖仍備五輅、大安輦、六象，而人數則如舊焉。自後，終宋之世，雖微有因革，大抵皆如乾道六年之制。若明堂，則四輅、大安輦皆省，止用三千三百十九人。故事，祀前二日詣景靈宮，皆備大駕儀仗、乘輅。中興後，以行都與東都不同，前二日止乘輦。次日，自太廟詣青城，始登輅，設鹵簿。自紹興十三年始也。車駕遇雨，玉輅施障，從駕臣僚賜雨具，中道遇晴則撤。郊壇遇雨，則就青城放御仗，逍遙子還宮，導駕官免步導。

大駕鹵簿。象六，中道，分左右。次六引，中道。第一，開封令；第二，開封牧；駕從餘州縣出者，所在刺史、縣令導駕，準此。第三，太常卿；第四，司徒；第五，御史大夫；第六，兵部尚書。以上各用本品鹵簿。次纛十二。每纛一人持，一人托，四人擔，騎二人押。次爆矟騎八，押衙四人騎引。左右金吾上將軍四人，將軍四人，大將軍各一人，折衝都尉一人。大將軍、都尉並夾以爆矟二，每矟一人執，二人夾，纛矟皆中道。

次清游隊。左右道。白澤旗二，一人執，二人引，二人夾，左右金吾折衝都尉各一人領。弩八，弓箭三十二，矟四十。次左右金吾十六騎，左右道，主帥各一人分領。弩八，弓箭十二，矟十二。次夾道佽飛，騎。左右金吾果毅都尉各二人分領。虞候佽飛四十八人，鐵甲佽飛二十四人。

次前隊殳仗。左右道。左右領軍衞將軍各一人，犦矟四人，主帥四人，殳八十，叉八十；相間。左右武衞屯衞主帥各四人，殳各五十人，叉各五十人；左右驍衞主帥四人，殳四十，叉四十。次朱雀旗一，中道，一人持，二人引，二人夾。弩四，弓箭十六。次龍旗十二。中道，並一人執，二人引，二人護後；副竿二，皆騎，左右金吾果毅都尉各一人領。風伯、雨師旗各一，雷公、電母旗各一，木、火、土、金、水星旗各一，左、右攝提旗各一，北斗旗一。次指南、記里鼓、白鷺、鸞旗、崇德、皮軒車。左右金吾衞果毅都尉各一人，來往檢校。次引駕十二里〔七〕。中道，並騎。弩八，弓箭八，矟八。

次太常前部鼓吹。令二人，府史四人從。㧙鼓十二在左，主帥四人騎領。金鉦十二在右，主帥四人騎領。大鼓百二十，主帥二十人騎領。長鳴百二十，主帥六人騎領。鐃鼓十二，主帥四人騎領。歌二十四，拱宸管二十四，簫二十四，笳二十四，大橫吹百二十，主帥十人騎領。節鼓二，笛二十四，簫二十四，觱篥二十四，笳二十四，桃皮觱篥二十四；㧙鼓十二在左，主帥二人騎領。金鉦十二在右，主帥二人騎領。小鼓百二十，主帥十人騎領。中鳴百二十，主帥六人騎領。羽葆鼓十二，主帥四人騎領。歌二十四，拱宸管二十四，簫二十四，笳二十四。

次司天監一人，騎，引相風、刻漏，中道。令史一人，排列官二人，騎從。相風烏輿一，匠人一。交龍鉦、鼓各一，司辰、典事各一人騎從。鐘樓、鼓樓各一，行漏輿一，漏刻生四人從。清道二人，十二神輿一。司天官一人押。

次持鈒前隊。中道。左右武衞果毅都尉各一人分領，校尉二人。絳引幡一，金節十二，罕一在左，畢一在右，朱雀幢一，叉一。青龍、白虎幢各一，分左右，叉各一。導蓋一。叉一。稱長一人，鈒戟二百八十人，分左右；左右武衞將軍各一人，校尉四人，分左右。次殿中侍御史二人，黃麾一。騎二夾。

次前部馬隊。左右隊。第一隊，角宿、亢宿、斗宿、牛宿旗各一，執次同龍墀旗，角、亢在左，斗、牛在右，餘隊同此。左右金吾衞折衝都尉各一人分領，弩十，弓箭二十，矟四十；並分左右，餘隊皆同。第二隊，氐宿、房宿、女宿、虛宿旗各一，左右領軍衞果毅都尉各三人分領；兼第三、第四隊。第三隊，心宿、危宿旗各一；第四隊尾宿、室宿旗各一；第五隊箕宿、壁宿旗各一，左右領軍衞折衝都尉各一人分領；第六隊奎宿、井宿旗各一，左右屯衞折衝都尉各一人分領；第七隊婁宿、鬼宿旗各一，左右武衞果毅都尉各三人分領；兼第八、第九隊。第八隊胃宿、柳宿旗各一；第九隊昴宿、星宿旗各一；第十隊畢宿、張宿旗各一，左右驍衞折衝都尉各三人分領；兼第十一、十二隊。第十一隊觜宿、翼宿旗各一；第十二隊參宿、軫宿旗各一。

次步甲前隊。左右道。㠠矟四，左右領軍衞將軍各一人檢校。第一隊，鶡鷄旗二，引、執同馬隊。左右領軍衞折衝都尉各一人分領，赤鍪甲、弓箭六十；第二隊，貔旗二，左右領軍衞果毅都尉各一人分領，赤鍪甲、刀盾六十；第三隊，玉馬旗二，左右領軍衞折衝都尉各一人分領，青鍪甲、弓箭六十；第四隊，三角獸旗二，左右領軍衞果毅都尉各一人分領，青鍪甲、刀盾六十；第五隊，黃鹿旗二，左右屯衞折衝都尉各一人分領，黑鍪甲、弓箭六十；第六隊，飛麟旗二，左右屯衞果毅都尉各一人分領，黑鍪甲、刀盾六十；第七隊，駃騠旗二，左右武衞折衝都尉各一人分領，白鍪甲、弓箭六十；第八隊，鸞旗二，左右武衞果毅都尉各一人分領，白鍪甲、刀盾六十；第九隊，麟旗二，左右驍衞折衝都尉各一人分領，黃鍪甲、弓箭六十；第十隊，馴象旗二，左右驍衞果毅都尉各一人分領，黃鍪甲、刀盾六十；第十一隊，玉兎旗二，左右衞折衝都尉各一人分領，黃鍪甲、弓箭六十；第十二隊，辟邪旗二，左右衞果毅都尉各一人分領，黃鍪甲、刀盾六十。

次前部黃麾仗。左右道。絳引幡二十；第一部，左右領軍衞大將軍各一人檢校，兼檢校第二部。折衝都尉各一人分領，主帥二人。龍頭竿赤氅二十，掆鼓二，儀鍠五色幢二十，龍頭竿小孔雀氅二十，小戟二十，掆鼓二，龍頭竿五色鵝毛氅二十，弓箭二十，龍頭雞毛氅二十，朱縢盾二十，龍頭竿繡氅二十，弓箭二十，矟二十，掆鼓二，綠縢盾二十；第二部，左右領軍衞折衝都尉各一人分領；主帥及氅鍠等並同第一部，餘準此。第三部，左右屯衞大將軍各一人檢校，果毅都尉各一人分領；第四部，左右武衞大將軍各一人檢校，折衝都尉各一人分領；第五部，左右驍衞大將軍各一人檢校；兼檢校第六部，折衝都尉各一人分領。第六部，左右衞果毅都尉各一人分領。

次六軍儀仗。中道，在殿中黃麾後。左右神武軍統軍各一人，本軍旗二，一人執，一人引，二人夾，都頭各一人騎押。吏兵、力士旗各五，白幹槍五十，柯舒十，鐙仗八，相間。排闌旗二十，掩尾天馬旗二。左右羽林軍、左右龍武軍，並同神武軍。惟羽林用赤豹、黃熊旗各五，龍武用龍君、虎君旗各五。次引駕旗十六，中道，執人同六軍旗。十二辰旗各一，天王旗四。排仗通直官二人騎領。次龍墀旗十三，中道，各一人執，二人引，二人夾，排仗將二人騎領。天下太平旗一，青龍、赤龍、黃龍、白龍、黑龍旗各一，金鸞、金鳳旗各一，獅子旗二，日旗、月旗各一，君王萬歲旗一。次御馬二十四匹，中道，並以天武官二人執轡。尚乘奉御二人從。次日月合璧旗一，次苣文旗二，次五星連珠旗一，次祥雲旗二。以上並一人執，二人引，二人夾，佩橫刀，執弓箭。次長壽幢一。次青龍、白虎旗各一。左右道。左右衞果毅都尉各一人分領七十騎，弩八，弓箭二十二，矟四十。

次班劍儀刀隊。左右道。左右衞將軍各一人，親衞郎將各二人，班劍二百二十，爲第一、第二行；勳衞郎將各二人，班劍二百二十，爲第三、第四行；翊衞郎將各三人，儀刀三百七十八，爲第五、第六、第七行；左右驍衞翊衞郎將各一人，儀刀一百三十四，爲第八行；左右武衞翊衞郎將各一人，儀刀一百三十八，爲第九行；左右屯衞翊衞郎將各一人，儀刀一百四十二，爲第十行；左右領軍衞翊衞郎將各一人，儀刀一百四十六，爲第十一行；左右金吾衞翊衞郎將各一人，儀刀一百五十，爲第十二行。

次五仗。左右道。左右衞供奉中郎將各二人，親勳翊衞各二十四人，左右衞郎將各一人，散手翊衞各三十人，左右驍衞郎將各一人，翊衞各二十八人。

次左右驍衞、翊衞三隊。第一隊，花鳳旗二，大將軍各一人，弩十，弓箭二十，矟四十；第二隊，飛黃旗二，將軍各一人，弩、弓箭、矟同第一隊，下準此。第三隊，吉利旗二，郎將各一人。

次金吾細仗。殿中繖扇，千牛。中道。青龍、白虎旗各一，一人執，三人引，騎二人押當。五嶽神旗各一，五方神旗各一，五方龍旗二十五，五方鳳旗二十五，四瀆神旗各一。各一人執，二人引，二人夾，四旗屬兵部，每行次五方鳳旗。援寶三十二人，香案一，符寶郎一人，寶案一，寶輿一。輿士十二人。碧襴二十四人，騎，內十四人，執儀刀。方繖二，雉扇四，四色官六人，押仗二人，金甲天武官二人，進馬四人，千牛將軍一人，千牛八人，中郎將二人，長史二人，引駕官四人，天武官三百人。次毬仗供奉官一百人。

次左右衞夾轂隊。左右道。第一、第四隊，朱蓋甲、刀盾各六十，折衝都尉各一人檢校；

第二、第五隊，白甕甲、刀盾各六十，果毅都尉各一人檢校；第三、第六隊黑甕甲、刀盾各六十，果毅都尉各一人檢校。

次捧日、奉宸隊。左右道。捧日三十五隊，隊四十人，騎；奉宸二十五隊，隊四十人。並五重相間。

次導駕官。中道。通事舍人八人，分左右；侍御史二人，分左右；御史中丞二人，分左右；正言二人，分左右；司諫二人，分左右；起居郎二人在左，起居舍人二人在右；諫議大夫四人，分左右；給事中四人在左，中書舍人六人在右；散騎四人，分左右；門下侍郎二人在左，中書侍郎二人在右；侍中二人在左，中書令二人在右。次鳴鞭二。中道。次宮苑馬二。中道。

次殿中省仗。大繖二，方雉尾扇四，腰輿一，排列官一人騎領。小雉尾扇四，方雉尾扇十二，華蓋二，香鐙一。

次誕馬二，玉輅。皇帝升輅，則太僕卿御，千牛大將軍二人夾輅，將軍二人陪乘。前有誕馬二，教馬官二人。次諸司隨駕供奉。次大輦，掌輦四人導，尙輦奉御二人騎從。殿中少監二人，騎。本省供奉二人騎從。次御馬二十四。並以天武官二人執轡，尙輦直長二人騎從。

次持鈒後隊。中道。左右武衞旅帥各一人，大繖二，大雉尾扇二夾。大雉尾扇四，小雉尾扇十二，朱團扇十二，華蓋二，叉二。睥睨十二，御刀六，玄武幢一，叉一。絳麾二，細矟十二。次大角百二十。左右金吾果毅都尉各一人騎從。

次後部鼓吹。中道。鼓吹丞二人，騎。典事四人騎從。羽葆鼓十二，主帥四人騎從。歌二十四，拱宸管二十四，簫二十四，笳二十四；主帥二人騎領。鐃鼓十二，主帥四人騎領。歌二十四，簫二十四，笳二十四；小橫吹百二十，主帥八人騎領。笛二十四，簫二十四，觱篥二十四，笳二十四，桃皮觱篥二十四。

次黃麾幡二，騎二夾。殿中侍御史二人，騎。令史四人騎從。次芳亭輦一，鳳輦一，小輿一，尚輦直長二人，騎，檢校。書令史四人騎從。次五牛旗輿各一，左右屯衞隊正各一人，騎，檢校。並執銀裝長刀。次乘黃令、丞二人。府史四人騎從。次金、象、革、木輅。次五副輅。次耕根車。次進賢、明遠、羊車。次屬車十二。次中書、門下、祕書、殿中省局官各一，騎。次黃鉞、豹尾車。

次後部黃麾仗。左右道，與殿中黃麾相並。第一部，左右驍衞將軍各一人檢校，折衝都尉各一人分領；主帥鼙鍠等並同前部，下皆準此。第二部，左右武衞將軍各一人檢校，折衝都尉各一人分領；第三部，左右屯衞將軍各一人檢校，折衝都尉各一人分領；第四部，左右領軍衞折衝都尉各一人分領；第五部，左右驍衞折衝都尉各一人分領；第六部，左右驍衞折衝都尉各一人分領，絳引幡二十，護後主帥二十人。

次步甲後隊。左右道。第一隊，貔旗二，執、引並同前。左右衞果毅都尉各一人分領；鍪甲、弓箭同前隊第十二。第二隊，鶡雞旗二，左右衞折衝都尉各一人分領；鍪甲、弓箭同前隊第十一。第三隊，仙鹿旗二，左右驍衞果毅都尉各一人分領；鍪甲、刀盾同前隊第十。第四隊，金鸚鵡旗二，左右驍衞折衝都尉各一人分領；鍪甲、弓箭同前隊第九。第五隊，瑞麥旗二，左右武衞果毅都尉各一人分領；鍪甲、刀盾同前隊第八。第六隊，孔雀旗二，左右武衞折衝都尉各一人分領；鍪甲、弓箭同前隊第七。第七隊，野馬旗二、左右屯衞果毅都尉各一人分領；鍪甲、刀盾同前隊第六。第八隊，犛牛旗二，左右屯衞折衝都尉各一人分領；鍪甲、弓箭同前隊第五。第九隊，甘露旗二，左右領軍衞果毅都尉各一人分領；鍪甲、刀盾同前隊第四。第十隊，網子旗二，左右領軍衞折衝都尉各一人分領；鍪甲、弓箭同前隊第三。第十一隊，鶡雞旗二，左右領軍衞果毅都尉各一人分領；鍪甲、刀盾同前隊第二。第十二隊，貔旗二，左右領軍衞折衝都尉各一人分領。鍪甲、弓箭同前隊第一。

次後部馬隊。左右道。第一隊，角端旗二，左右衞折衝都尉各三人分領；兼第二、第三隊。每隊弩、弓箭、矟並同前隊。第二隊，赤熊旗二；第三隊，兕旗二，左右驍衞果毅都尉各三人分領；兼第四隊。第四隊，太常旗二；第五隊，馴象旗二，左右武衞折衝都尉各三人分領；兼第六、第七隊。第六隊，鵕鸃旗二；第七隊，騼騄旗二；第八隊，騶牙旗二，左右屯衞果毅都尉各三人分領；第九隊，蒼烏旗二；第十隊，白狼旗二；第十一隊，龍馬旗二，左右領軍折衝都尉各二人分領；第十二隊，金牛旗二。

次後隊殳仗。左右道。左右領軍衞主帥四人，殳八十，叉八十；左右武衞主帥四人，殳五十，叉五十；左右屯衞驍衞主帥各四人，殳四十，叉四十。次掩後隊。中道。左右屯衞折衝都尉各一人，大戟五十，刀盾五十，弓箭五十，矟五十。

次眞武隊。中道。金吾折衝都尉一人，仙童、螣蛇、眞武、神龜旗各一，十人執，二人引，二人夾。矟二十五，弓箭二十，弩五。

車駕至青城，則周衞行宮及壝內外。其青城坐甲布列三百三十六鋪：殿前指揮使二十四鋪，四百七十七人；內殿直一十鋪，一百四十一人；散員一十鋪，一百四十二人；散指揮一十鋪，一百四十一人；散都頭一十鋪，一百四十三人；散祗候一十鋪，一百四十人；金槍一十鋪，一百五十人；銀槍一十鋪，一百五十人；東第一班三鋪，五十二人；東第二班三鋪，五十三人；東第三班六鋪，九十一人；東第四班五鋪，八十四人；東第五班二鋪，二十二人；下茶酒班一鋪，三十一人；散直一十鋪，一百四十九人；鈞容直一十鋪，二百人；御龍直二十二鋪，三百八十五人；御龍骨朵子直一十二鋪，二百一十二人；御龍弓箭直一十八鋪，二百九十六人；御龍弩直二十二鋪，三百五十六人；把天門天武一鋪，八人；駕頭扇筤天武一鋪，三十二人；禁衞天武六鋪，三百一十人；約攔天武三十鋪，三百一十人；方圍子親從三十四鋪，三百六十人；禁衞崇政殿親從四十鋪，并提舉人員共四百六十三人；行宮司親從一十二鋪，一百八十人；快行親從四鋪，八十六人。行宮殿門崇政殿親從四十六人，行宮殿門親從并提舉人員二百四十人，把街約攔親事官貼諸處齪門一十隊及提舉人員一百三人，殿前指揮使已下看守馬火甲隊一千一百七十一人，右禁衞諸班共六千七百二十有四人。

圜壇東門外中道夾立諸班直主首引駕人員九人，御龍四直門旗六十人，御龍仗劍六人，天武把門長行八人。

大次前外圍親從四隊三十八人，執燭親從八十六人，行宮殿門一十二人，御龍直四十人。大次後把街約攔執事官五十一人。大次兩壁快行六十九人，於禁衞外排立壇周圍，守踏道。裏圍親從十將、節級二十二人，壇從裏第二重方圍親從三百二十四人。大次及外壝外諸門行宮司共一百六十人，宮架及壇東幄幕、宰臣百官幕次共六十人。右自大次前外圍至百官幕次，共八百六十二人。凡詣小次行禮，不須隨從。大次前裏圍并攔前一百七十一人，執燭一百二十九人，外圍一百八十人，行宮門及快行二十四人。右自裏圍至行宮快行共五百四人。凡詣小次行禮，隨從祗應。

圓壇從外壝下分作九重：從中第一重，殿前指揮使等七百四十四人；第二重，御龍直等六百九十五人；第三重，散員等六百四十二人；第四重，散都頭等七百一十人；第五重，天武骨朵大劍約攔五百八十一人；第六重，御營四面巡檢下步軍八百六十七人；第七重，御營四面幷青城圓壇巡檢下步軍八百六十七人；第八重，御營四面巡檢下馬軍四百三十三人；第九重，御營四面巡檢及青城圓壇巡檢下馬軍四百三十四人。壇四門殿前指揮使行門三十五人，內人員一十五人，壇東門夾立擎鞭長行一十人。右自青城赴壇諸班親從文武及御營圓壇巡檢下，總七千四百六十七人。

駕至太廟，環衞如郊壇，坐甲布列二百六十三鋪。殿前指揮使二十四鋪，四百七十七人；內殿直、散員、散指揮、散都頭、散祗候、散直各一十鋪，一百二十人，共六十鋪七百二十人；金槍一十鋪，一百五十人；銀槍一十鋪，一百五十人；東第一、第二班各二鋪，三十人，共四鋪，六十人；東第三、第四班各四鋪，六十人，共八鋪，一百二十人；東第五班二鋪，二十二人；下茶酒班一鋪，三十一人；御龍直八鋪，三百八十五人；御龍骨朵子直四鋪，二百一十二人，御龍弓箭直六鋪，二百九十六人；御龍弩直八鋪，三百五十六人；把行門天武一鋪，八人；駕頭扇筤天武一鋪，三十二人；禁衞天武六鋪，三百一十人；禁衞崇政殿親從四十鋪，并提舉人員共四百六十三人；行宮司親從一十二鋪，一百八十人；快行親從四鋪，八十六人；方圍親從二十四鋪，三百六十人；約攔天武三十鋪，三百一十人。

行宮殿門崇政殿親從及提舉人員二百八十六人，把街約攔親事官貼諸處龊門一十二隊，并提舉人員一百三人，御營四面巡檢六員下步軍九百一十八人，親從四十人。青城內至圜壇巡檢下親從四十人。右禁衞諸班直等御營四面巡檢軍兵，及青城至圜壇巡檢下親從，總六千一百四十五人。左山商氏家藏宋人青城、圜壇、太廟三圖，其布置行列，極爲詳備，因附鹵簿之後，庶覽之者，可以考一代之制云。

凡鹵簿內牙門旗，中道四，分二門；左右道各十，分五門。中道一門在金吾細仗前，一門在掩後隊後。左右廂第一門在步甲前隊第六後，第二門在前部黃麾仗前，第三門在後部黃麾仗前，第四門在黃麾仗後，第五門在步甲後隊第六後。每旗二人執，四人夾，並騎，分左右。每門監門校尉六人領。

又大駕，郊祀、籍田、薦獻玉淸昭應景靈宮用之。迎奉聖像亦用大駕，惟不設象及六引導駕官。法駕，減太常卿、司徒、兵部尙書，白鷺、崇德車，大輦、五副輅，進賢、明遠車，又減屬車四，餘並三分減一。泰山下、汾陰行禮，明堂、大慶殿恭謝用之，凡一萬一千八十八人。

鸞駕，又減縣令、州牧、御史大夫，指南、記里、鸞旗、皮軒車，象輅、革輅、木輅，耕根車、羊車、黃鉞車、豹尾車、屬車，小輦、小輿，餘並減半。朝陵，迎泰山天書，東封、西祀，朝謁太清宮，奏告玉清昭應宮〔八〕，奉迎刻玉天書，躬謝太廟，皆用之。鸞駕舊用二千人，大中祥符五年，眞宗告太廟，增至七千人。兵部黃麾仗，用太常鼓吹，太僕寺金玉輅，殿中省大輦，其制無定，然皆減於小駕。御樓、車駕親征或省方還京，迎禁中天書，五嶽上冊，建安軍迎奉聖像，太廟上冊皆用之。

校勘記

〔一〕校以令文　「令」原作「今」，據太常因革禮卷二七並參考下文改。

〔二〕凡二十一旗　按上文所列旗數只有二十，據宋朝事實卷一一、玉海卷八三所載，疑缺黃龍負圖一旗。

〔三〕禮儀　「禮」字原脫，據本書卷九八禮志、太常因革禮卷三補。

〔四〕諸省　原作「諸有」，據宋會要輿服一之一九、太常因革禮卷二八改。

〔五〕輿服志　原作「輿衞志」，據同上書同卷改。

〔六〕一萬一千五人　「千」原作「十」，據宋會要輿服一之三九、玉海卷八〇改。

〔七〕次引駕十二里　按玉海卷八〇記宋初大駕鹵簿之制，於指南等車後有「引駕十二重」，疑此處「十二里」爲「十二重」之誤。

〔八〕玉清昭應宮　「應」原作「靈」，據上文和通考卷一一八王禮考改。

宋史卷一百四十六

志第九十九

儀衞四

政和大駕鹵簿并宣和增減　小駕附

政和大駕鹵簿。象六，分左右。次六引：開封令、開封牧、大司樂、少傅、御史大夫、兵部尚書。各用本品鹵簿。次金吾纛、矟。左右皂纛各六，執、托各一人，紒四人。押衙四人，並騎。犦矟八，執各一人。本衞上將軍、將軍各四人，本衞大將軍二人，並騎。犦矟四，夾大將軍。執各一人，夾二人，並騎。法駕，犦矟減二，本衞上將軍、將軍各減二人。

次朱雀旗隊。並騎。金吾衞折衝都尉一人引隊，犦矟二，夾都尉；執旗一人，引、夾各二人。凡仗內引、夾、執人數準此。弩四，弓矢十六，矟二十，左右金吾衞果毅都尉二人押隊。法駕，弩減二，弓矢減六，矟減八。宣和，引隊改天武都指揮使，押隊改天武指揮使。

次龍旗隊。大將軍一員檢校，騎；引旗十二人，並騎。風伯、雨師、雷公、電母旗各一，五星旗五，左、右攝提旗二，北斗旗一，護旗十二人，副竿二。執人並騎。法駕，引旗、護旗人各減四。宣和，檢校改左右衞大將軍，雷公、電母旗去「公」、「母」二字。

次指南、記里鼓車各一，駕馬各四，駕士各三十人；白鷺、鸞旗、崇德、皮軒車各一，駕士各十八人。法駕，無白鷺、崇德車。宣和，有青旌、青雀、鳴鳶、飛鴻、虎皮、貔貅六車，在記里鼓之下、崇德之前；減白鷺、鸞旗、皮軒三車，駕士之數如前。

次金吾引駕，騎；本衞果毅都尉二人〔一〕，儀刀、弩、弓矢、矟各減二。宣和，改都尉爲神勇都指揮使。

次大晟府前部鼓吹。令二人，府史四人，管押指揮使一人，掆鼓、金鉦各十二，帥兵官八人領。大鼓一百二十，帥兵官二十人領。長鳴一百二十，帥兵官六人領。鐃鼓十二，帥兵官四人領。歌工、拱宸管、簫、笳各二十四，大橫吹一百二十，帥兵官十人領。節鼓二，笛、簫、觱篥、笳、桃皮觱篥各二十四；掆鼓、金鉦各十二，帥兵官四人領。小鼓、中鳴各一百二十，帥兵官八人領。羽葆鼓十二，帥兵官四人領。歌工、拱宸管、簫、笳各二十四。法駕，前後掆鼓、金鉦各減四，大鼓減四十，長鳴減四十，鐃鼓減四，拱宸管後簫、笳各減八，大橫吹減四十，節鼓後笛、簫、觱篥、笳、桃皮觱篥各減八，小鼓、中鳴各減四十，羽葆鼓減四，最後簫、笳各減八，帥兵共減十八人。

次太史相風、行漏等輿。太史令及令史各一人，並騎。相風烏輿一，輿士四人。交龍鉦、鼓各一，輿士各六人。司辰、典士各一人，並騎。漏刻生四人，鼓樓、鐘樓、行漏輿各一，輿士各一百人。太史正一人，淸道二人，十二神輿一。輿士十四人。法駕，行漏輿一，輿士減四十人〔二〕。神輿一，輿士多大駕二人。宣和，鼓、鐘樓並改爲輿，太史正前有捧日副指揮使二人，捧日節級十人，神輿輿士增十。

次持鈒前隊。左右武衞果毅都尉二人引隊，左右武衞校尉二人。絳引幡一，絓二人。左右有金節十二，執人並騎。罕、畢各一，朱雀幢、叉、導蓋，靑龍、白虎幢各一，叉三。執人並騎。稱長一人，鈒戟二百八十八，左右武衞將軍二人檢校，左右武衞校尉四人押隊。法駕，金節減四，鈒戟減七十二。宣和，引隊改驍騎都指揮使，武衞校尉改驍騎軍使，增朱雀旗後之叉一，去龍虎旗後之叉三，檢校改用左右驍騎將軍。

次黃麾幡一。執一人，騎；絓二人。法駕，前有殿中侍御史二員。次六軍儀仗。左右神武軍、左右羽林軍、左右龍武軍，各有統軍二員，都頭二人羽林又有節級二人。押仗，本軍旗各一，排闌旗各二十合有，〔三〕吏兵、力士旗各五，掩尾天馬旗二，羽林有赤豹、黃熊旗，龍武有龍君、虎君旗各一。白柯槍五十，哥舒棒十，鐙仗八。法駕，神武軍減排闌旗十，羽林、龍武軍各減四，吏兵、力士旗各滅一〔四〕。宣和，統軍改軍將，神武軍旗改熊虎，排闌旗改平列，哥舒棒改戈戟，鐙杖改矛戟，羽林隊無節級〔五〕，黃熊旗改黃羆，龍武旗改熊虎。

次引駕旗。天王旗二，排仗通直官二人押旗，十二辰旗各一。法駕，同。次龍墀旗。天下太平旗一，排仗大將二人夾旗，五方龍旗各一，金鸞、金鳳旗各一，師子旗二，君王萬歲旗一〔六〕，日、月旗各一。法駕，減鸞、鳳、師子旗。次御馬二十四。控馬每匹天武二人，御馬直二人，爲十二重。法駕，減八，爲八重。宣和，御馬直改爲習馭。次中道隊。大將軍一員檢校。法駕，同。宣和，大將軍改爲左右驍衞大將軍。次日月合璧旗一，苣文旗二，五星連珠旗一，祥雲旗二，長壽幢二〔七〕。宣和，苣文改慶雲，祥雲改祥光。

次金吾細仗。青龍、白虎旗各一，五嶽神旗、五方神旗、五方龍旗、五方鳳旗各五。已上執各一人，紖各三人。法駕，五方龍、鳳旗各減二。宣和，改校尉爲使臣，五嶽神旗去「神」字。

次八寶。鎭國神寶、皇帝之寶、皇帝行寶、皇帝信寶在左，受命寶、天子之寶、天子行寶、天子信寶在右，爲四重。香案八，各以二列於寶輿之前。碧襴二十四人，符寶郎行於碧襴之間。法駕，減碧襴八人。宣和，增引寶職掌二人〔八〕，香案職掌六人，援衞傳喝親從一百人。奉寶輦官每寶二十八人，節級一人，奉寶一十二人，舁香案、行馬、執燭籠各四人，持席褥、油衣共三人，香案、寶輿各九，燭籠三十六〔九〕，碧襴之數同前。

次方繖二，大雉尾扇四夾。執繖、扇各一人，以下準此。法駕，同。次金吾四色官六人，押仗二人。法駕，減押仗。次金甲二人。宣和，改爲銅甲。次太僕寺進馬四人。並騎。次引駕千牛衞上將軍一員，千牛八人，中郎將二人，並乘珂馬。千牛二人。並騎。宣和，引駕改爲千牛衞大將軍，中郎將改爲捧日都虞候。次長史二人。並騎。宣和，無。

次金吾引駕官四人。並騎。次導駕官。執政以上人從六人，待制、諫議、防禦使以上五人，監察御史、刺史、諸衞將軍以上四人。次繖扇、輿輦。大繖二，中雉尾扇四夾，腰輿一，小雉尾扇四夾，應奉人員一人，十將、將、虞候、節級二人，長行十六人。排列官二人，中雉尾扇十二，華蓋二，執各二人。香蹬一。執擎八人。小輿一，應奉人，逍遙、平輦下人，長行二十四人。逍遙子一，應奉人，十將、將、虞候、節級共九人，長行二十六人。平輦一。應奉人員七人，餘同上。法駕，排列官後中雉尾扇減四。宣和，去小雉尾扇四，腰輿一，添管押人員二人，都將四人，僉押小輿排列官二人。小輿一，奉輿二十四人，都將九人。逍遙子改爲逍遙輦，奉輦一十六人。平輦一，奉輦人同上，後有上輦奉御二人，騎。小輿前又有大輅一。駕馬六，太僕卿御，駕士一百二十人。

次駕前東第五班。開道旗一，皂纛旗十二。引駕六十二人，鈞容直三百人。引駕回作樂。五方色龍旗五，門旗四十，御龍四直步執門旗六十。天武駕頭下一十二人，茶酒班執從物一十一人，御龍直仗劍六人，天武把行門八人。麾旗一，殿前班擊鞭一十人，簇輦龍旗八，日、月、麟、鳳旗四，青、白、赤、黑龍旗各一。御龍直四十人，踏路馬二，夾輅大將軍二員，進輅職掌二員，部押二人，教馬官二員。法駕，同。宣和，無鈞容直，開道旗內增押班一人，殿侍二人。皂纛旗十二，殿侍十二人執。引駕人員二人，長行六十人。五方色吉字旗，殿侍三人，管押十人。門旗，殿侍二人，管押四十人，叉八，門旗六十，御龍直一十二人，骨朵直十二人，御龍弓箭直、弩直各十八人，御龍直仗劍六人，執麾旗殿侍二人，管押龍旗人員二人，都知、副都知各一人，執骨朵殿侍十六人，內大將軍改爲千牛衞大將軍，朝服步從。將軍二人，朝服陪乘。掌輦四人。

皇帝乘玉輅，駕靑馬六，駕士一百二十八人，扶駕八人，骨朵直一百三十四人，行門三十五人，分左右，陪乘將軍二員。法駕，同。宣和，駕士增爲二百三十四人。

次奉宸隊。御龍直，左廂骨朵子直、右廂弓箭直，弩直，御龍四直，並以逐班直所管人數列爲五重。天武骨朵、大劍三百一十人〔10〕。次駕後東第五班。大黃龍旗一，鈞容直三十一人。扇筤下天武二十人，茶酒班簇輦三十一人，招箭班三十三人。法駕，同。宣和，止用黃龍旗，餘並無。

次副玉輅一，駕靑馬六，駕士四十人。法駕，無。宣和，駕士一百人，內人員二人。次大輦一，掌輦四人，應奉人員十二人，十將、將、虞候、節級共十人，長行三百五十五人。尙輦奉御二人，殿中少監、供奉職官二員，令史四人，書令史四人。法駕，同。宣和增奉輦爲九十人。次太僕御馬二十四，爲十二重。法駕，減八，爲八重。宣和，無太僕。

次持鈒後隊。左右武衞旅帥二人。法駕，同。宣和，改爲神勇都指揮使。次重輪旗二，大繖二，大雉尾扇四，小雉尾扇、朱團扇各十二，華蓋二，叉二，睥睨十二，御刀六，眞武幢一，絳麾二，叉一，細矟十二。法駕，小雉尾扇、朱團扇、睥睨、矟各減四，華蓋減一，御刀減二。宣和，眞武幢改爲玄武。次左右金吾衞果毅都尉二人，並騎。總領大角一百二十。法駕，減四十。宣和，改都尉爲驍騎都指揮使。

次大晟府後部鼓吹。丞二人，典事四人，管轄指揮使一人，羽葆鼓十二，帥兵官四人領。歌工、拱宸管、簫、笳各二十四〔三〕，帥兵官二人領。鐃鼓十二，帥兵官四人領。歌工、簫、笳各二十四，小橫吹一百二十，帥兵官八人領。笛、簫、觱篥、笳、桃皮觱篥各二十四。法駕，羽葆鼓減四，簫、笳、笛、觱篥、桃皮觱篥各減八，鐃鼓減四，小橫吹減四十。帥兵官並減二人。宣和，帥兵官改爲天武、神勇、宣武、虎翼四都頭。

次黃麾一，執、絣人數同前部，法駕亦同，有殿中侍御史二員在黃麾前。芳亭輦一，奉輦六十人。鳳輦一，奉輦五十人。法駕，去鳳輦。宣和，芳亭奉輦六十二人。

次金、象、革、木四輅，並有副輅。金輅踏路赤馬二，正副各駕赤馬六，駕士六十人。餘輅正副駕馬數同而色異，象輅以赭白，革輅以騮，木輅以黑，駕士各四十人。法駕，前副輅〔二〕。宣和，駕馬之色又異，金以騮，象以赤，革以赭白，木以烏；駕士正百五十人，副一百人，管押人員各二人。畊根車一，駕青馬六，駕士四十人。法駕，同。宣和，無。進賢車一，駕士二十四人；明遠車一，駕士四人〔三〕。法駕，無。宣和，各增駕馬四。次屬車十二乘，每乘駕牛三，駕士十人。法駕，減四乘。宣和，增衙官二人，管押節級一人。次門下、中書、祕書、殿中四省局官各二員。法駕，同。次黃鉞車、豹尾車各一，各駕赤馬二，駕士十五人。法駕，除進賢、明遠車外，並同。宣和，有黃鉞天武副都頭及神勇副都頭各一。

次掩後隊。左右威衞折衝都尉二人領隊，大戟、刀盾、弓矢、矟各五十。法駕，各減十六。宣和，押隊改用宣武都指揮使二人。次眞武隊。金吾衞折衝都尉一人，犦矟二，仙童旗一，眞武旗一，螣蛇、神龜旗各一，矟二十五，弓矢二十，弩五。法駕，矟減六，弓矢減五，弩減一。宣和，改爲玄武隊。改眞武爲玄武，又去仙童、龜、蛇旗，改都尉爲虎翼都指揮使。

政和大駕外仗。淸游隊。次第六引外仗，白澤旗二，左右金吾衞折衝都尉二人，弩八，弓矢三十二，矟四十。法駕，次第三引外仗〔四〕，弩減二，弓矢減八，矟減十。宣和，改都尉爲捧日都指揮使。左右金吾各十六騎，帥兵官二人，弩八，弓矢、矟各十二。法駕，金吾騎及弓矢、矟各減四。宣和，改金吾爲天武都頭。

次佽飛隊。左右金吾衞果毅都尉二人分領，並騎。虞候佽飛四十八人，並騎。鐵甲佽飛二十四人。並甲騎。法駕，前減十八人，後減八人。宣和，改金吾衞爲拱聖都指揮使，改都尉爲都指揮使。

次前隊殳仗。左右領軍衞將軍二人檢校，並騎。犦矟四。殳叉分五隊：第一，一百六十人；第二，八十人；第三，一百人；第四、第五各八十人。逐隊有帥兵官左右領軍衞、左右威衞、左右武衞、左右驍衞、左右衞各四人。法駕，殳叉第一隊減六十，第二、第三各減三十，第四、第五各減二十。宣和，改檢校爲左右衞將軍，領軍衞爲天武都頭，威衞爲神勇都頭，武衞爲宣武都頭，驍衞爲虎翼都頭；殳叉第一隊減六十，增第二隊至第五隊爲一百。

次後隊殳仗。殳叉分五隊：第一、第二，八十人；第三，一百人；第四，八十人；第五，一百六十人。帥兵官，左右衞、左右驍衞、左右武衞、左右威衞、左右領軍衞。凡前後隊殳仗，前接中道北斗旗，後盡鹵簿後隊。法駕，殳叉第一、第二隊各減二十四，第三、第四各減三十，第五減六十。宣和，殳叉各一百，天武、神勇、宣武、虎翼、廣勇都頭。

次前部馬隊。凡十二〔一五〕，皆以都尉二人分領。第一，前左右金吾衞折衝領，角、亢、斗、牛宿旗四，弩十，弓矢二十，矟四十。第二，氐、房、女、虛宿旗四；第三，心、危宿旗，第四，尾、室宿旗各二。以上四隊〔六〕，各以左右領軍衞果毅領。第五，箕、壁宿旗，第六，奎、井宿旗各二，各以左右威衞折衝領。第七，婁、鬼宿旗，第八，胃、柳宿旗，第九，昴、星宿旗各二，各以左右武衞果毅領。第十，畢、張宿旗，第十一，觜、翼宿旗，第十二，參、軫宿旗各二，各以左右驍衞折衝領。弩、弓矢、䂍人數，同第一隊。法駕，分二十八宿旗爲十隊，逐隊弩減四，弓矢減六，䂍減二十。宣和，捧日、拱聖、神勇、驍衞、宣武五都指揮使〔七〕，分領上十隊，以虎翼、廣勇都指揮使，分領下二隊。

次步甲前隊。凡十二，左右領軍衞將軍二人檢校，並騎。㦹䂍四，逐隊皆有都尉二人分領。第一、第三各以左右領軍衞，第五以左右威衞，第七以左右武衞，第九以左右驍衞，第十一以左右衞，並折衝；第二、第四各以左右領軍衞，第六以左右威衞，第八以左右武衞，第十以左右驍衞，第十二以左右衞，並果毅。內有鵕、䝟、玉馬、三角獸、黃鹿、飛麟、駃騠、鸞、麟、馴象、玉兔、辟邪等旗各二，以序居都尉之後。逐隊有弓矢、刀盾相間，各六十人，居旗之後。法駕，止十隊，每隊弓矢各減二十。宣和，檢校改用左右衞將軍，又去㦹䂍，分領並改爲都指揮使：第一、第二並捧日，第三、第四並天武，第五、第六並拱聖，第七、第八並神勇，第九驍騎，第十宣武，第十一虎翼，第十二廣勇。

次前部黃麾仗。絳引幡二十，下分六部：第一，左右威衞；第二，左右領軍衞；第三，左右威衛；第四，左右武衛；第五，左右驍衛；第六，左右衛。諸部各有殿中侍御史兩員，本衛大將軍二人檢校，本衛折衝都尉二人分領。又各有帥兵官二十人。龍頭竿六重，重各二十；揭鼓三重，重各二；儀鍠五色幡、小戟、矟各一重，重各二十；弓矢二重，重各二十；朱綠縢絡盾并刀二重，重各二十。法駕，止五部，絳引幡、帥兵官、龍頭竿、幡、戟、弓矢、盾刀、矟並減六。宣和，六部：驍衛、武衛、屯衛、領軍衛、監門衛、千牛衛，皆左右上將軍；天武、神勇、宣武、虎翼、廣勇，皆都指揮、都頭；逐部上將軍、都頭各一人。

次青龍、白虎旗各一，左右衛果毅都尉二人，分押旗及領後七十騎，弩八，弓矢二十二，矟四十。法駕，減後騎三十，弩減二，弓矢減八，矟減二十。宣和，改都尉爲虎翼都指揮使。

次班劍、儀刀隊。並騎。左右衛將軍二人分領，郎將二十四人，左右親衛、勳衛各四人，每衛班劍二百二十人；諸翊衛左右衛六人，領儀刀四百八人；左右驍衛二人，領儀刀一百三十六人。左右武衛、左右威衛、左右領軍衛、左右金吾衛各二人。法駕，親、勳衛班劍減八十四人，翊衛儀刀減一百三十二人，增左右驍衛四人，班劍、儀刀九十二人。宣和，分領改左右武衛將軍及捧日、天武指揮四人，拱聖六人，神勇、驍騎、驍勝、宣武、虎翼指揮使各二人。

次親勳、散手、驍衛翊衛隊。並騎。左右衛供奉中郎將四人，分領親勳翊衛四十八人；左右衞郎將二人，分領散手翊衞六十人；左右驍衞郎將二人，分領驍衞翊衞五十六人。法駕，親勳減十六人，散手、驍衞各減二十人。宣和，改爲中衞、翊衞、親衞隊，中衞郎四人，分領衞兵四十八人；翊衞郎二人，分領衞兵六十人；親衞郎二人，分領衞兵五十六人。

次左右驍衞翊衞三隊。並騎。各有二人分領，第一本衞大將軍，第二本衞將軍，第三本衞郎將；花鳳、飛黃、吉利旗各二，分爲三隊；逐隊弩十，弓矢二十，矟四十。法駕，弩減四，弓矢、矟各減半。宣和，分領第一、第二隊，左右驍衞大將軍、將軍；第三，廣勇指揮使。改花鳳旗爲雙蓮旗。

次夾轂隊。凡六，逐隊都尉二人檢校，第一、第四左右衞折衝〔八〕，第二、第三、第五、第六並左右衞果毅。逐隊刀盾各六十人，內第一、第四有寶符旗二。法駕，各減刀盾二十。宣和，檢校改爲捧日、天武、拱聖三指揮使。

次捧日隊。逐隊引一人，押二人，長行殿侍二十八人，旗頭三人，槍手五人，弓箭手二十人，左右廂天武約攔各一百五十五人。法駕，同。

次後部黃麾仗。分六部：左右衞、左右驍衞、左右武衞、左右威衞、左右領軍衞、左右武衞。部內殿中侍御史、大將軍、都尉、帥兵官、絳引幡、龍頭竿等，並同前部。法駕，減第六部，絳引幡減六。宣和，六部：第一改爲左右驍衞大將軍，自二至六改爲天武、神勇、宣武、虎翼、廣勇五指揮。

次步甲後隊。凡十二，皆有都尉二人分領。第一以左右衞，第三以左右驍衞，第五以左右武衞，第七以左右威衞，第九、第十一各以左右領軍衞，以上並果毅；第二以左右衞，第四以左右驍衞，第六以左右武衞，第八以左右威衞，第十、第十二各以左右領軍衞，以上並折衝。內有貔、鶡鷄、仙鹿、金鸚鵡、瑞麥、孔雀、野馬、犛牛、甘露、網子、祥光、翔鶴等旗各二，以序居都尉之後。逐隊有弓矢、刀盾相間，各六十人，居旗之後。法駕，止十隊。宣和，自第七隊以下，分領改用都指揮使，七、八並神勇，九驍騎，十宣武，十一虎翼，十二廣勇。旗亦改其半，七天正堯瑞，八日有戴承，十翔鶴，十一紅光，十二文石。

次後部馬隊。凡十二，皆以都尉二人分領。第一、第二各以左右衞，第五、第六、第七各以左右武衞，第十至十一、十二各以左右領軍衞，並折衝；第三、第四各以左右驍衞，第八、第九各以左右威衞，並果毅。內有角觿、赤熊、兕、天下太平、馴犀、鵕鸃、騼䮷、騶牙、蒼烏、白狼、龍、䝞、金牛等旗各二，以序居都尉之後。每隊弩十，弓矢二十，矟四十。法駕，止十隊。弩減四，弓矢減六，矟減十二。宣和，改都尉爲指揮使，一、二並以捧日，三、四並以天武，五、六並以拱聖，七、八並以神勇，九以驍騎，十以宣武，十一以虎翼，十二以廣勇。內六有芝禾並秀旗，七有萬年連理木旗。

以上鹵簿，凡門有六，中道之門二：第一門居日月合壁等旗之後，法駕，居龍墀旗之後；第二門居掩後隊之後，法駕，同。各有金吾衙門旗四，監門校尉六人。左右道之門四：第一，居步甲前隊第六隊之後；第二，居第十二隊之後；第三，居夾轂隊之後；第四，居步甲後隊第六隊之後。法駕，同。各有監門校尉四人。宣和，改校尉爲使臣。

政和小駕，減大駕六引及象、木、革輅，五副輅，小輿，小輦，又減指南、記里、白鷺、鸞旗、崇德、皮軒、畊根、進賢、明遠、黃鉞、豹尾、屬車等十一〔九〕，餘並減大駕之半。

校勘記

〔一〕本衞果毅都尉二人　據通考卷一一八王禮考、宋會要輿服二之八，此處下脫「儀刀、弩、弓矢、矟各八。法駕」十字。

〔二〕輿士減四十人　「減」原作「各」，據宋會要輿服二之九、通考卷一一八王禮考改。

〔三〕排闌旗各二十合有　據宋會要輿服二之一〇：「左右神武軍旗各一，排闌旗二十在仗外分夾本軍旗。」又二之一一：「左右羽林軍旗各一，排闌旗二十在仗外如神武軍分夾。」「左右龍武軍旗各一，排闌旗二十在仗外如羽林軍分夾。」此處「合有」疑爲「分夾」之誤。

〔四〕吏兵力士旗各減一　「各」字原脫，據文義和宋會要輿服二之一一所載事實，此處「旗」下當有「各」字，今補。

〔五〕節級　原作「節鈒」，據上文和宋會要輿服二之一二、通考卷一一八王禮考改。

〔六〕君王萬歲旗一　「王」原作「皇」，「一」原作「二」，據本書卷一四八儀衞志、宋會要輿服二之一二、通考卷一一八王禮考改。

〔七〕長壽幢二　「幢」原作「旗」，據宋會要輿服二之一三、通考卷一一八王禮考改。

〔八〕增引寶職掌二人　「引」下原脫「寶」字，據通考卷一一八王禮考補。

〔九〕燭籠三十六　「三」原作「二」，宋會要輿服二之一四註引宋史、通考卷一一八王禮考都作「三」，據改。

〔一〇〕並以逐班直所管人數列爲五重天武骨朵大劍三百一十人　本句史文有脫誤。按宋會要輿服二之一七載：「奉宸隊，分左右，充禁衞。從裏第一重，御龍直；第二重，左廂骨朵子直、右廂弓箭直；第三重，弩直；第四重，御龍四直，並以逐班直所管人數列成隊伍。第五重，天武骨朵大劍三百一十人，分左右。」據此，志文此處「五重」當作「四重」，其下又當有「第五重」三字。五禮新儀卷一四所載與宋會要同。

〔一〕拱宸管籥笳各二十四　「管籥」二字原倒，據宋會要輿服二之二〇、五禮新儀卷一四改。

〔二〕前副輅　宋會要輿服二之二一作「無副輅」。

〔三〕駕士四人　宋會要輿服二之二一、五禮新儀卷一四都作「駕士四十人」，疑此處脫「十」字。

〔四〕次第三引外仗　「仗」字原脫，據本段標題「政和大駕外仗」，和通考卷一一八王禮考補。

〔五〕凡十二　「十二」二字原倒。按下文分述各隊時，總數實只十二隊；通考卷一一八王禮考正作「凡十二」，今乙正。

〔六〕以上四隊　上文已說第一以左右金吾衞折衝領，則此處只能說「以上三隊」；宋會要輿服二之二四、五禮新儀卷一五，以左右領軍衞果毅都尉領的也只三隊，此處「四」字當爲「三」字之訛。

〔七〕五都指揮使　「五」原作「四」。按上文捧日、拱聖、神勇、驍衞、宣武爲五軍，不得說是「四都指揮使」；通考卷一一八王禮考作「五都指揮使」，據改。

〔八〕左右衞折衝　「衞」字原脫，據下文和宋會要輿服二之三〇補。

〔九〕屬車等十一　按上文所列「指南」至「豹尾」十一車都非屬車，此語疑有誤。

宋史卷一百四十七

志第一百

儀衞五

紹興鹵簿　皇太后皇后鹵簿　皇太子鹵簿　妃附

王公以下鹵簿

紹興鹵簿。宋初，大駕用一萬一千二百二十二人。宣和，增用二萬六十一人。建炎初，裁定一千三百三十五人。紹興初，用宋初之數，十六年以後，遂用一萬五千五十人；明堂三分省一，用一萬一十五人。孝宗用六千八百八十九人，明堂用三千三百十九人。以後，並用孝宗之數。

紹興用象六、副象一。乾道用象一，淳熙用象六而不設副，紹熙如乾道，慶元後不設。

六引。第一引，清道二人；孝宗省之。幰弩一人，騎；方繖一，雜花扇二，曲蓋一；外仗青衣二人，車輻棒二，告止、傳敎、信幡各二，戟十。第二引，清道二人；孝宗省之。幰弩一人，騎；鼓一，鉦一，大鼓十；節一，矟二，皆騎；方繖一，雜花扇四，孝宗省爲二。曲蓋一，幢一，麾一，皆騎；大角四，鐃一，簫二，笳二，横吹二，笛一，簫一，觱栗一，笳一；外仗青衣四人，孝宗省爲二。車輻棒四，孝宗省爲二。告止、傳敎、信幡各二，儀刀十，戟二十，弓矢二十，孝宗皆省爲十六。刀盾二十，矟二十。孝宗並省。第三、第四、第五、第六引，並同第二引。內花扇、大角各二，青衣二人。孝宗朝，第三、第四、第五、第六引內大角省爲二，餘並同第二引已省之數。

金吾纛矟隊。纛十二，孝宗省爲六。押纛二人，孝宗省爲一。押衙四人，孝宗省爲二。上將軍四人，將軍四人，孝宗省之。大將軍二人，孝宗省爲一。爆矟十二，並騎。孝宗省爲八。朱雀隊。朱雀旗一，爆矟二，弩四，隊前後引、押各天武都指揮使一人，騎。龍旗隊。引旗一，風師、雨師、雷旗、電旗各一，五星旗五，攝提旗二，北斗旗一，護旗一，左右衞大將軍一人。金吾引駕騎，神勇都指揮使；次弩、弓、矢、矟各四，並騎。

太常前部鼓吹。鼓吹令二，府史四人，管轄指揮使一人，帥兵官三十六人，孝宗省作十四人。掆鼓十二，金鉦十二，孝宗鼓、鉦並省爲十。大鼓六十，孝宗省作二十四。小鼓六十，孝宗省作三十。節鼓一，鐃鼓六，羽葆鼓六，歌工二十四，拱宸管二十四，孝宗歌工、管並省爲十八。簫、笳各三十六，孝宗朝，簫十八、笳二十四。長鳴六十，中鳴六十，孝宗朝，並省爲十八。大橫吹六十，孝宗省爲二十四。笛十二，孝宗增爲十八。觱栗十二，桃皮觱栗十二。

持鈒前隊。驍騎都指揮使一人，將軍二人，軍使四人，並騎。稱長一人，靈芝旗二，瑞瓜旗二，雙蓮花旗二，太平瑞木旗二，朱雀旗一，甘露旗二，嘉禾旗二，芝草旗二。絳引幡一，孝宗省之。黃麾幡一，青龍、白虎幢各一，金節十二，罕、畢各一，叉一，鈒戟五十。孝宗省爲四十八。

六軍儀仗。第一隊，軍將二，卒長二，騎。熊虎旗二，赤豹旗二，吏兵旗、力士旗二，戈六，矛四，戟四，鉞四，白柯槍五十。平列旗二十，在仗外分夾旗槍。第二隊，軍將二，卒長二，騎。龍君旗、虎君旗各三，黃熊旗四，赤豹旗二，吏兵旗、力士旗各一，戈六，矛四，戟四，鉞四，白柯槍四十。平列旗二十，分夾仗外(一)。第三隊，軍將二，卒長二，騎。通直官二，吏兵旗、力士旗各一，熊虎旗二，龍君旗、虎君旗各一，天王旗四，十二辰旗各一，戈六，矛、戟、鉞各四，白柯槍三十。平列旗二十，分夾仗外。孝宗朝，第一隊，軍將、卒長各一，龍虎旗、赤豹旗、吏兵旗、力士旗各二，矛四、戈四、戟二、鉞二、白柯槍三十，平列旗十四，餘同。第二隊軍將、卒長各一，龍君、虎君、黃熊、赤豹旗同。戟六、鉞六、戈四、矛四、白柯槍二十。第三隊，軍將、卒長各一，吏兵、力士、熊虎、龍君、虎君、天王旗並同，十二辰旗十二，通直官二，白柯槍十，平列旗十二。

龍墀旗隊。天下太平旗一，排仗大將二人夾之；五方龍旗各一，爲三重。赤在前，黃在中，黑在後，青左、白右。次金鸞旗一，左，金鳳旗一，右；獅子旗二；君王萬歲旗一；日旗一，左，月旗一，右。御馬十四，分左右，爲五重。中道隊。左右衞大將軍一人檢校，騎。日月合璧旗一，慶雲旗二，五星連珠旗一，祥光旗、長壽幢各一。

金吾牙門第一門。牙門旗四，次監門使臣六，分左右，騎。孝宗省旗爲二，監門爲三。金吾細仗。青龍旗一，左，白虎旗一，右；五嶽神旗五，分前、中、後、左、右，爲三列；五方神旗五，陳列亦如之。五方龍旗二十五，相間爲五隊，每隊赤前、黃中、黑後、青左、白右。五方鳳旗二十五，相間爲五隊，陳列亦如之。五嶽旗在左，五方旗在右；五龍旗在左，五鳳旗在右；四瀆旗，江、淮在左，河、濟在右；押二人，分左右，騎。孝宗五龍、五鳳旗止各一隊，共省四十旗，餘同。

八寶輿。鎭國神寶左，受命之寶右；皇帝之寶左，天子之寶右；皇帝信寶左，天子信寶右；皇帝行寶左，天子行寶右，爲四列。每寶一輿，每輿一香案，輿、案前燭罩三十二。引寶職掌八人，侍寶官一人，內外符寶郎各二人，扈衞一百人。碧襴二十人，夾扈衞之外。孝宗省碧襴爲十二，餘同。

殿中繖扇、輿輦。方繖二，孝宗省一。朱團扇四，孝宗省二。金吾四色官六人，孝宗省爲二。押仗二人，騎，金甲二人，執鉞，進馬官四人，騎，千牛衞大將軍一人，孝宗省之。千牛衞將軍八人，孝宗省爲二。金吾引駕官二人，導駕官四人，並騎導。大繖二，孝宗省一。鳳扇四，孝宗省二。夾繖而行。前同。腰輿一，鳳扇十六，夾輿。孝宗省爲四。華蓋二，排列官一人，香凳一，火燎一，小輿一，逍遙子，平輦。

駕前諸班直。駕頭、鳴鞭、誕馬、燭罩三百三十人。孝宗省爲二百一十人。前驅都下親從官一百五十人，孝宗省爲四十五人。東西班六人，孝宗省爲二十二人約攔。殿前指揮使四十人，東第三班長入祗候五十二人，班直主首九人，孝宗省爲三人。茶酒新舊班一百六人，孝宗省爲四十四人。開道旗一，纛一十二，鈞容直二百七十人，駕回則作樂。孝宗乾道元年省之，乾道六年以後再用。吉利旗五，五方龍旗五，龍旗二十，孝宗省之。門旗六十，孝宗省爲三十。殿前指揮使、引駕骨朵子直四十人。分左右，夾門旗外。駕頭，駕頭下天武官二十二人，孝宗省爲十七人。都下親從一十六人，孝宗省爲八人。茶酒班執從物殿侍二十二人，又都下親從二十二人，孝宗省爲十七人。劍六人，孝宗省爲三人。麾旗一，人員一，孝宗省之。殿前指揮使、行門二十二人，鳴鞭十二人。孝宗增爲一十四人。次御龍直百二十人，孝宗省爲八十六人。快行五十人，日、月、麟、鳳旗各一，青龍、白龍、赤龍、黑龍旗四，人員二，引駕千牛上將軍一人。

玉輅奉宸隊。分左右，充禁衞，圍子八重：崇政殿親從圍子二百人，爲第一重；從裏數出。御龍直二百五十人，爲第二重；崇政殿親從外圍子二百五十人，爲第三重；御龍直、骨朵子直二百五十人，爲第四重；御龍弓箭直二百五十人，爲第五重；御龍弩直二百五十人，爲第六重；禁衞天武二百五十人，爲第七重；都下親從圍子三百人，爲第八重。孝宗以上並同。天武約攔二百人，孝宗省作百八十八人。在禁衞圍子外，編排禁衞行子二十一人，快行五十九人，孝宗省爲四十二。管押相視御龍四直八人，孝宗省爲四人。照管行子御龍四直二十四人，孝宗省爲八人。天武六人，孝宗省之。禁衞內攔前崇政殿親從三十二人，孝宗省作二十五人。

駕後部。扇筤，大黃龍旗一。駕後樂：東西班三十六人，鈞容直三十一人，並騎。孝宗此下增招箭班三十四人。扇筤，扇筤下天武二十二人，孝宗省作一十七人。都下親從十六人，孝宗省作八人。茶酒班執從物五十人，騎。孝宗省爲三十人。

大輦。輦下應奉幷人員合六百一十四人，分五番；孝宗乾道元年省之，六年以後復設。御馬十疋，爲五重。

持鈒後隊。神勇都指揮使二人，騎，重輪旗二人，大繖二，孝宗省爲一。朱團扇八，孝宗省爲四。鳳扇二，小雉扇二十二，孝宗省鳳扇，而減雉扇爲六。華蓋二，孝宗省爲一。俾倪十二，孝宗省爲六。御刀六，玄武幢一，絳麾二，叉、細矟十二，孝宗省爲六。驍騎都指揮使一人，騎，總領大角。大角四十。孝宗省爲二十。

太常後部鼓吹。鼓吹丞二人，典吏四人，孝宗省爲三人。管轄指揮使一人，羽葆鼓六，歌工二十四，拱宸管十二，簫三十六，笳二十四，鐃鼓六，小横吹六十，笛十二，觱栗十二，帥兵官十人。孝宗歌工十八，拱宸管十二，簫十八，笳二十四，鐃鼓六，笛十八，節鼓一，小横吹三十，觱栗十八，桃皮觱栗十二，羽葆鼓吹六，帥兵官八人。

黄麾幡一，中道。金輅、象輅、革輅、木輅各一，每輅誕馬各六在輅前，駕士各百五十四人。乾道元年省之，六年以後復用。掩後隊。中道。宣武都指揮使二人，大戟、刀盾、弓矢、矟各十五。

金吾牙門第二門。中道。牙門旗四，分左右，孝宗省之。監門使臣六，分左右，騎。孝宗省爲三。玄武隊。並騎。中道。虎翼都指揮使一人，爆矟二，玄武旗一，矟、弓矢各十，孝宗並省爲五。弩五。外仗。分左右道，以夾中道儀仗。清游隊。並騎。白澤旗二，捧日指揮使二，弩四，弓矢十，矟十六，左、右金吾十六，騎。天武都頭二人，弩八，弓矢十二，矟十二。孝宗弩、弓矢、矟並省爲六。佽飛隊。並騎。拱聖指揮使二，虞候佽飛二十，鐵甲佽飛十二。前隊殳仗。都頭六人，騎，殳、叉六十。後隊殳仗。都頭四人，騎，殳、叉四十。

前部馬隊。第一隊，捧日都指揮使二人，角、斗、亢、牛旗各一，弩四，弓矢十，矟八；第二隊，捧日都指揮使二人，氐、女、房、虚旗各一，弩、弓矢、矟如第一隊；第三隊，天武都指揮使二人，心、危旗各一，弩、弓矢、矟如第二隊〔二〕；第四隊，天武都指揮使二人，尾、室旗各一，弩、弓矢、矟如三隊〔三〕；第五隊，拱聖指揮使二人，箕、畢旗各一〔四〕，弩、弓矢、矟如第四隊；第六隊，拱聖都指揮使二人，奎、井旗各一，弩、弓矢、矟如第五隊；第七隊，神勇都指揮使二人，婁、鬼旗各一，弩、弓矢、矟如第六隊；第八隊，神勇都指揮使二人，胃、柳旗各一，弩、弓矢、矟如第七隊；第九隊，驍騎都指揮使二人，昴、星旗各一，弩、弓矢、矟如第八隊；第十隊，宣武都指揮使二人，畢、張旗各一，弩、弓矢、矟如第九隊；第十一隊，虎翼都指揮使二人，觜、翼旗各一，弩、弓矢、矟如第十隊；第十二隊，廣勇都指揮使二人，參、軫旗各一，弩、弓矢、矟如第十一隊。孝宗省爲七隊，二十八宿旗每隊四，弓矢、矟每隊六，餘同。

步甲前隊。第一隊，捧日指揮使、都頭各二人，騎，下同。鶡雞旗二，青甃甲、刀盾二十；孝宗刀盾省爲十二，下並同。第二隊，捧日指揮使、都頭，貔旗，朱甃甲、刀盾；第三隊，天武指揮使、都頭，萬年連理木旗，黃甃甲、刀盾；第四隊，天武指揮使、都頭，芝禾並秀旗，白甃甲、刀盾；第五隊，拱聖指揮使、都頭，祥鶴旗，黑甃甲、刀盾；第六隊，拱聖指揮使、都頭，犀旗，黃甃甲、刀盾。孝宗改黃甃甲爲青甃甲，餘並同。

金吾左右道牙門第一門。牙門旗四，分左右，監門使臣八人，並騎。孝宗旗省爲二，使臣省爲四人。步甲前隊第七隊，神武指揮使、都頭，鶡雞旗，青甃甲、刀盾；第八隊，神武指揮使、都頭，麟旗，朱甃甲、刀盾；第九隊，驍騎指揮使、都頭，白狼旗，黃甃甲、刀盾；第十隊，驍騎指揮使、都頭，蒼烏旗，次白甃甲、刀盾；第十一隊，虎翼指揮使、都頭，鸐鵡旗，黑甃甲、刀盾；第十二隊，廣勇指揮使、都頭，太平旗，黄鍪甲、刀盾。自二至十二隊，人、旗、刀盾，數列如第一隊。孝宗內去鵰鷄旗、麟旗而用慶雲旗、瑞麥旗。

金吾左右道牙門第二門。牙門旗四，分左右，監門使臣八人，並騎。孝宗旗省爲二，監門省爲四人。

前部黄麾仗。第一部，殿中侍御史二員，騎，下同。絳引幡二十，孝宗省爲十。㦸稍二，捧日指揮使二，都頭五，並騎，下同。黄氅五十，孝宗省爲二十。鼓四，斧十，戟、弓矢二十，稍三十，孝宗省爲二十。弩十；第二部，殿中侍御史，天武指揮使、都頭，青氅，鼓，斧，戟，弓矢，稍，弩；第三部，殿中御史，拱聖指揮使、都頭，緋氅，鼓，斧，戟，弓矢，稍，弩；孝宗省作三部。第四部，殿中御史，神勇指揮使、都頭，黄氅，鼓，斧，戟，弓矢，稍，弩；第五部，殿中御史，驍騎指揮使、都頭，白氅，鼓，斧，戟，弓矢，稍，弩；第六部，殿中御史，廣勇指揮使、都頭，黑氅，鼓，斧，戟，弓矢，稍，弩。自二至六部，數列並如初部。

青龍白虎隊。並騎。青龍旗一，白虎旗一，虎翼都指揮使二，弩四，弓矢十，稍八。

班劍、儀刀隊。並騎。武衛將軍二人，捧日、天武、拱聖、神勇指揮使各二人，班劍六十，儀刀六十。次驍騎、驍勝、宣武、虎翼指揮使各二人，班劍六十，儀刀六十〔五〕。

親勳、散手、驍衞翊衞隊。並騎。中衞郎四人，翊衞郎二人，親衞郎二人，衞兵四十，甲騎四十在衞兵外。左右驍衞、翊衞三隊。並騎。第一隊，左右驍衞大將軍二人，雙蓮花旗二，弩四，弓矢十，孝宗減弓矢爲六，下同。矟十六；孝宗減矟爲八，下同。第二隊，廣勇指揮使二人，吉利旗，弩、弓矢、矟數如初隊。

金吾左右道牙門第三門。牙門旗四，分左右，監門八人，並騎。孝宗旗減爲二，監門減爲四人。捧日隊三十四隊，左右各十七隊，孝宗減爲十隊，左右各五隊。每隊引一人，押一人，旗三人，槍五人，弓箭二十人。

後部黃麾仗。凡六部，第一部至六部，並同前部黃麾仗，惟無絳引幡、爆矟。孝宗減爲三部，仗數亦同前部黃麾已減之數，併去爆矟、絳引幡。絳引幡二十。孝宗減爲十。

金吾左右道牙門第四門。牙門旗四，監門八人，騎。孝宗旗減爲二，監門減爲四人。

步甲後隊。第一隊，捧日指揮使、都頭各二人，騎，鵾旗、鶡鷄旗各二，靑鍪甲、刀盾二十；孝宗減刀盾爲十六，逐隊並同。第二隊，天武指揮使、都頭，芝禾並秀旗、萬年連理木旗，朱鍪甲、刀盾；第三隊，拱聖指揮使、都頭，犀旗、鶴旗，黃鍪甲、刀盾；第四隊，神武指揮使、都頭，蒼烏旗、白狼旗，白鍪甲、刀盾；第五隊，驍騎指揮使、都頭，天下太平旗、鸜鵒旗，黑鍪甲、刀盾；第六隊，虎翼指揮使、都頭，鶡鷄旗、鵾旗，黃鍪甲、刀盾。自二至六隊，數列並如初隊。

金吾左右道牙門第五門。牙門旗四，監門八人，騎。孝宗減旗爲二，減監門爲四。後部馬隊。第一隊，捧日都指揮使二，角端旗二，弩四，弓矢十，稍十六；孝宗弓矢減爲六，稍減爲八。第二隊，捧日都指揮使，孝宗更用天武。赤熊旗，弩、弓矢、稍；第三隊，天武都指揮使，孝宗更用拱聖。兕旗，弩、弓矢、稍；第四隊，天武指揮使，孝宗時更神勇。天下太平旗，弩、弓矢、稍；第五隊，拱聖都指揮使，犀旗，孝宗用龍馬旗。弩、弓矢、稍；第六隊，拱聖都指揮使，芝禾並秀旗，孝宗用金牛旗。弩、弓矢、稍；第七隊，神勇都指揮使，萬年連理旗，弩、弓矢、稍；第八隊，神勇都指揮使，騶牙旗，弩、弓矢、稍；第九隊，驍騎都指揮使，蒼烏旗，弩、弓矢、稍；第十隊，宣武都指揮使，白狼旗，弩、弓矢、稍；第十一隊，虎翼都指揮使，龍馬旗，弩、弓矢、稍；第十二隊，廣勇都指揮使，金牛旗，弩、弓矢、稍。自二至十二隊，數列並如初隊。

皇太后、皇后鹵簿，皆如禮令。徽宗政和元年，詔皇后受册排黃麾仗及重翟車，陳小駕鹵簿。后謙避，於是詔延福宮受册仍舊；而小駕鹵簿、端禮門外黃麾仗、紫宸殿臣僚稱賀上禮，並罷。其景靈宮朝謁，則依近例。三年，議禮局上皇后鹵簿之制。

清游隊。旗一。執一人，引二人，夾二人，並騎。金吾衛折衝都尉一員，騎，執𥎞稍二人夾。領四十騎，執稍二十人，弩四人，橫刀一十六人。次虞候佽飛二十八，騎。次內僕、內僕丞各一員。各書令史二人，並騎。

次正道黃麾一。執一人，夾二人，並騎。次左右廂黃麾仗，廂各三行，行一百人：第一行，短戟、五色氅；第二行，戈、五色氅；第三行，儀鍠、五色幡。

左右領軍衞、左右威衞、左右武衞、左右驍衞、左右衞等各三行，行二十人，各帥兵官六人領，內左右領軍衞帥兵官各三人，各果毅都尉一員檢校，各一人步從。左右領軍衞絳引旗，引前、掩後各六。

次內謁者監四人，給事、內常侍、內侍各二人，並騎。內給使各一人，步從。次內給使一百二十人。次偏扇、團扇、方扇各二十四。次香鐙一。次執擎內給使四人。在重翟車前。

次重翟車。駕青馬六，駕士二十四人，行障六、坐障三，夾車，並宮人執。次內寺伯二人，騎，領寺人六人，分左右夾重翟車。

次腰輿一，輿士八人。團雉尾扇二，夾輿。次大繖四，大雉尾扇八，錦花蓋二，小雉尾扇、朱畫團扇各十二，錦曲蓋二十，錦六柱八扇。自腰輿以下，並內給使執。次宮人車。次絳麾二。各一人執。

次正道後黃麾一。執一人，夾二人，並騎。次供奉宮人。次厭翟車駕赤騮，翟車駕黃騮，安車駕赤騮，各四，駕士各二十四人。四望車、金根車，各駕牛三，駕士各一十二人。

次左右廂各置牙門二。每門執二人，夾四人，一在前黃麾前，一在後黃麾後。次左右領軍衞，每廂各一百五十人執殳，帥兵官四人檢校。次左右領軍衞折衝都尉各一員，檢校殳仗。各一人騎從〔六〕。

次後殳仗。內正道置牙門一，每門監門校尉二人，騎；每廂各巡檢校尉一員，騎，來往檢校。

前後部鼓吹。金鉦、掆鼓、大鼓、長鳴、中鳴、鐃吹、羽葆、鼓吹、節鼓、御馬，並減大駕之半。

皇太子鹵簿。禮令，三師、詹事、率更令、家令各用本品鹵簿前導。太宗至道中，眞宗升儲，事多謙抑，謁廟日止用東宮鹵簿，六引官，但乘車而不設儀仗。天禧二年，仁宗爲皇太子，亦依此制。政和三年，議禮局上皇太子鹵簿之制。

家令、率更令、詹事各乘輅車，太保、太傅、太師乘輅，各正道，威儀、鹵簿依本品。次清游隊旗，執一人，引二人，夾二人。並正道。清道率府折衝都尉一員，領二十騎，執矟一十八人，弓矢九人，弩三人，二人騎從折衝。次左、右清道率府率各一員，領清道直盪及檢校清游隊龍旗等，執爆矟各二人。次外清道直盪二十四人，騎。

次正道龍旗各六，執一人，前二人引，後二人護。副竿二。執各一人，騎。次正道細仗引。爲六重，每重二人，自龍旗後均布至細仗，矟與弓箭相間，並騎；每廂各果毅都尉一員領。次率更丞一員。

次正道前部鼓吹。府史二人領鼓吹，並騎。掆鼓、金鉦各二，執各一人，夾二人，以下准此。帥兵官二人；次大鼓三十六，橫行，長鳴以下准此。帥兵官八人；長鳴三十六，帥兵官二人；鐃吹一部，鐃鼓二，各執一人，夾二人，後部鐃節鼓准此。簫、笳各六，帥兵官二人；掆鼓、金鉦各二，帥兵官二人；次小鼓三十六，帥兵官四人；中鳴三十六，帥兵官二人。以上並騎。

次誕馬十，每匹二人控，餘准此。廐牧令、丞各一員。各府史二人騎從。次左、右翊府郎將各一員，領班劍，左右翊衞執班劍二十四人，通事舍人四人，司直二人，文學四人，洗馬、司議郎、太子舍人、中允、中舍、左右諭德各二人，左、右庶子四人，並騎。自通事舍人以後，各步從一人。

次左、右衞率府副率各一員，步從，親、勳、翊衞每廂各中郎將、郎將一員，並領六行儀刀：第一行，親衞二十三人，曲折三人；第二行，親衞二十五人，曲折四人；第三行，勳衞二十七人，曲折五人；第四行，勳衞二十九人，曲折六人；第五行，翊衞三十一人，曲折七人；第六行，翊衞三十三人，曲折八人。曲折人並陪後門。以上三衞並騎。

次三衞一十八人，騎；中郎將二人夾輅，在六行儀刀仗內。金輅，駕馬四，僕寺僕馭，左右率府率一員，駕士二十二人。夾輅左、右衞率府率各一員。各步從一人。

次左、右內率府率各一員，副率各一員，並騎。各步從一人。次千牛〔七〕騎，執細刀、弓矢，三衞儀刀仗，後開牙門。次左右監門率府直長各六人，監後門。並騎。次左右衞率府每廂各翊衞二隊。並騎。次厭角隊各三十人，執旗一人。引二人，夾二人。執矟一十五人，弓矢七人，弩三人，每隊各郎將一員領。

次正道繖二，雉尾扇四，夾繖。次腰輿一，輿士八人，團雉尾扇二、小方雉尾扇八夾。執各一人。次內直郎、令史各二人騎從檢校。次誕馬十，典乘二人，府史二人騎從。

次左右司禦率府校尉各一人，並騎從。領團扇、曲蓋。次朱團扇、紫曲蓋各六，執各一人。次諸司供奉官人。

次左右淸道率府校尉各一人，並騎。領大角三十六。鐃鼓二，簫、笳各六，帥兵官二人；橫吹十，節鼓一，笛、簫、觱栗五，帥兵官二人。並騎。次管轄指揮使二人檢校。

次副輅，駕四馬，駕士二十人。軺車，駕一馬，駕士十四人。四望車，駕一馬，駕士一十人。

次左右廂步隊凡十六，每隊各果毅都尉一人領，並騎。隊三十人，執旗一人，引二人，夾二人，並帶弓矢，騎。步二十五人，前一隊執矟，一隊帶弓矢，以次相間。左右司禦率府、左右衞率府廂各四隊，二在前，二在後。次左右司禦率府副率各一員檢校，步隊各二人，執犦矟騎從。

次儀仗。左右廂各六色，色九行，行六人。前第一行，戟、赤氅；第二行，弓矢；第三行，儀鋋幷毦；第四行，刀盾；第五行，儀鍠、五色幡；第六行，油戟。次前仗首左右廂各六色，色三行，行六人。左右司禦率府各一員，果毅都尉各一員，帥兵官各六人領。次左右廂各六色，色三行，行六人。左、右衞率府副率各一員，果毅都尉各一員，帥兵官各六人領。次盡後鹵簿左右廂各六色，色三行，行六人，左右司禦率府副率各一員，各一人步從。果毅都尉各一人，帥兵官各六人領，左右司禦率府率兵官各六人護後，並騎。每廂各絳引幡十二，執各一人，引前旗六，引後旗六。揭鼓十二。揭鼓左右司禦率府四重，左右衞率府二重。

次左右廂殳。各一百五十人，左右司禦率府各八十六人，左右衞率府各六十四人。並分前後，在步隊儀仗外、馬隊內，前接六旗，後盡鹵簿，曲折至門，每廂各司禦率府果毅都尉一員檢校，各一人從，每廂各帥兵官七人。並騎，左右司禦率府各四人，左右率府各三人。

次馬隊。左右廂各十隊，每隊帥兵官以下三十一人，旗一，執一人，引二人，夾二人。執矟十六人，弓矢七人，弩三人。前第一隊，左右清道率府果毅都尉各一員領；第二、第三、第四隊，左右司禦率府果毅都尉各一員領；第五、第六、第七隊，左右衞率府果毅都尉各一員領；第八、第九、第十隊，左右司禦率府果毅都尉各一員領。次後拒隊。旗一，執一人，引二人，夾二人。清道率府果毅都尉一員領四十騎，執䂍二十人，弓矢十六人，弩四人。又二人，騎從。次後拒隊前當正道殳仗行內開牙門。次左右廂各開牙門三：前第一門，左右司禦率府步隊後，左右率府步隊前；第二門，左右衞率府步隊後，司禦率府儀仗前；第三門，左右司禦率府儀仗後，左右衞率府步隊前。每開牙門，執旗二人，夾四人，並騎。監門率府直長各二人，並騎；次左右監門率府副率各一員，騎；來往檢校諸門，各一人騎從。次左右清道率府副率各三人，仗內檢校并糾察，各一人騎從。次少師、少傅、少保，正道乘輅，威儀、鹵簿各依本品次，文武官以次陪從。

皇太子妃鹵簿之制。政和三年，議禮局上。淸道率府校尉六人，騎。次靑衣十人。次導客舍人四人，內給使六十人，偏扇、團扇、方扇各十八，並宮人執。行障四，坐障二，夾車，宮人執。典內二人，騎，厭翟車，駕三馬，駕士十四人。次閤帥二人，領內給使十八人，夾車，六柱二扇，內給使執。次供奉內人，乘犢車。次繖一，正道。雉尾扇二，團扇四，曲蓋二。執繖、扇各內給使一人。次戟九十。

宋制，臣子無鹵簿名，遇升儲則草具儀注。政和禮雖創具鹵簿，然未及行也。南渡後，雖嘗討論，然皇太子皆沖挹不受，朝謁宮廟及陪祀，及常朝，皆乘馬，止以宮僚導從，有繖、扇而無圍子。用三接青羅繖一，紫羅障扇四人從，指使二人，直省官二人，客司四人，親事官二十人，輦官二十人，翰林司四人，儀鸞司四人，廚子六人，教駿四人，背印二人，步軍司宣效一十人，步司兵級七十八人，防警兵士四人。朝位在三公上，扈從在駕後方圍子內。

皇太子妃，政和亦有鹵簿，南渡後亦省之。妃出入惟乘檐子，三接青羅繖一，黃紅羅障扇四人從。以皇太子府親事官充輦官，前執從物，檐子前小殿侍一人，抱塗金香毬。先驅，則教駿兵士呵止。

王公以下鹵簿。凡大駕六引，用本品鹵簿，奉册、充使及詔葬皆給之。親王用一品之制，加告止幡、傳教幡、信幡各二。其葬日，用六引內儀仗。眞宗咸平二年，王承衍出葬日，在禁樂，禮官請鹵簿鼓吹備而不作，從之。景德二年，南郊鹵簿使王欽若言：「鄆王欑日所給鹵簿，與南郊儀仗吉凶相參。望依令別制王公車輅，所有鼓吹、儀仗，亦請增置，以備拜官、朝會、婚葬之用。」從之。於是儀服悉以畫，其葬日在塗，以革車代輅。

徽宗政和三年，議禮局上王公鹵簿之制：中道清道六人。次幰弩一騎。次大晟府前部鼓吹。令及職掌、局長、院官各一人，搊鼓、金鉦各一，大鼓、長鳴各一十八，搊鼓、金鉦各一。次引樂官二人，小鼓、中鳴各十。次麾、幢各一，節一，夾矟二，誕馬八，每匹，控馬各二人。革車一乘，駕赤馬四，駕士二十五人，散扇十，方繖二，朱團扇四夾方繖，曲蓋二〔八〕。次大角八。次後部鼓吹，丞一員，錄事一人。次鐃鼓一，簫四，笳四，大橫吹六，節鼓一，夾色二，笛、簫、觱栗、笳各四。次外仗。靑衣十二，車輻棒十二，戟九十，絳引幡六，刀盾、矟、弓矢各八十，儀刀十八，信幡八，告止幡、傳教幡各四，儀鋋二，儀鍠、斧挂五色幡六，油戟十八，儀矟十二，細矟十二。次左右衞尉寺押當職掌一十一人，騎；部轄步兵、部轄騎兵、太僕寺部押人員各一人，教馬官一人。押當職掌四人，騎。

公主鹵簿。惟葬日給之。秦國成聖繼明夫人葬日，亦給外命婦一品鹵簿，自餘未嘗用。

一品鹵簿。命婦同。中道淸道四人。幰弩一，騎。大晟府前部鼓吹。令一，職掌一人，局長、院官各一人。掆鼓、金鉦各一，大鼓、長鳴各一十六，麾、幢、節各一，矟二，誕馬六。次革車一乘，駕赤馬四，駕士二十五人。命婦厭翟車，駕士二十三人，二品、三品准此。散扇八，二品減四，三品減六，命婦散扇五十，行障五，行於車前，二品、三品准此。方繖二，朱團扇四，曲蓋二，大角八。命婦屬車六，駕黃牛十八，駕士五十九人，行大角前，二品、三品准此。次後部鼓吹。丞一員，錄事一人，引樂官二員。鐃鼓一，簫、笳、大橫吹各四，節鼓一，笛、簫、觱栗、笳各四。外仗。靑衣十人，車輻棒十，戟九十，刀盾、矟各八十，弓矢六十，儀刀三十，信幡八，告止幡、傳教幡、儀鍠斧挂五色幡各四。次衞尉寺排列、押當職掌一十一人，部轄人員、太僕寺部押人員、敎馬官各一人。押當職掌四人。命婦加二人。

二品鹵簿。命婦同。中道淸道二人。𢅺弩一。大晟府前部鼓吹。令一，及職掌、局長、院官各一人。掆鼓、金鉦各一，大鼓十四，麾、幢、節各一，夾矟二，誕馬四。次革車一乘，駕赤馬四，駕士二十五人。散扇四，方繖、朱團扇、曲蓋各二。次大角八。次後部鼓吹。丞一，錄事、引樂官各一人。鐃鼓一，簫、笳各二，大橫吹四，笛、簫、觱栗、笳各二。外仗。靑衣八人，車輻棒八，戟七十，刀盾、矟、弓矢各六十，儀刀十四，信幡四，告止、傳敎幡各二。次衞尉排列、押當職掌九人，部轄人員、太僕寺部押人員、敎馬官各一人。押當職掌四人。命婦加二人。

三品鹵簿。命婦同。中道淸道二。𢅺弩一。麾、幢各一，節一，夾矟二，誕馬四。次革車一乘，駕赤馬四，駕士二十五人。散扇二，方繖二，曲蓋一，大角四。外仗。靑衣八人，車輻棒六，戟六十，刀盾、矟、弓矢各五十，儀刀十二，信幡四，告止、傳敎幡各二。次衞尉排列、押當職掌七人，部轄人員、太僕寺部押人員、敎馬官各一人。押當職掌四人。命婦加二人。

以上皆政和所定也。

校勘記

〔一〕分夾仗外　「夾」字原脫，按上下文和宋會要輿服一之二五，一、三兩隊都有平列旗二十分夾仗外，此處「分」下當缺一「夾」字，據補。

〔二〕弩弓矢矟如第二隊　「矟」字原脫，據上下文和宋會要輿服一之二九補。

〔三〕弩弓矢矟如三隊　「弩」字原脫，據上下文和宋會要輿服一之三〇補。

〔四〕箕畢旗各一　按畢宿旗下文重出，據前卷及通考卷一一八王禮考所列二十八宿旗，箕宿下依次是壁宿，疑此處「畢」當作「壁」。

〔五〕儀刀六十　「刀」原作「劍」，據上文和宋會要輿服一之三一改。

〔六〕各一人騎從　「從」原作「後」，據五禮新儀卷一八、通考卷一一九王禮考改。

〔七〕千牛　「牛」字原脫，據五禮新儀卷一九、通考卷一一九王禮考補。

〔八〕曲蓋二　原作「曲蓋各二」，衍「各」字，據五禮新儀卷二〇、通考卷一一九王禮考删。

宋史卷一百四十八

志第一百一

儀衞六

鹵簿儀服

鹵簿儀服。自漢鹵簿，象最在前。晉平吳後，南越獻馴象，作大車駕之，以載黃門鼓吹數十人，使越人騎之以試橋梁。宋鹵簿，以象居先，設木蓮花坐，金蕉盤，紫羅繡襜絡腦，當胸、後鞦並設銅鈴杏葉，紅犛牛尾拂〔一〕，踠塵。每象，南越軍一人跨其上，四人引，並花脚幞頭、緋繡窄衣、銀帶。太宗太平興國六年，兩莊養象所奏：詔以象十於南郊引駕，開寶九年南郊時，其象止在六引前排列。詔鹵簿使領其事。

旗，皆錯采爲之，漆竿、鍮首、纛頭、錦帶腰、火燄脚。白澤、攝提、金鸞、金鳳、師子、苣文、天下太平、君王萬歲、仙童、螣蛇、神龜，及在步甲前後隊、後馬隊三隊、六軍儀仗內，並以赤。日、月及合璧、連珠、風、雨、雷、電、五星、二十八宿、祥雲，並以青。北斗以黑。五岳、四瀆、五方、四神、十二辰、五龍、五鳳、龍虎君，並以方色。天王以赤、黃二色。排攔以黃、紫、赤三色。

元豐三年，詳定郊廟奉祀禮文所言：「鹵簿，前用二十八宿、五星、攝提旗，有司乃取方士之說，繪爲人形，於禮無據。伏請改製，各著其象，以則天文。」從之。元祐七年，太常寺言：「二十八宿旗，五星、攝提旗，按鹵簿圖畫人形及牛虎頭、婦人、小兒之類，於禮無據。元豐三年，禮文所上言乞改製，各著其象，以則天文。後有司循舊儀，未曾改正，今欲改造。」從之。

元符二年，徽宗卽位，兵部侍郎黃裳言：「南郊大駕諸旗名物，除用典故制號外，餘因時事取名。伏見近者璽授元符，茅山之上日有重輪，太上老君眉間發紅光，武夷君廟有仙鶴，臣請制爲旗號，曰寶符，曰重輪，曰祥光，曰瑞鶴。」從之。

政和四年，禮制局言：「鹵簿，大黃龍負圖旗畫八卦，乞改畫九、一、三、七、二、四、六、八、五之數。仙童、網子、大神三旗無所經見，乞除去。」從之。初，大觀三年，西京潁陽縣大慶觀聖祖殿東，有嘉禾、芝草並生。其嘉禾一本四穗，芝草葉圓而重起。至是，詔製芝禾並秀旗。又以是年二月，日上生青、赤、黃戴氣；後，日下生青、赤、黃承氣，詔製日有戴承旗。又以元符二年武夷君廟有仙鶴迎詔，政和二年延福宮宴輔臣，有羣鶴自西北來，盤旋於睿謨殿上，及奏大晟樂而翔鶴屢至，詔製瑞鶴旗〔二〕。

八年，禮部侍郎張邦昌奏：「太祖時，甘露降於江陵者十日，瑞麥秀於濮陽者六岐，獲金鸚䳇於隴坻，得三玉兔於鄆封，馴象至而五嶺平，瓊管族而白鹿出，皆命製爲旗章陳之。望詔有司取自崇、觀至今，凡中外所上瑞應，悉掇其尤殊者，增製旗物，上以丕承天貺，下以聳動民瞻。」從之。

初，宋制旗物尤盛，中興後惟務簡約，雖參用舊制，然亦不無因革。其太常，青質夾羅，惟繡日、月、星而無龍，下有網鬣謂之旆，而竿頭爲龍首，銜青結綬，垂青旄綏十二，謂之旒。蓋幅下無斿，而竿首垂旒，抑又取古者「注旄及羽於竿首」之遺制。竿用椆木，護以剖竹，膠以髹，飾以藻，玉輅建之。大旂，黃質九幅，每幅繡升龍一，側幅二，下垂黃絲網綏九，金輅建之。大赤，朱質七幅，每幅繡鳥隼二，側幅如之，下垂朱絲網綏七，象輅建之。大白，素質五幅，每幅繡熊一、虎一，側幅如之，下垂淺黃絲網綏五，革輅建之。大麾，皂質四幅，每幅繡五采龜蛇一，側幅繡龜二，下垂皂絲網綏四，木輅建之。

其黃龍負圖旗，建隆初創爲大制。有架，旗力重，以百九十人維之，今用七十人。其君王萬歲、天下太平、日月、五星、北斗、招搖、靑龍、朱雀、白虎、玄武等十旗，皆以十七人維之。其祥瑞旗八，紹興二十五年所制也。是歲，適當郊祀，而太廟生靈芝九莖，贛州進太平瑞木，道州連理木，遂寧府嘉禾，鎭江府瑞瓜，南安軍雙蓮花，嚴州兜率寺、信州玉山芝草，黎州甘露，禮部侍郎王珉等請繪之華旗，以紀盛美焉。

五牛旗，依方色，皆小輿上刻木爲牛，背插旗。錯采爲牛，旗竿上有小盤，盤衣及輿衣，亦並繡牛形。輿士各四人，服繡五色牛衣。自太祖時詔用之。神宗熙寧七年，太常寺言：「大駕鹵簿羊車，本前代宮中所乘；五牛旗，蓋古之五時副車也，以木牛載旗，用人輿之，失其本制，宜省去。」從之。

牙門旗，古者，天子出建大牙。今制，赤質，錯采爲神人象，中道前後各一門，左右道五門，門二旗，蓋取周制「樹旗表門」及「天子五門」之制。

駕頭，一名寶床，正衙法坐也。香木爲之，四足瑑山，以龍卷之。坐面用藤織雲龍，四圍錯采，繪走龍形，微曲。上加緋羅繡褥，裏以緋羅繡帕。每車駕出幸，則使老內臣馬上擁之，爲前驅焉。不設，則以朱匣韜之。

幡，本幟也，貌幡幡然。有告止、傳敎、信幡，皆絳帛，錯采爲字，上有朱綠小蓋，四角垂羅文佩，繫龍頭竿上。其錯采字下，告止爲雙鳳，傳敎爲雙白虎，信幡爲雙龍。又有絳引幡，制頗同此，作五色間暈，無字，兩角垂佩。中興爲六角蓋，垂珠佩，下有横木板，作碾玉文。三幡，亦以錯采篆書「告止」、「傳教」、「信幡」。

幢，制如節而五層，韜以袋，繡四神，隨方色，朱漆柄。取曲禮「行前朱雀而後玄武，左青龍而右白虎」之義。王公所給幢，黑漆柄，紫綾袋。中興，用生色袋。

皂纛，本後魏纛頭之制。唐衞尉器用，纛居其一，蓋旄頭之遺象。制同旗，無文采，去鐓首六脚。後志云：「今制，皂邊皂斿，斿爲火焰之形。」金吾仗主之，每纛一人持，一人拓之。乘輿行，則陳於鹵簿，左右各六。

絳麾，如幢，止三層，紫羅囊蒙之。王公麾，以紫綾袋。

黄麾，古有黄、朱、纁三色，所以指麾也。漢鹵簿有前黄麾護駕御史。宋制，絳帛爲之，如幡，錯采成「黄麾」字，下繡交龍；朱漆竿，金龍首，上垂朱綠小蓋。神宗元豐二年，詳定朝會御殿儀注所言：

按周禮「木輅建大麾，以田」。鄭氏曰：「大麾不在九旗之中。以正色言之，則黑，夏后氏所建。」禮記曰：「有虞氏之旂，夏后氏綏。」鄭氏曰：「綏，謂注旄牛尾於杠首。所謂大麾，書曰『王右秉白旄以麾』。」孔穎達曰：「虞世但注旄，夏世始加旒縿。」西京雜記，漢大駕有前黄麾。崔豹古今注：「麾，所以指麾，乘輿以黄，諸公以朱，刺史二千石以纛。」開元禮義纂曰：「唐太宗法夏后之前制，取中方之正色，故制大麾，色黃。」

今禮有黃麾，其制十二幅。開寶通禮義纂曰：「黃，中央之色。此仗最近車輅，故以應象，取其居中，導達四方，含光大也。」今鹵簿黃麾，以夏制言之，則狀不類旗；以漢制言之，則色又不黃。伏請製大麾一：注麾於竿首，則法夏后氏之制；其色正黃，則用漢制；以十二幅爲旗，則取唐制；以一旒爲之，則取今龍墀旗之制。當元會陳仗衞，建大黃麾一於當御廂之前，以爲表識。其當御廂之後，則建黃麾幡二。幷上大黃麾、黃麾旛制度。神宗批曰：「黃麾制度，考詳前志，終是可疑。今鑿而爲之，植於大庭中外共瞻之地，或爲博聞多識者所譏。宜且闕之，更俟討求，黃麾幡仍舊。」

氅，本緝鳥毛爲之。唐有六色、孔雀、大小鵝毛、雞毛之制。後志云：「今制有青、緋、皁、白、黃五色，上有朱蓋，下垂帶，帶繡禽羽，末綴金鈴。青則繡以孔雀，五角蓋；緋則繡以鳳，六角蓋；皁則繡以鵝，六角蓋；白亦以鵝，四角蓋；黃則以雞，四角蓋。每角綴垂佩，揭以朱竿，上如戟，加橫木龍首以繫之。」

金節，隋制也。黑漆竿，上施圓盤，周綴紅絲拂八層，黃繡龍袋籠之。王公以下皆有節，制同金節，韜以碧油。

繖，古張帛避雨之制。今有方繖、大繖，皆赤質，紫表朱裏，四角銅螭首。六引內者，其制差小。哲宗元祐七年，太常寺言：開元禮大駕八角紫繖，王公已下四角青繖。今鹵簿圖但引紫繖，而無青繖之文。詔改用。紹興十三年將郊，詔繖、扇如舊制，拂扇等不以珠飾。

蓋，本黃帝時有雲氣爲花葩之象，因而作也。宋有花蓋、導蓋，皆赤質，如繖而圓，瀝水繡花龍。又有曲蓋，差小，惟乘輿用之。人臣則親王或賜之，而以青繒繡瑞草焉。

睥睨，如華蓋而小。

扇筤，緋羅繡扇二，緋羅繡曲蓋一，並內臣馬上執之。駕頭在細仗前，扇筤在乘輿後。大駕、法駕、鑾駕，常出並用之。扇圓，徑四尺二寸，柄長八尺三寸，黃茸繡團龍，仍用金塗銅飾。扇有朱團及雉尾四等。朱團繡雲鳳或雜花，黑漆柄，金銅飾。雉尾皆方，繡雉尾之狀，有三等：大雉扇長五尺二寸，闊三尺七寸；中扇、小扇遞減二寸。下方上殺，以緋羅繡雉尾之狀，中有雙孔雀雜花，下施黑漆橫木長柄，以金塗銅飾。乘輿出入，必以前持鄣蔽。凡朔望朝賀、行册禮，皇帝升御坐，必合扇，坐定去扇，禮畢駕退，又索扇如初。蓋謂天子升降俯仰，衆人皆得見之，非肅穆之容，故必合扇以鄣焉。

罕、畢，象「畢、昴爲天堦」，故爲前引，皆赤質，金銅飾，朱藤結網，金獸面。罕方，上有二螭首銜紅絲拂；畢圓，如扇。

香鐙，唐制也。朱漆案，緋繡花龍衣，上設金塗香爐、燭臺。長竿二，輿士八人。金塗銀火鐐、香匙副之。

大角，黑漆畫龍，紫繡龍袋。

長鳴、次鳴、大小橫吹，五色衣旛，緋掌畫交龍。樂令，三品已上，緋掌畫蹲豹。

㦂矟。㦂，擊聲也。一云象㦂牛，善鬭，字從牛。唐金吾將軍執之。宋制，如節有袋，上加碧油。常置朝堂，車駕鹵簿出，則八枚前導；又四枚夾大將軍者，名衞司㦂矟。

矟，長矛也。木刃，黑質，畫雲氣。又有細矟，制同而差小。

戟，有枝兵也。木爲刃，赤質，畫雲氣，上垂交龍掌、五色帶，帶末綴銅鈴。又鈒戟，無掌，而有小橫木；鈒，插也，制本插車旁。又小戟與鈒戟同。

殳、叉，戟之類。殳，無刃而短，黑飾兩末。叉，青飾兩末。並中白，畫雲氣，各綴朱絲拂。

槍，矟也。唐羽林所執，制同矟而鐵刃，上綴朱絲拂。

儀鍠，鉞屬也，秦、漢有之。唐用爲儀仗，刻木如斧，塗以青，柄以黃，上綴小錦幡、五色帶。

班劍，本漢朝服帶劍。晉以木代之，亦曰「象劍」，取裝飾斑爛之義。鞘以黃質，紫斑文，金銅飾，紫絲絛蚡錔。

御刀，晉、宋以來有之。黑鞘，金花銀飾，靶軛，紫絲絛蚡錔。又儀刀，制同此，悉以銀飾，王公亦給之。

刀盾。刀，本容刀也；盾，旁排也。一人分持。刀以木爲之，無鞘，有環，紫絲條帉錔。盾，赤質，畫異獸。又朱藤絡盾，制悉同，唯綠藤綠質，皆持執之〔三〕。

㦎弩，漢京尹、司隸前驅，持弓以射窺者。宋制，每弩加箭二，有韔，畫雲氣，仗內弩皆同。

弓箭，每弓加箭二，有韔，同㦎弩。

車輻，棒也，形如車輪輻。宋制，朱漆八稜白鍮。

柯舒，黑漆棒也，制同車輻〔四〕，以金銅釘飾。

鐙杖，黑漆弩柄也。以金銅爲鐙及飾，其末紫絲條繫之。

鳴鞭，唐及五代有之。周官條狼氏執鞭趨辟之遺法也。內侍二人執之，鞭鞘用紅絲而漬以蠟。行幸，則前騎而鳴之，大祀禮畢還宮，亦用焉；視朝、宴會，則用於殿庭。

誕馬，散馬也。加金塗銀閙裝鞍勒。乘輿以紅繡韉，六鞘，王公以下用紫繡及剜花韉。哲宗元祐七年，太常寺言：「誕馬，按鹵簿圖曰：舊並施鞍韉。景祐五年去之。昨納后，誕馬猶施鞍韉，今欲乞除去，仍依鹵簿圖，用纓、轡、緋屜。」

御馬鞍勒之制，有金、玉、水晶、金塗四等閙裝，鞊韘促結爲坐龍，碾鈒鏤塵沙面、平面、窪面、方團、寸節、卷荷校具，皆垂六鞘，金銀裹鞍橋、銜鐙，朱黃絲條轡鞦，緋黃織繡或素圓韉，襜襆用金銀綫織或緋黃絁，鞭用紫竹，紅、黃絲鞘，纓以紅、黃犛牛尾，金爲鈌。每日，馬五匹供奉，鞍用玉及金塗，襜襆皆素。行幸則十四匹，加眞金、水晶之飾。太宗至道二年詔：「先是，御馬以織成帊覆鞍勒，今後以廣絹代之。」

馬珂之制，銅面，鵰翎鼻拂，攀胸，上綴銅杏葉〔五〕、紅絲拂。又胸前及腹下，皆有攀，綴銅鈴；後有跋塵，錦包尾。獨鹵簿中金吾衞將軍導駕者，皆有之。

甲騎具裝，甲，人鎧也；具裝，馬鎧也。甲以布爲裏，黃絁表之，青綠畫爲甲文，紅錦緣，青絁爲下帬，絳韋爲絡，金銅鈌，長短至膝。前膺爲人面二，自背連膺，纏以錦騰蛇。具裝，如常馬甲，加珂拂於前膺及後鞦。

毬杖，金塗銀裹，以供奉官騎執之，分左右前導。大禮，用百人，花脚幞頭、紫繡䙆袍襖。常出，三十人，公服，皆騎導。

鷄竿，附竿爲鷄形，金飾，首銜絳幡，承以綵盤，維以絳索，揭以長竿。募衞士先登，爭得鷄者，官給以纈襖子，或取絳幡而已。大禮畢，麗正門肆赦則設之。其義則鷄爲巽神，巽主號令，故宣號令則象之。陽用事則鷄鳴，故布宣陽澤則象之。一曰「天鷄星動爲有赦」，故王者以天鷄爲度。金鷄事，六朝已有之，或謂起于西京。南渡後，則自紹興十三年始也。

大駕鹵簿巾服之制：金吾上將軍、將軍、六統軍、千牛、中郎將，服花脚幞頭、抹額、紫繡袍，佩牙刀，珂馬。諸衞大將軍、將軍、中郎將、折衝、果毅、散手翊衞，服平巾幘、紫繡袍、大口袴、錦幐蛇、銀帶，佩横刀，執弓箭。千牛將軍，服平巾幘〔六〕、紫繡袍、大口袴、銀帶、鞾鞦，横刀，執弓箭，珂馬。千牛，服花脚幞頭、緋繡袍、抹額、大口袴、銀帶、鞾鞦。前馬隊內折衝及執矟者，服錦帽、緋繡袍、銀帶。監門校尉、六軍押仗，服幞頭、紫繡裲襠。隊正，服平巾幘、緋繡袍、大口袴。諸衞主率都尉，引駕騎，持鈒隊內校尉、旅帥，執衞司殳仗㦸矟，金吾十六騎，班劍、儀刀隊，親勳翊衞，執大角人，並服平巾幘、緋繡裲襠、大口袴，佩横刀，執弓箭。金吾押牙，服金鵝帽、紫繡袍、銀帶，儀刀。金吾持纛者，服烏紗帽、皂衣、袴、韈。金吾押纛，服幞頭、皂繡衫、大口袴、銀帶、烏皮鞾。執金吾㦸矟，服錦袍帽、臂鞲、銀帶、烏皮鞾。

清遊隊、佽飛、執副仗矟，服甲騎具裝、錦臂鞲，横刀，執弓箭，白袴。朱雀隊執旗及執牙門旗，執絳引旛、黃麾旛者，並服緋繡衫、抹額、大口袴、銀帶。執殳仗，前後步隊、眞武隊執旗，前後部黃麾，執日月合璧等旗；青龍白虎隊、金吾細仗內執旗者，並服五色繡袍、抹額、行縢、銀帶；執白幹棒人，加銀褐捍腰。執龍旗及前馬隊內執旗人，服五色繡袍、銀帶、行滕、大口袴。執弓箭、執龍旗副竿人，服錦帽、五色繡袍、大口袴、銀帶。執弩、弓箭人，服錦帽、青繡袍、銀帶。前後步隊人，服五色氅甲、錦臂鞲、鞢韈、袴、銀帶。朱雀隊內執弓箭、弩、矟，虞候佽飛，執長壽幢、寶輿法物人，並服平巾幘、緋繡袍、大口袴、銀帶。援寶，執絳麾、眞武幢叉人，並服武弁、紫繡衫。持鈒隊、殿中黃麾、繖、扇、腰輿、香蹬、華蓋，指南、進賢等車駕士，相風、鍾漏等輿輿士，並服武弁、緋繡衫。駕羊車童子，服垂耳髻、青頭繻、青繡大袖衫、袴、勒帛、青耳履。執引駕龍墀旗、六軍旗者，服錦帽、五色繡衫、錦臂鞲、銀帶。引夾旗及執柯舒、鐙仗者，服帖金帽，餘同上。執花鳳、飛黃、吉利旗者，服銀褐繡衣、抹額、銀帶。夾轂隊，服五色質氅、鎧、錦臂鞲、白行滕、紫帶、鞢韈。驍衛翊衛三隊，服平巾幘、緋繡袍、大口袴、錦螣蛇。五輅、副輅、耕根車駕士，服平巾幘、青繡衫、青履韈。教馬官，服幞頭、紅繡抹額、紫繡衫、白袴、銀帶。掌輦、主輦，服武弁、黃繡衫、紫繡誕帶。攏御馬者，服帖金帽、紫繡大袖衫、銀帶。執眞武幢者，服武弁、皂繡衫、紫繡誕帶。五牛旗輿士，服武弁、五色繡衫、大口袴、銀帶。掩後隊，服黑氅甲、錦臂鞲、行滕。

鼓吹令、丞，服綠袴褶冠、銀褐裙、金銅革帶、緋白大帶、履韈。太常寺府史、典事、司天令史，服幞頭、綠衫、黃半臂。太常主帥掆鼓、金鉦、節鼓人，服平巾幘、緋繡袍、大口袴，抹帶、錦螣蛇；歌、拱宸管、簫、笳、笛、觱栗，無螣蛇。太常大鼓、長鳴、小鼓、中鳴，服黃雷花袍、袴、抹額、抹帶〔七〕。太常鐃、大橫吹，服緋苣文袍、袴、抹額、抹帶。太常羽葆鼓、小橫吹，服青苣文袍、袴、抹額、抹帶。排列官、令史、府史，服黑介幘、緋衫、白袴、白勒帛。司辰、典事、漏刻生，服青袴褶冠、革帶。殿中少監、奉御、供奉、排列官，引駕仗內排列承直官、大將、金吾引駕、押仗、押旗，服幞頭、紫公服、烏皮鞾。尙輦奉御、直長、乘黃令丞、千牛長史、進馬四色官，服幞頭、綠公服、白袴、金銅帶、烏皮鞾。殿中職掌執繖扇人，服幞頭、碧襴、金銅帶、烏皮鞾。舊衣黃，太平興國六年，幷內侍省並改服以碧。

凡繡文：金吾衞以辟邪，左右衞以瑞馬，驍衞以雕虎，屯衞以赤豹，武衞以瑞鷹，領軍衞以白澤，監門衞以師子，千牛衞以犀牛，六軍以孔雀，樂工以鸞，耕根車駕士以鳳銜嘉禾，進賢車以瑞麟，明遠車以對鳳，羊車以瑞羊，指南車以孔雀，記里鼓、黃鉞車以對鵝，白鷺車以翔鷺，鸞旗車以瑞鸞，崇德車以辟邪，皮軒車以虎，屬車以雲鶴，豹尾車以立豹，相風烏輿以烏，五牛旗以五色牛，餘皆以寶相花。

六引內巾服之制：清道官，服武弁、緋繡衫、革帶。持幰弩、車輻棒者，服平巾赤幘、緋繡衫、赤袴、銀帶。青衣，服平巾青幘、青袴褶。持戟、繖、扇、刀盾者，服黃繡衫、抹額、行縢、銀帶。持幡蓋者，服繡衫、抹額、大口袴、銀帶。內告止幡、曲蓋以緋，傳敎幡、信幡、絳引幡以黃。執誕馬轡、儀刀、麾、幢、節、夾矟、大角者，服平巾幘、緋繡衫、大口袴、銀帶。大駕鹵簿內，執轡，並錦絡衫帽。持弓箭、矟者，服武弁、緋繡衫、白袴。駕士，服錦帽、繡戎服大袍、銀帶。弓箭以青，矟以紫。持掆鼓者，服平巾幘、緋繡對鳳袍、大口袴、白抹帶、錦螣蛇。鐃吹部內，服平巾幘、緋繡袍、白抹帶、白袴，餘悉同大駕前後部。

其繡衣文：清道以雲鶴，幰弩以辟邪，車輻以白澤，駕士司徒以瑞馬，牧以隼，御史大夫以獬豸，兵部尚書以虎，太常卿以鳳，縣令以雉，樂工以鸞，餘悉以寶相花。

太祖建隆四年，范質議：按開元禮，武官陪立大仗，加螣蛇裲襠，如袖無身，以覆其膊胳，蓋掖下縫也。從肩領覆臂膊，共一尺二寸。又按釋文、玉篇相傳云：其一當胸，其一當背，謂之「兩當」。今詳裲襠之制〔八〕，其領連所覆膊胳，其一當左膊，其一當右膊，故謂之「起膊」。今請兼存兩說擇而用之，造裲襠，用當胸、當背之制。宣和元年，禮制局言：鼓吹令、丞冠，又名「袴褶冠」。今鹵簿既除袴褶，冠名不當仍舊，請依舊記如三禮圖「委貌冠」製。從之。

校勘記

〔一〕紅犛牛尾拂　「尾」原作「毛」，據宋會要輿服三之一五、通考卷一一七王禮考改。

〔二〕詔製瑞鶴旗　據宋會要輿服三之一至二、瑞異一之二三此是政和六年事。

〔三〕皆持執之　「持」原作「特」，通考卷一一七王禮考作「持」，太常因革禮卷二三本句作「皆執持之」，據改。

〔四〕車輻　原作「車軸」，據通考卷一一七王禮考、太常因革禮卷二三改。

〔五〕杏葉　原作「本葉」，據宋會要輿服六之二五、太常因革禮卷二三改。

〔六〕平巾幘　「巾幘」二字原倒，據本卷上下文和宋會要輿服四之一五乙正。

〔七〕抹帶　原作「袜帶」，據上文并參照宋會要輿服二之四、五禮新儀卷一三改。下文「抹帶」各條同。

〔八〕今詳裲襠之制　「裲襠」，原作「稱襠」，據本卷上下文文義和宋會要輿服四之一八改。

宋史卷一百四十九

志第一百二

輿服一

五輅　大輅　大輦　芳亭輦　鳳輦　逍遙輦　平輦　七寶輦
小輿　腰輿　耕根車　進賢車　明遠車　羊車　指南車
記里鼓車　白鷺車　鸞旗車　崇德車　皮軒車　黃鉞車
豹尾車　屬車　五車　涼車　相風烏輿　行漏輿　十二神輿
鉦鼓輿　鍾鼓樓輿

昔者聖人作輿，軫之方以象地，蓋之圓以象天。易傳言：「黃帝、堯、舜，垂衣裳而天下治，蓋取諸乾坤。」夫輿服之制，取法天地，則聖人創物之智，別尊卑，定上下，有大於斯二者乎！舜命禹曰：「予欲觀古人之象，日、月、星辰、山、龍、華蟲作會，宗彝、藻、火、粉米、黼、黻絺繡，以五采彰施於五色，作服，汝明。」周官之屬，有巾車、典路、司常，有司服、司裘、內司服等職。以是知輿服始於黃帝，成於唐、虞，歷夏及商，而大備於周。周衰，列國肆爲侈汰。秦併之，擥上選以供服御，其次以賜百官，始有大駕、法駕之制；又自天子以至牧守，各有鹵簿焉。漢興，乃不能監古成憲，而傚秦所爲。自是代有變更，志有詳略。東漢至舊唐書皆稱輿服，新唐書改爲車服，鄭樵合諸代爲通志又爲器服。其文雖殊，而攷古制作，無以尙於三代矣。

夫三代制器，所以爲百世法者，以其華質適中也。孔子答顏淵爲邦之問曰：「乘殷之輅，服周之冕。」且禮謂「周人上輿」，而孔子獨取殷輅，是殷之質勝於周也。又言禹「致美乎黻冕」。而論冕以周爲貴，是周之文勝於夏也。蓋已不能無損益於其間焉。不知歷代於秦已還，何所損益乎？

宋之君臣，於二帝、三王、周公、孔子之道，講之甚明。至其規模制度，飾爲聲明，已足粲然，雖不能盡合古制，而於後代庶無愧焉。宋初，袞冕綴飾不用珠玉，蓋存簡儉之風。及爲鹵簿，又熾以旗幟，華以繡衣，褒以毬杖，豈非循襲唐、五季之習，猶未能盡去其陋邪？詒之子孫，殆有甚焉者矣。迄于徽宗，奉身之欲，奢蕩靡極，雖欲不亡得乎？靖康之末，累朝法物，淪沒於金。中興，掇拾散逸，參酌時宜，務從省約。凡服用錦繡，皆易以纈、以羅；旗仗用金銀飾者，皆易以繪、以髹。建炎初，有事郊報，仗內拂扇當用珠飾。高宗曰：「事天貴質，若尙華麗，非禋祀本意也。」是以子孫世守其訓，雖江介一隅，而華質適時，尙足爲一代之法。其儒臣名物度數之學，見諸論議，又有可觀者焉。今取舊史所載，著于篇，作輿服志。

五輅。宋自神宗以降，銳意稽古，禮文之事，招延儒士，折衷同異。元豐有詳定禮文所，徽宗大觀間有議禮局，政和又有禮制局。先是，元豐雖置局造輅，而五輅及副輅，多仍唐舊。

玉輅，自唐顯慶中傳之，至宋曰顯慶輅，親郊則乘之。制作精巧，行止安重，後載太常輿闟戟，分左右以均輕重，世之良工，莫能爲之。其制：箱上置平盤、黃屋，四柱皆油畫刻鏤。左青龍，右白虎，龜文，金鳳翅，雜花，龍鳳，金塗銀裝，間以玉飾。頂輪三層，外施銀耀葉〔二〕，輪衣、小帶、絡帶並靑羅繡雲龍，周綴縲帶、羅文佩、銀穗毬、小鈴。平盤上布黃褥，四角勾闌設圓鑑、翟羽。虛匱內貼銀鏤香罨，軾匱銀龍二，銜香囊，銀香爐，香寶，錦帶，下有障塵。靑畫輪轅，銀轂乘葉，三轅，銀龍頭，橫木上有銀鳳十二。左建靑旗，十有二旒，皆繡升龍；右載闟戟，繡黻文，並靑繡綢杠。又設靑繡門簾，銀飾梯一，拓叉二，推竿一，銀踏頭，銀裝行馬，青繒裹輓索。駕六青馬，馬有金面，插鵰羽，鞶纓，攀胸鈴拂，青繡屜，錦包尾。又誕馬二，在輅前，飾同駕馬。餘輅及副輅皆有之。駕士六十四人。金輅色以赤，駕六赤馬，建大旂，駕士六十四人。象輅色以淺黃，駕六赭白馬，建大赤，駕士四十人。革輅色以黃，駕六騮馬，建大白，駕士四十人。木輅色以黑，駕六黑騮馬，建大麾，駕士四十人。自金輅而下，其制皆同玉輅，惟無玉飾。五副輅並駕六馬，駕士四十人，當用銀飾者，皆以銅，餘制如正輅。

政和三年，議禮局更上皇帝車輅之制，詔頒行。玉輅，箱上平盤、黃屋以下皆如舊。頂輪三層，內一層素，輪頂上施金塗銀山花葉及翟羽，青絲繡雲龍絡帶二，周綴雜色緄帶八、銅佩八、銀穗毬二。平盤上布紅羅繡雲龍褥，曲几、扶几，上下設銀螭首二十四。四角勾闌設圓鑑一十六，青羅繡寶相花帶，火珠二十八。香匱設香鑪，紅羅繡寶相花帶香囊，香寶，銀結綬二，紅羅繡雲龍結綬一，紅錦幟龍鳳門簾一。青畫輪轅，銀轂乘葉。軾匱、橫轅、前轅並飾以金塗銀螭首，橫轅上施銀立鳳一十二。左建太常，十有二旒；右載闟戟，繡黻文。杠綺一，以青繡，杠首飾以銀螭首。金塗銅鈸，青犛牛尾拂，青繒裹索。駕青馬六，馬有銅面，插鵰羽，鞶纓，攀胸鈴拂，青綫織屜，紅錦包尾。又踏路馬二，在輅前，飾同駕馬。凡大祭祀乘之。

金輅以下，並以次列其後。若大朝會、册命皇太子諸王大臣，則設五輅於大慶殿庭，爲充庭之儀。金輅赤質，以金飾諸末，建大旂，餘同玉輅，駕赤馬六；凡玉輅之飾以青者，金輅以緋。象輅淺黃質，金塗銅裝，以象飾諸末，建大赤，餘同玉輅，駕赭白馬六；凡玉輅之飾以青者，象輅以銀褐。革輅黃質，鞔之以革，建大白，餘同玉輅，駕騮馬六；凡玉輅之飾以青者，革輅以黃。木輅黑質漆之，建大麾，餘同玉輅，駕黑騮六；凡玉輅之飾以青者，木輅以皂。凡玉輅用金塗銀裝者，象輅、革輅、木輅及五副輅，並金塗銅裝。

又禮制局言：「玉輅馬纓十二而無采，不應古制，欲以五采罽飾樊纓十有二就。輅衡、軾並無鸞和，乞添置。蓋弓二十有二，不應古制，乞增爲二十八，以象星。又巾車言『玉輅建太常』而不言色，司常注云：『九旗之帛皆用絳，以周尚赤故也。』禮記月令中央『天子乘大輅，載黃旂』，以金、象、木、革四輅及所建之旂，與四時所乘所載皆合。今玉輅所建之旂，以青帛十二副連屬爲之，有升龍而非交龍，又無三辰，皆非古制。如依成周以所尚之色則用赤，依月令兼四代之制則當用黃，仍分縿、斿之制及繡畫三辰於其上。今改制，太常其斿曳地，當依周官以六人維之。又左傳言：『錫鸞和鈴，昭其聲也。』注：『錫在馬額，鈴在旂首。』今旂首無鈴，乞增置。又車蓋周以流蘇及佩各八，無所法象，欲各增爲十二，以應天數。又輅之諸末，盡飾以玉，爲稱其實，而羅紋雜佩乃用塗金，乞改爲玉。又車箱兩轓有金塗龜文及鵰翅，左龍右虎，迺後代之制，欲改用螭龍，加玉爲飾。」又言：「既建太常當車之後，則自後登車有妨。曲禮言：『君車將駕，則僕執策立於馬前，已駕，僕展軨，効駕，奮衣由右上，取貳綏跪乘，執策分轡，驅之，五步而立，君出就車。』則君升車亦當自右，由前而入。今玉輅前有式匱，不應古制，恐當更易，以便登車及改式之制。又禮記言『車得其式』，周官輿人：『三分其隧，一在前，二在後，以揉其式，以其廣之半爲之式崇。三分軫圍，去一以爲式圍。三分軹圍，去一以爲轛圍。』注：『立者爲轛，横者爲軹。』今玉輅無式。」

詔：「玉輅用青質，輪轂絡帶，其色如之。四柱、平盤、虛匱則用赤，增蓋弓之數爲二十八，左右建旂、常，並青。太常繡日月、五星、二十八宿，旂上則繡以雲龍。朱杠，青縚，鈴垂十有二就，流蘇及佩各增十二之數。樊纓飾以五采之罽，衡式之上又加鸞和。輅之諸末，耀葉、螭頭、雲龍、垂牙、鎚脚、花版、結綬、羅紋雜佩、羽臺、蔥臺、麻鑪、香寶、壓貼牌字，皆飾以玉。自後而升，式匱不去。既成，高二丈七寸五分，闊一丈五尺。副玉輅，亦用青色，舊駕馬四，增爲六，色亦以青。」

政和四年，詔改修正副輅，討論製造金、象、革、木四輅，並依新修玉輅制度。旂、常並建，各與輅一色。除去闟戟，改車箱兩幡龜文、鵰翅、左龍、右虎之飾，並用螭龍。增蓋弓、博山、流蘇等數，軾衡加和鸞，以合於古。金輅朱質，飾以金塗銀：左右建太常、大旂及輪衣、絡帶等，色皆以黃；龍旂九斿，如周官金輅建大旂之制；駕馬以騧，飾樊纓五采九就。象輅朱質，凡制度、裝綴、名物並同金輅，飾以象及金塗銀銅鍮石；左右建太常、大赤，輪衣、絡帶等，色皆以紅；大赤繡鳥隼七斿，如周官象輅建大赤之制；駕馬以赤，飾樊纓七就。革輅朱質，凡制度、裝綴、名物並同金輅，飾以金塗銅鍮石；左右建太常、大白及輪衣、絡帶等，色皆以淺黃；大白繡熊虎六斿，如周官革輅建大白之制；駕馬以赭白，飾樊纓五就。木輅朱質，凡制度、裝綴、名物皆同金輅，飾以金塗鍮石；左右建太常、大麾及輪衣、絡帶等，色皆以皂；大麾繡龜蛇四斿，如周官木輅建大麾之制；駕馬以烏，飾樊纓三就。四輅駕馬各六。玉輅駕士六十四人，餘皆四十人。

又禮制局增改雅飾諸輅：舊副玉輅色青，飾以金，改用黃而飾以玉；樊纓如正輅之制；建太常，色黃，飾以組，象日月於縿、星辰於斿，其長曳地。舊金輅改用青，飾以金；樊纓以五采罽而九就；建大旂，色青，飾以組，象交龍於縿、升龍於斿，其長齊軫。象輅改用赤，飾以象；樊纓以五采罽而七就；建大赤，色赤，飾以組，象鳥隼於縿、斿，其長齊較。革輅改用白，飾以革；龍勒條纓；建大白，色白，飾以組，象熊虎於縿、斿，其長齊肩。木輅依舊色，而飾以漆，其色黑；前樊鵠纓；建大麾，色黑，飾以組，象龜蛇於縿、斿，其長齊首。三輅皆維以縷，削幅爲之。木輅維以縷，充幅爲之。又詔玉輅身仍用紅，太常、旂、絡帶等用黃，餘常、旂、絡帶，亦隨其輅色。

高宗渡江，鹵簿、儀仗悉燬於兵。紹興十二年，始命工部尚書莫將、戶部侍郎張澄等以天禧、宣和鹵簿圖考究制度，及故內侍工匠省記指說，參酌制度。是年九月，玉輅成；明年，遂作金、象、革、木四輅，副輅不設。玉輅之制，青色，飾以玉，通高十九尺，輪高六十三寸，輻徑三十九寸，軸長十五尺三寸。頂上剡爲輪三層，象天圜也。外施青玉博山八十一，一名耀葉。鏤以金塗龍文，覆以青羅，曰輪衣。綴垂玉佩，間以五色垂犛尾，曰流蘇。一名纓帶。頂四角分垂青羅曰絡帶，表裏繡雲龍。遇雨，則油黃繒覆之。

輅之中四柱，象地方也，前柱卷龍。平槃上布錦褥，前有橫軾，後垂錦軟簾。登車則自後卷簾梯級以登。四面周以闌而闕其中，以備登降。執綏官先自右升，立於右柱下，以備顧問。闌柱頭有玉蹲龍。軾前有牌，鏤曰「玉輅」，以玉篆之，上有玉龍二。中設御坐，純以黃香木爲之，取其黃中之正色也。下有塗金蹲龍十六。在平槃四圍下，又有拓角雲龍，金彩飾之，前後左右各二。前有轅木三，鱗體昂首龍形。轅木上束兩橫竿，在前者名曰鳳轅，馬負之以行；次曰推轅，班直推之以助馬力。橫於轅後者名曰壓轅，以人壓於後，欲取其平。車輪三歲一易，心用楡，圜數尺，圈以鐵，以防折裂。橫貫大木以爲軸，夾以兩輪，輪皆彩畫，此輅下飾也。每新輪成，載鐵萬斤試之。

左建太常，右建龍旂，插於輅後兩柱之金環前。駕青馬六，馬有鏤鍚，鞶纓，金鈴，紅旄繡屜，金包駿，錦包尾，青縿裹索引之。駕士二百三十二人〔三〕。誕馬十二人，左右索百二十八人，入韉馬十二人，龍頭子二人，前後抱韉各六人，推竿四人，捧輪四人，拓叉四人，淨席四人，前攔人員一人，後攔人員一人，前攔馬八人，後攔馬八人，踏道人員二人，踏道二十人，小拓叉四人，小梯子二人，燭臺二人，香匙剪子二人，左右索人員二人。○又有呵喝人員二人，教馬官二人，捧輪將軍四人，千牛衞將軍二人，推輪軸官健八人，抱太常龍旗官六人，職掌五人，專知官一人，手分一人，庫子八人，裝挂工匠二人，諸作工匠十五人，蓋覆儀鸞司十一人，監官三員。

金輅黃色，飾以金塗銀，制如玉輅，而高減五寸；博山、輪衣、絡帶、韉輻、軸並以黃，建大旂九斿；駕黃馬六，駕士一百五十四人。象輅朱色，飾以象及金塗銅，制如金輅；博山、輪衣、絡帶並以朱，建大赤七斿；駕赤馬六，駕士一百五十四人。革輅淺黃白色，飾以金塗銅，制如象輅；博山、輪衣、絡帶並以淺黃白，建大白六斿；駕黃白馬六，駕士百五十四人。木輅黑色，飾以金塗銀，制如革輅；博山、輪衣、絡帶並以黑，建大麾四斿；駕黑馬六，駕士一百五十四人。五輅駕士服色：平巾幘、青絹抹額、纈絹對花鳳袍、緋纈絹對花寬袖襖、羅抹絹袴、韈、麻鞵，其色各從其輅。

大輅。政和六年，徐秉哲言：「南北郊，皇帝乘玉輅以赴齋宮。自齋宮赴壇，正當祀天祭地，乃乘大輦，疑非禮意。」下禮制局討論。禮制局請：「造大輅如玉輅之制，唯不飾以玉。所駕之馬，其數如之，唯樊纓一就，以稱尙質之義。仍建大旂十有二旒，龍章日月，以協象天之義。至禮畢還齋宮，則御大輦，於禮無嫌。」從之。

大輦。周官巾車氏有輦車，以人組挽之，宮中從容所乘。唐制，輦有七：一曰大鳳輦，二曰大芳輦，三曰仙遊輦，四曰小輕輦，五曰芳亭輦，六曰大玉輦，七曰小玉輦。太祖建隆四年，翰林學士承旨陶穀爲禮儀使，創意造爲大輦：赤質，正方，油畫，金塗銀葉，龍鳳裝。其上四面行龍雲氣〔三〕，火珠方鑑，銀絲囊網，珠翠結條，雲龍鈿窠霞子〔四〕。四角龍頭銜香囊，頂輪施耀葉。中有銀蓮花坐龍，紅綾裏〔五〕，碧牙壓帖。內設圓鑑，銀絲香囊，銀飾勾闌、臺坐，紅絲條網，帉錔。中施黃褥，上置御坐，扶几，香鑪，錦結綬。几衣、輪衣、絡帶並緋繡壓金銀綫。長竿四，銀裹鐵鍋龍頭，魚鉤，錦膊褥，銀裝畫梯，拓叉，黃羅緣席、褥、帊，梯杖褥，朱索，緋繒油帊。主輦六十四人。親祀南郊、謁太廟還及具鑾駕黃麾仗、省方還都，則乘之。

眞宗東封，以舊輦太重，遂命別造，凡減七百餘斤，後常用焉。神宗已後，其制：赤質，正方，油畫，金塗銀龍鳳裝，朱漆天輪一，金塗銀頂龍一。四面施行龍一十六，火珠四。四角龍頭四，穗毬一十二。頂輪施耀葉，紅羅輪衣一，綴銀鈴，紅羅絡帶二。中設御坐、曲几、錦褥等，施屏風，香鑪，結綬。長竿四，飾以金塗銀龍頭。祀畢，車駕還內，若不進輅，則乘大輦。

政和之制：黃質，冒以黃衣，紘以黃帶。車箱四圍，於桯之外，高二尺二寸。設軾於前楹，軾高三尺二寸。建大旂於後楹，旂十二旒，其長曳地，其色黃，繪以交龍；素帛爲縿，繪以日月，以弧張幅，以韣韜弧；杠以青錦綢之，注旄於竿首，繫以鈴。

國朝之輦有七，中興後，唯存大輦、平輦、逍遙三輦而已。大輦又曰大安輦，其制：赤質，正方，高十五尺三寸，方十一尺六寸。四柱，平槃，上覆青綠錦。上有天輪三層，外施金塗銀博山八十一。內有圓鏡，金塗銀頂龍一，四面行龍十六，火珠四。輪衣以青，墜以金鈴，頂有青羅十字分垂四角，曰絡帶。四角出龍首，銜氂牛五色尾，曰旒綏。四面拱斗，外施方鏡，九柱圍以朱闌，中設御坐、曲几、屛風、錦褥。下舉以長竿四，攢竹筋膠丹漆之，竿爲龍首。平槃下，四圍結紅絲網。輦官服色：武弁，黃纈對鳳袍，黃絹勒帛，紫生色祖帶，紫絹行縢。

芳亭輦，黑質，頂如幕屋，緋羅衣，裙襴、絡帶皆繡雲鳳。兩面朱綠牕花版，外施紅絲網綢，金銅帉錔，前後垂簾，下設牙牀、勾闌。長竿四，銀龍頭，銀飾梯，行馬。主輦一百二十人。政和之制，簾以紅羅繡鵝爲額，內設御坐，長竿飾以金塗銅螭首，橫竿二。

鳳輦，赤質，頂輪下有二柱，緋羅輪衣，絡帶、門簾皆繡雲鳳。頂有金鳳一，兩壁刻畫龜文、金鳳翅。前有軾匱、香鑪、香寶、結帶，下有勾闌二重，內設紅錦褥。長竿三〔六〕，銀飾梯，行馬。主輦八十人。法駕鹵簿，不設鳳輦。

逍遙輦，以椶櫚爲屋，赤質，金塗銀裝，朱漆扶版二，雲版一，長竿二，飾以金塗銀龍頭。常行幸所御。又魚鉤，帉錔，梅紅絛。輦官十二人，春夏服緋羅衫，秋冬服白師子錦襖。東封，別造辟塵逍遙輦，加牕隔，黃繒爲裏，賜名省方逍遙輦。中興之制，赤質，金塗四柱，椶屋上有走脊金龍四，中起火珠凸頂，四面不設牕障，中有御踏子，制甚簡素。祗應人員服帽子、宜男方勝纈衫。

平輦，又名平頭輦，亦曰太平輦，飾如逍遙輦而無屋。輦官十二人，服同逍遙輦。常行幸所御。東封，別造升山天平輦，施機關，賜名曰登封輦。中興之制，赤質，正方，形如一朱龍椅而加長竿二，飾如逍遙輦而不施棧屋，制尤簡素，止施畫雲版而已。

又有七寶輦，隆興二年，爲德壽宮所製也。高五十一寸，闊二十七寸，深三十六寸。比附大輦、平輦制度爲之。上施頂輪、耀葉、角龍、頂龍、滴子、鐸子、結穗毬。下施梅紅絲裙網，加綴七寶。中設香木御坐，引手爲轉身龍，靠背爲龍首，靠枰子織以紅黃藤。舁以長竿二，竿爲螭首，金塗銀飾焉。初，有司言：「東都舊制，輦飾以玉，裙網用七寶，而滴子用眞珠。」帝曰：「上皇意不然，止欲簡素。」遂以塗金易玉，梅紅絲結裙網，間綴七寶，而象牙易眞珠。既而上皇却不受，每至大內，多乘馬，而間有行幸，則用肩輿。自是，重華、壽康兩宮並不別造。

小輿，赤質，頂輪下施曲柄如蓋，緋繡輪衣、絡帶，制如鳳輦而小。下有勾闌，牙牀，繡瀝水。中設方牀，緋繡羅衣，錦褥。上有小案、坐牀，皆繡衣。踏牀緋衣。前後長竿二，銀飾梯，行馬。奉輿二十四人。中興後，去其輪蓋，方四十九寸，高三十一寸。輿上周以勾闌，施翟羽，玉照子，中爲方牀三級。上設御坐、曲几、踏子，曲柄緋羅繡蓋，輿下紅絲結五色花裙網。舁以長竿二，竿爲螭首。宮殿從容所乘，設鹵簿則陳之。

腰輿，前後長竿各二，金銅螭頭，緋繡鳳裙襴，上施錦褥，別設小牀，緋繡花龍衣。奉輿十六人。中興制，赤質，方形，四面曲闌，下結繡裙網。制如小輿，惟無翟尾、玉照子、三級牀、曲柄蓋，而上設方御牀、曲几，舁竿無螭首，用亦同小輿。

耕根車制，青質，蓋三層，餘如五輅之副。駕六青馬，駕士四十人。親祠具大駕、法駕鹵簿，並列於仗內；若耕耤則乘之。國朝之車，自耕根而下，凡十有五。南渡所存，惟耕根車一而已，其制度並同，惟駕士七十五人。

進賢車，古安車也。太祖乾德元年改赤質，兩壁紗牕，擎耳，虛匱，一轅，緋幰衣，絡帶、門簾皆繡鳳，紅絲網。中設朱漆牀，香案，紫綾案衣，緋繒裹輓索，朱漆行馬。凡車皆有輓索、行馬。駕四馬，駕士二十四人。

明遠車，古四望車也，駕以牛。太祖乾德元年改，仍舊四馬。赤質，制如屋，重櫩勾闌，上有金龍，四角垂銅鐸，上層四面垂簾，下層周以花版，三轅。駕士四十人，服繡對鳳。

羊車，古輦車也，亦爲畫輪車，駕以牛。隋駕以果下馬，今亦駕以二小馬。赤質，兩壁畫龜文、金鳳翅，緋幰衣、絡帶、門簾皆繡瑞羊。童子十八人。

指南車，一曰司南車。赤質，兩箱畫青龍、白虎，四面畫花鳥，重臺，勾闌，鏤拱，四角垂香囊。上有仙人，車雖轉而手常南指。一轅，鳳首，駕四馬。駕士舊十八人，太宗雍熙四年，增爲三十人。仁宗天聖五年，工部郎中燕肅始造指南車。肅上奏曰：

黃帝與蚩尤戰于涿鹿之野，蚩尤起大霧，軍士不知所向，帝遂作指南車。周成王時，越裳氏重譯來獻，使者惑失道，周公賜軿車以指南。其後，法俱亡。漢張衡、魏馬鈞繼作之，屬世亂離，其器不存。宋武帝平長安，嘗爲此車，而制不精。祖沖之亦復造之。後魏太武帝使郭善明造，彌年不就，命扶風馬岳造，垂成而爲善明鴆死，其法遂絕。唐元和中，典作官金公立以其車及記里鼓上之，憲宗閱於麟德殿，以備法駕。歷五代至國朝，不聞得其制者，今創意成之。

其法：用獨轅車，車箱外籠上有重構，立木仙人於上，引臂南指。用大小輪九，合齒一百二十。足輪二，高六尺，圍一丈八尺。附足立子輪二，徑二尺四寸，圍七尺二寸，出齒各二十四，齒間相去三寸。轅端橫木下立小輪二，其徑三寸，鐵軸貫之。左小平輪一，其徑一尺二寸，出齒十二；右小平輪一，其徑一尺二寸，出齒十二。中心大平輪一，其徑四尺八寸，圍一丈四尺四寸，出齒四十八，齒間相去三寸。中立貫心軸一，高八尺，徑三寸。

上刻木爲仙人，其車行，木人指南。若折而東，推轅右旋，附右足子輪順轉十二齒，擊右小平輪一匝，觸中心大平輪左旋四分之一，轉十二齒，車東行，木人交而南指。若折而西，推轅左旋，附左足子輪隨輪順轉十二齒，擊左小平輪一匝，觸中心大平輪右轉四分之一，轉十二齒，車正西行，木人交而南指。若欲北行，或東，或西，轉亦如之。詔以其法下有司製之。

大觀元年，內侍省吳德仁又獻指南車、記里鼓車之制，二車成，其年宗祀大禮始用之。其指南車身一丈一尺一寸五分，闊九尺五寸，深一丈九寸，車輪直徑五尺七寸，車轅一丈五寸。車箱上下爲兩層，中設屏風，上安仙人一執杖，左右龜鶴各一，童子四各執纓立四角，上設關戾。臥輪一十三，各徑一尺八寸五分，圍五尺五寸五分，出齒三十二，齒間相去一寸八分。中心輪軸隨屏風貫下，下有輪一十三，中至大平輪。其輪徑三尺八寸，圍一丈一尺四寸，出齒一百，齒間相去一寸二分五釐，通上左右起落。二小平輪，各有鐵墜子一，皆徑一尺一寸，圍三尺三寸，出齒一十七，齒間相去一寸九分。又左右附輪各一，徑一尺五寸五分，圍四尺六寸五分，出齒二十四，齒間相去二寸一分。左右疊輪各二，下輪各徑二尺一寸，圍六尺三寸，出齒三十二，齒間相去二寸一分，上輪各徑一尺二寸，圍三尺六寸，出齒三十二，齒間相去一寸一分。左右車脚上各立輪一，徑二尺二寸，圍六尺六寸，出齒三十二，齒間相去二寸二分五釐。左右後轅各小輪一，無齒，繫竹𥳇并索在左右軸上，遇右轉使右轅小輪觸落右輪，若左轉使左轅小輪觸落左輪。行則仙童交而指南。車駕赤馬二，銅面，插羽，鞶纓，攀胸鈴拂，緋絹屜，錦包尾。

記里鼓車，一名大章車。赤質，四面畫花鳥，重臺，勾闌，鏤拱。行一里，則上層木人擊鼓；十里，則次層木人擊鐲。一轅，鳳首，駕四馬。駕士舊十八人，太宗雍熙四年，增爲三十人。

仁宗天聖五年，內侍盧道隆上記里鼓車之制：「獨轅雙輪，箱上爲兩重，各刻木爲人，執木槌。足輪各徑六尺，圍一丈八尺。足輪一周，而行地三步。以古法六尺爲步，三百步爲里，用較今法五尺爲步，三百六十步爲里。立輪一，附於左足，徑一尺三寸八分，圍四尺一寸四分，出齒十八，齒間相去二寸三分。下平輪一，其徑四尺一寸四分，圍一丈二尺四寸二分，出齒五十四，齒間相去與附立輪同。立貫心軸一，其上設銅旋風輪一，出齒三，齒間相去一寸二分。中立平輪一，其徑四尺，圍一丈二尺，出齒百，齒間相去與旋風等。次安小平輪一，其徑三寸少半寸，圍一尺，出齒十，齒間相去一寸半。上平輪一，其徑三尺少半尺，圍一丈，出齒百，齒間相去與小平輪同。其中平輪轉一周，車行一里，下一層木人擊鼓；上平輪轉一周，車行十里，上一層木人擊鐲。凡用大小輪八，合二百八十五齒，遞相鉤鎖，犬牙相制，周而復始。」詔以其法下有司製之。

大觀之制，車箱上下爲兩層，上安木人二身，各手執木槌。輪軸共四。內左壁車脚上立輪一，安在車箱內，徑二尺二寸五分，圍六尺七寸五分，二十齒，齒間相去三寸三分五釐。又平輪一，徑四尺六寸五分，圍一丈三尺九寸五分，出齒六十，齒間相去二寸四分。上大平輪一，通軸貫上，徑三尺八寸，圍一丈一尺，出齒一百，齒間相去一寸二分。立軸一，徑二寸二分，圍六寸六分，出齒三，齒間相去二寸二分。外大平輪軸上有鐵撥子二。又木橫軸上關戾、撥子各一。其車脚轉一百遭，通輪軸轉周，木人各一擊鉦、鼓。

白鷺車，隋所制也，一名鼓吹車。赤質，周施花版，上有朱柱，貫五輪相重，輪衣以緋，皂頂及緋絡帶，並繡飛鷺。柱杪刻木爲鷺，銜鵝毛筩，紅綬帶。一轅。駕四馬，駕士十八人。

鸞旗車，漢制，爲前驅。赤質，曲壁，一轅。上載赤旗，繡鸞鳥。駕四馬，駕士十八人。

崇德車，本秦辟惡車也。上有桃弧棘矢，所以禳卻不祥。太祖乾德元年，改赤質，周施花版，四角刻辟惡獸，中載黃旗，亦繡此獸〔七〕。太卜署令一人，在車中執旗。駕四馬，駕士十八人。政和之制，建黃羅繡崇德旗一，彩畫刻木獬豸四。宣和元年，禮制局言：「崇德車載太卜令一員，畫辟惡獸於旗。記曰『前巫而後史』，傳曰『桃弧棘矢，以供禦王事』。請以巫易太卜，弧矢易辟惡獸。」從之。

皮軒車，漢前驅車也。冒以虎皮爲軒，取曲禮「前有士師，則載虎皮」之義。赤質，曲壁，上有柱，貫五輪相重，畫虎文。駕四馬，駕士十八人。政和之制，用漆柱，貫朱漆皮軒五。

黃鉞車，漢制，乘輿建之，在大駕後。晉鹵簿有黃鉞車。唐初無之，貞觀後始加。赤質，曲壁，中設金鉞一，錦囊綢杠。左武衞隊正一人，在車中執鉞。駕兩馬，駕士十五人。

豹尾車。古者軍正建豹尾。漢制，最後車一乘垂豹尾，豹尾以前卽同禁中。唐貞觀後，始加此車於鹵簿內，制同黃鉞車。上載朱漆竿，首綴豹尾，右武衞隊正一人執之。駕兩馬，駕士十五人。

屬車，一曰副車，一曰貳車，一曰左車。秦制，大駕屬車八十一乘，法駕三十六乘。漢法駕用三十一乘，小駕用十二乘。隋制，大駕三十六，法駕十二，小駕不用。唐大駕唯用十二乘，宋因之。黑質，兩箱簾裝，前有曲闌，金銅飾，上施紫通幰，絡帶、門簾皆繡雲鶴，紫絲網帉錯。每乘駕三牛，駕士十人。

五車。徽宗宣和元年，禮制局言：「舊鹵簿記有白鷺、鸞旗、皮軒三車，其制非古。按曲禮曰：『前有水則載青旌，前有塵埃則載鳴鳶，前有車騎則載飛鴻，前有士師則載虎皮，前有鷙獸則載貔貅。』萬乘一出，五車必載，所以警衆也。青旌、鳴鳶、飛鴻、貔貅乃以白鷺、鸞旗雜陳其間，未爲合禮。今欲改五車相次於中道，繼之以崇德車，於是爲備。」青旌車，赤質，曲壁，中載青旌，以絳帛爲之，畫青鳥於其上。鳴鳶車，赤質，曲壁，中載鳴鳶旌，以絳帛爲之，畫鳴鳶於其上。飛鴻車，赤質，曲壁，中載飛鴻旌，以絳帛爲之，畫飛鴻於其上。虎皮車，赤質，曲壁，中載虎皮旌，以絳帛爲之，緣以赤，畫虎皮於上。貔貅車，赤質，曲壁，旌以絳帛爲之，緣以赤，畫貔貅於上。其韍皆一。

涼車，赤質，金塗銀裝，龍鳳五采明金，織以紅黃藤，油壁，緋絲條龍頭，梅紅羅褥，銀螭頭，穗毬，雲朶踏頭，蓮花坐，鴈鈎，火珠，門沓，鋦鉞，頻伽，大小鐶，駕以橐駝。省方在道及校獵迴則乘之。

相風烏輿，上載長竿，竿杪刻木爲烏，垂鵝毛筩，紅綬帶，下承以小盤，周以緋裙，繡烏形。輿士四人。

行漏輿，隋大業行漏車也。制同鍾、鼓樓而大，設刻漏如稱衡。首垂銅鉢，末有銅象，漆匱貯水，渴烏注水入鉢中。長竿四，輿士六十人。

十二神輿，赤質，四門旁刻十二辰神，緋繡輪衣、絡帶。輿士十二人。

交龍鉦、鼓輿各一，皆刻木爲二青龍相交，下有木臺、長竿，一挂畫鼓，一挂金鉦，上皆有緋蓋，亦綉交龍。輿士各二人。中興後，相風、行漏、十二神、鉦鼓四輿，悉省去。

鍾、鼓樓輿各一，本隋大駕鍾車、鼓車也。皆刻木爲屋，中置鍾、鼓，下施木臺、長竿，如鉦、鼓輿。輿士各二十四人。

行漏輿、十二神輿、交龍鉦鼓輿、鍾鼓樓，舊禮無文，皆太祖開寶定禮所增。

校勘記

〔一〕外施銀耀葉　「外」原作「各」。按下文稱政和時玉輅「頂輪三層，內一層素」；又紹興時玉輅「頂上刻爲輪三層」，「外施靑山博玉八十一，一名耀葉」。此處「各」亦應爲「外」字之誤。據太常因革禮卷二一、通考卷一一七王禮考改。

〔二〕駕士二百三十二人　按其下註文自「誕馬十二人」至「左右索人員二人」，實數爲二百三十四人；通考卷一一七王禮考作「二百三十八」，而其下註文實數爲二百三十人。

〔三〕其上四面行龍雲氣 「氣」，太常因革禮卷二一、通考卷一一七王禮考都作「朵」。

〔四〕珠翠結條雲龍鈿窠霞子 「條」，太常因革禮卷二一作「條」；「龍」下，同書同卷有「鳳」字。

〔五〕紅綾裹 「裹」，太常因革禮卷二一作「裹」。

〔六〕長竿三 「三」，太常因革禮卷二一作「二」。

〔七〕亦繡此獸 「亦」原作「赤」，據太常因革禮卷二二、通考卷一一七王禮考及玉海卷七九改。

宋史卷一百五十

志第一百三

輿服二

后妃車輿　皇太子王公以下車輿　繖扇鞍勒　門戟旌節

皇后之車，唐制六等：一曰重翟，二曰厭翟，三曰翟車，四曰安車，五曰四望車，六曰金根車。宋因之，初用厭翟車。其制：箱上有平盤，四角曲闌，盤兩壁紗牕〔一〕，龜文，金鳳翅，前有虛匱、香爐、香寶，緋繡幰衣、絡帶、門簾，三轅鳳首，畫梯，推竿，行馬，緋繒裹索。駕六馬，金銅面，纓轡，鈴攀，緋屜。駕士三十人，武弁、緋繡衫。常出止用正、副金塗銀裝白藤輿各一，上覆椶櫚屋，飾以鳳，輦官服同乘輿平頭輦之制。

徽宗政和三年，議禮局上皇后車輿之制：重翟車，青質，金飾諸末，間以五采。輪金根朱牙。其箱飾以重翟羽，四面施雲鳳、孔雀，刻鏤龜文。頂輪上施金立鳳、耀葉。青羅幰衣一，紫羅畫雲龍絡帶二，青絲絡網二，紫羅畫帷一，青羅畫雲龍夾幔二。車內設紅褥及坐，橫轅上施立鳳八。香匱設香爐、香寶，香匱飾以螭首。前後施簾，長轅三，飾以鳳頭，青緡裹索。駕青馬六，馬有銅面，插翟羽，鞶纓，攀胸鈴拂，青屜，青包尾。若受册、謁景靈宮，則乘之。

厭翟車，赤質，其箱飾以次翟羽；紫幰衣，紅絲絡網，紅羅畫絡帶，夾幔錦帷，餘如重翟車。駕赤騮四。若親蠶則乘之。翟車，黃質，其車側飾以翟羽；黃幰衣，黃絲絡網，錦帷絡帶，餘如重翟車。駕黃騮四。安車，赤質，金飾，間以五采，刻鏤龜文；紫幰衣，錦帷絡帶，紅絲絡網，前後施簾；車內設褥及坐，長轅三，飾以鳳頭，駕赤騮四。凡駕馬鞶纓之飾，並從車質。四望車，朱質，青幰衣，餘同安車。駕牛三。金根車，朱質，紫幰衣，餘同安車。駕牛三。自重翟車以下，備鹵簿則皆以次陳設。藤輿，金塗銀裝，上覆椶櫚屋，以龍飾，常行之儀則用之。

龍肩輿。一名椶檐子，一名龍檐子，舁以二竿，故名檐子，南渡後所製也。東都，皇后備厭翟車，常乘則白藤輿。中興，以太后用龍輿，后惟用檐子，示有所尊也。其制：方質，椶頂，施走脊龍四，走脊雲子六，朱漆紅黃藤織百花龍爲障；緋門簾，看牕簾，朱漆藤坐椅，踏子，紅羅裀褥，軟屏，夾幔。

隆興二年正月，皇后受册畢，擇日朝謁，有司具儀物，乞乘肩輿龍檐。製造所受給使臣尹肇發，納中宮金塗銀葉椶櫚、朱漆紅黃藤織百花龍枰子、碌牙壓貼、鏤金雕木腰花泥版龍檐子一乘。金塗銀頂子，龍頭六，走脊龍四，走脊雲子六，貼絡龍四十，貼絡雲子三十，鐸子八，插拴坐龍四，環索全，鈸遮那一副，檀香龜背紅紗牕四扇，紅羅緣紅簝門簾一，瀝水全，看牕簾二，朱漆藤面明金雕木龍頭椅一，脚踏一，紅線條結一，朱漆小几二，紅羅褥全，紅羅緣肩膊席褥一十六，繫帶全，金塗銀鐵胎杆鞲四，魚鈎四，火踏一，朱漆梯盤全，朱漆衣匣二，金塗銅手把葉段拓叉二，金塗銅叉頭拖泥行馬二，金塗銀葉杠子二，紅茸匾條四，紅羅夾軟屏風、夾幔各一，襯脚席褥、靠背坐褥及踏床各一，紅絹十字帕一，竿袋四，魚鈎帕二，紅油十字帕、竿袋、魚鈎帕數同上，兜地帕一，圍裙一。

大安輦。眞宗咸平中，爲萬安太后製輿，上設行龍六。乾興元年，詔皇太后御坐檐子，名大安輦。神宗嗣位，尊皇太后爲太皇太后，其行幸依治平元年之制。而皇太后、皇后常出，止用副金塗銀裝白藤輿，覆以椶櫚屋，飾以鳳。輦官服同乘輿平頭輦之制。於是詔太皇太后出入所乘，如萬安太后輿，上設行龍六，制飾率有加。金銅車，禮典不載，則如舊制。哲宗紹聖元年，議造皇太后大安輦，中書具治平、元豐中皇太后輿服儀衞以呈，曰：「元豐中，先帝手詔，皇太后行幸儀衞，並依慈聖光獻太皇太后日例，而宣仁謙恭，不乘大安輦。」哲宗曰：「今皇太后獨尊，非宣仁比。」遂詔行幸進大安輦，已而皇太后嫌避，竟不製造。

龍輿。皇太后所乘也。東都，皇太后多垂簾，皆抑損遠嫌，不肯乘輦，止用輿而已。哲宗旣嗣位，尊朱貴妃爲皇太妃，出入許乘檐子。有司請用牙魚鳳爲飾，繖用青。元祐三年，太皇太后詔有司尋繹典故，於是檐子飾以龍鳳，繖用紅。九年，羣臣議改檐子爲輿，上設行龍五，出入由宣德東偏門。哲宗以皇太后諭旨，令太妃坐六龍輿出入，進黃繖，由宣德正門。於是三省議，皇太妃坐龍鳳輿，繖紅黃兼用，從皇太后出入，止用紅。紹聖元年，禮部太常寺言：「近奉旨：『皇太后欲令皇太妃坐六龍輿，朕常思皇太妃尊奉之禮，旣不敢擬隆於皇太后，又不可不逮於中宮。』今參以人情，再加詳定，伏請供進龍鳳輿。」從之。

及徽宗卽位，尊太妃爲聖瑞皇太妃，詔儀物除六龍輿不用，仍進龍鳳輿外，餘悉增崇焉。紹興奉迎皇太后，詔造龍輿，其制：朱質，正方，金塗銀飾，四竿，竿頭螭首，赭𫓶紅簾，上覆以椶，加走龍六，內設黃花羅帳、裀褥、朱椅、踏子、紅羅黃羅繡巾二。

皇太子車輅之制。唐制三等：一曰金輅，二曰軺車，三曰四望車。太宗至道初，眞宗爲皇太子，謁太廟，乘金輅，常朝則乘馬。眞宗天禧中，仁宗爲皇太子，亦同此制。徽宗政和三年，議禮局上皇太子車輅之制：金輅，赤質，金飾諸末。重較，箱畫苣文鳥獸；黃屋，伏鹿軾，龍輈，金鳳一在軾前。設障塵。朱蓋黃裏。輪畫朱牙。左建旂，九旒，右載闟戟。旂首金龍頭，銜結綬及鈴緌。八鸞在衡，二鈴在軾。駕赤騮四，金鑁方釳，插翟尾，鏤鍚，鞶纓九就。從祀、謁太廟、納妃則供之。軺車，金飾諸末，紫油通幰，紫油纁朱裏，駕馬一。四望車，金飾諸末，青油通幰，青油纁朱裏，朱絲絡網，駕馬一。軺車、四望車以次列於鹵簿仗內。皇太子妃，則有厭翟車，駕以三馬。出入亦乘檐子。中興簡儉，惟用藤檐子，頂梁、舁杠皆飾以玄漆，四角刻獸形，素藤織花爲面，如政和之制。

親王羣臣車輅之制。唐制有四：一曰象輅，親王及一品乘之；二曰革輅，二品、三品乘之；三曰木輅，四品乘之；四曰軺車，五品乘之。宋親王、一品、二品奉使及葬，並給革輅，制同乘輿之副，惟改龍飾爲螭。六引內三品以上乘革車，赤質，制如進賢車，無案，駕四赤馬，駕士二十五人。其緋幰衣、絡帶、旗戟、綢杠繡文；司徒以瑞馬，京牧以隼，御史大夫以獬豸，兵部尙書以虎，太常卿以鳳，駕士衣亦同。縣令乘軺車，黑質，兩壁紗牕，一轅，金銅飾，紫幰衣、絡帶並繡雉銜瑞草，駕二馬，駕士十八人。百官常朝皆乘馬。

眞宗大中祥符四年〔三〕，知樞密院事王欽若言：「王公車輅上並用龍裝，乞下有司檢定制度。」詔下太常禮院詳定。本院言：「按鹵簿令，王公已下，象輅以象飾諸末，朱班輪，八鸞在衡，左建旂畫龍，一升一降，右載闟戟。革輅以革飾諸末，左建旜，餘同象輅。木輅以漆飾之，餘同革輅。軺車，曲壁，青幰碧裏。諸輅皆朱質，朱蓋，朱旂旜，一品九旒，二品八旒，三品七旒，四品六旒，其鞶纓如之。」

神宗元豐三年，詳定禮文所言：「鹵簿記公卿奉引：第一開封令，乘軺車；次開封牧，隼旗；次太常卿，鳳旗；次司徒，瑞馬旗；次御史大夫，獬豸旗；次兵部尙書，虎旗；而乘革車。考之非是。謹按周禮巾車職曰：『孤乘夏篆，卿乘夏縵，大夫乘墨車。』司常職曰：『孤、卿建旜，大夫建物。』請公卿已下奉引，先開封令，乘墨車建物；次開封牧，乘墨車建旗；太常卿、御史大夫、兵部尙書乘夏縵，司徒乘夏篆，並建旜。所以參備九旗之制。」詔從之。

政和議禮局上王公以下車制：象輅以象飾諸末，朱班輪，八鸞在衡，左建旗，右載闟戟，駕馬四，親王昏則用之。革車，赤質，載闟戟，緋羅繡輪衣、簾、旗、韜杠、絡帶，駕赤馬四。

大駕鹵簿六引，法駕鹵簿三引，開封牧第乘之。王公、一品、二品、三品備鹵簿，皆供革車一乘。其輪衣、簾、旗、韜杠、絡帶繡文：開封牧以隼，大司樂以鳳，少傅以瑞馬，御史大夫以獬豸，兵部尙書以虎。軺車，黑質，紫幰衣、絡帶並繡雉，施紅錦簾，香爐、香寶結帶，駕赤馬二。鹵簿內第一引官縣令乘之，駕馬皆有銅面，插羽，鞶纓，攀胸鈴拂，緋絹屜，紅錦包尾。

六年，禮制局言：

大觀中，用大司樂代太常卿爲第三引，蓋以大司樂掌鼓吹之事。夫禮樂之官，宗伯爲長，宜改用禮部尙書。又第四引司徒，即用地官之長，自漢以來爲三公。朝廷近改司徒爲少傅，然六引司徒乃地官之事，宜改用戶部尙書。其府佐依六引諸卿例，改爲僚佐，其鹵簿儀仗，依兵部尙書例給。

古之諸侯出封於外，同姓錫以金輅，異姓錫以象輅。蓋出而制節，則遠君而其道伸；入而謹度，則近君而其勢屈。故其入覲，則不敢乘金輅、象輅，以同于王，當自降而乘墨車也。若公侯采地在天子縣內者，則爲都鄙之長，大司馬所謂「師都建旗」是矣。今開封牧列職于朝，與御史大夫同謂之卿可也，其在周官，則卿大夫之職是矣；又無金輅、象輅之錫，而乃比於古之諸侯入覲而乘墨車，可乎？

成周上公九命，車旗以九爲節，故建常九斿；侯、伯七命，車旗以七爲節，故建常七斿；子、男五命，車旗以五爲節，故建常五斿；其卿六命，其大夫四命，車旗亦各眡其命之數。則卿之建旃當用六斿，大夫建物當用四斿，至於三斿則上士所建也。其開封令，宜乘墨車而建物四斿；開封牧、御史大夫、戶部兵部禮部尙書皆卿也，宜乘夏縵而建旃六斿。

其年，詳定官蔡攸又言：

六引，開封令乘軺車居前，開封牧、大司樂、司徒、御史大夫、兵部尙書乘革車次之。開封牧建繡隼旗，太常卿建繡鳳旗，司徒繡瑞馬旗，御史大夫繡以獬豸，兵部尙書繡以虎，皆副之以闟戟。其先後之序，所乘之車，所建之旗，揆古則不合，驗今則有戾。且大駕之出，自漢光武時始有三引：先河南尹，次執金吾，次洛陽令，先尊而後卑也。後魏亦三引：先平城令，次司隸校尉，次丞相，先卑而後尊也。唐兼用六引，五代減爲三，後周復增爲六。本朝因之，以開封令居前，終以兵部尙書。然以前爲尊，則大司樂不當次令、牧；以後爲尊，則兵部尙書不當繼御史大夫，此先後之序未正也。

軺車非縣令宜駕，革車非公卿宜用，是所乘之車未稱也。鳳馬之繡，無所經見，闟戟之設，尤爲訛謬，是所建之旗未宜也。司徒，三公論道之官，車徒非其所任，戶部主之可也。奉常掌禮，司樂典樂，皆專於一事，禮樂之容，非其所兼，禮部總之宜也。請改司徒用戶部尙書，改大司樂用禮部尙書，其僚佐儀制視兵部尙書。御史大夫，位亞三少，秩從二品，又尊於六尙書。其行，宜以兵部次令、牧，禮部、戶部又次之，終以御史大夫，則先後之序正矣。

夏篆者，篆其車而五采畫之也，夏縵則五采畫之而不篆，墨車則漆之而不畫。孤宜乘夏篆，象其文質之備；卿宜乘夏縵，象其文采而不足於篆。開封令秩比大夫，開封牧古之諸侯，其乘皆宜墨車，其駕之馬，令以三，牧以四，御史大夫以六。尙書，卿之任也，其駕亦四，則所乘之車稱矣。司常曰：「孤、卿建旜，大夫、士建物，師都建旗。」蓋通帛爲旜，其色純赤；雜帛爲物，其色赤白：物爲三斿，旜亦如之。開封令秩視大夫，故宜建以物；開封牧率王畿之衆而衞上，師都之任也，故宜建以旗；尙書、御史大夫，古之卿也，故宜建以旜。

從之。

七年，禮制局言：「昨討論大駕六引，開封牧乘墨車，兵部尙書、禮部尙書、戶部尙書、御史大夫乘夏縵。已經冬祀陳設訖，所有駕士衣服，尙循舊六引之制，宜行改正。況天子五輅，駕士之服，各隨其輅之色，則六引駕士之服，當亦如之。請墨車駕士衣皂，夏縵駕士皂質綉五色團花，於禮爲稱。」從之。

肩輿。神宗優待宗室老疾不能騎者，出入聽肩輿。熙寧五年，大宗正司請宗室以病肩輿者，踏引、籠燭不得過兩對。中興後，人臣無乘車之制，從祀則以馬，常朝則以轎。舊制，輿檐有禁。中興東征西伐，以道路阻險，詔許百官乘轎，王公以下通乘之。其制：正方，飾有黃、黑二等，凸蓋無梁，以篾席爲障，左右設牖，前施簾，舁以長竿二，名曰竹轎子，亦曰竹輿。

內外命婦之車。唐制有厭翟車、翟車、安車、白銅飾犢車，而幰網有降差。宋制，銀裝白藤輿檐，內命婦皇親所乘，白藤輿檐、金銅犢車、漆犢車，或覆以氈，或覆以椶，內外命婦通乘。

繖。人臣通用，以青絹爲之。宋初，京城內獨親王得用。太宗太平興國中，宰相、樞密使始用之。其後，近臣及內命婦出入皆用〔三〕。眞宗大中祥符五年，詔除宗室外，其餘悉禁。明年，復許中書、樞密院用焉。京城外，則庶官通用。神宗熙寧之制，非品官禁用青蓋，京城惟執政官及宗室許用。哲宗紹聖二年，詔在京官不得用涼扇。徽宗政和三年，以燕、越二王出入，百官不避，乃賜三接青羅繖一，紫羅大掌扇二，塗金花鞍韉，茶燎等物皆用塗金，遂爲故事。八年，詔民庶享神，不得造紅黃繖、扇及彩繪，以爲祀神之物。宣和初，又詔諸路奉天神，許用紅黃繖、扇，餘祠廟並禁。其畫壁、塑像儀仗用龍飾者易之。建炎中，初駐蹕杭州，執政張澂〔四〕言：「羣臣扈從兵閒，權免張蓋，俟回鑾仍舊。」詔前宰相到闕，許張蓋〔五〕。

鞍勒之制。宋以賜羣臣，其非賜者皆有令式，而不敢踰越焉。金塗銀鬧裝牡丹花校具八十兩，紫羅繡寶相花雉子方韉，油畫鞍，白銀銜鐙，以賜宰相，親王，樞密使帶使相，曾任宰相觀文殿大學士宮觀使，殿前馬軍步軍都指揮使。金塗銀鬧裝太平花校具七十兩，紫羅繡瑞草方韉，油畫鞍，陷銀銜鐙，以賜使相，樞密副使，參知政事，宣徽使，節度使，宮觀使，殿前馬軍步軍副都指揮使、都虞候。四廂都指揮使，韉以紫羅剜花。若出使，則加紅犛牛纓，金塗銀鈒。使相在外，加紅織成鞍複。步軍都虞候以上賜帶甲馬者，加紅皮鞦轡校具七十兩，青黲圓韉，陷銀銜鐙。金塗銀鬧裝麻葉校具五十兩，紫羅剜花方韉，油畫鞍，陷銀銜鐙，以賜三司使，觀文殿學士，資政殿大學士，翰林學士承旨，翰林學士，資政殿、端明殿、翰林侍讀侍講，龍圖、天章、寶文閣、樞密直學士，御史中丞，兩使留後，觀察、防禦使，軍廂都指揮使。軍廂都指揮使初出授團練使、刺史者，賜亦同。曾任中書、樞密院後爲學士、中丞者，七十兩，韉以繡瑞草。見任中書、樞密院、宣徽使、使相、節度使出使，曾任中書、樞密院充諸路都總管、安撫使，朝辭日，賜亦如之。金塗銀三環寶相花校具二十五兩，紫羅圓韉，烏漆鞍，銜鐙，以賜團練使、刺史。金塗銀促結洛州花校具三十兩，紫羅圓韉，以賜諸路承受。白成十五兩，以賜諸王宮僚、翰林侍讀侍書；金塗銀寶相花校具四十兩，鑾雲校具十五兩，以賜諸班押班、殿前指揮使以上；白成窪面校具十二兩，以賜諸班，皆藍黃絁圓韉。

其皇親婚嫁，皆給藍黃羅繡方韉，金塗銀花鞍，金塗銀校具自八十兩至十二兩，有六等。宗室女壻繫親，皆賜紫羅繡瑞草方韉，校具自七十兩至五十兩，有二等。其賜契丹使，則金塗銀太平花校具七十兩，紫羅繡寶相花雉子方韉；副使則槲葉校具五十兩，紫羅繡合子地圓韉，皆油畫鞍。射弓則使銀裝，副使銀稜。賜諸蕃進奉大使，則如刺史而用青絛韉；副使則如宮僚。凡京官三品以上外任者，皆許馬以纓飾。

太宗太平興國七年，翰林學士承旨李昉言：「準詔詳定車服制度，請升朝官許乘銀裝絛子鞍勒，六品以下不得鬧裝，其韉皆不得刺繡、金皮飾。餘官及工商庶人，許並乘烏漆素鞍，不得用狨毛暖坐。其藍黃絛子，非宮禁不得乘。士庶、軍校乘白皮韉勒者，悉禁斷。」從之。八年，詔京朝知錄事參軍及知縣者，所乘馬並不得飾纓，後復許帶纓。端拱二年，詔內職諸班押班、禁軍指揮使、廂軍都虞候，並許乘銀裝條子鞍勒。京官任知州、通判，許依六品朝官。眞宗咸平二年，西京留臺上言：「留府羣官、使臣乘馬，不得帶纓。」從之。大中祥符五年，詔繡韉及鬧裝校具，除宗室及恩賜外，悉禁。天禧元年，令兩省諫舍、宗室將軍以上，許乘狨毛暖坐，餘悉禁。凡京官，三班已上外任者，皆許馬以纓飾。

仁宗景祐三年，詔官非五品以上，毋得乘鬧裝銀鞍，其乘金塗銀裝條子促結鞍轡者，自文武升朝官及內職、禁軍指揮使、諸班押班、廂軍都虞候、防團副使以上，聽之；仍毋得以藍黃爲條、白皮爲韉轡。民庶止許以氊皮絁紬爲韉。京官爲通判以上職任者，許權依升朝例。神宗熙寧間，文武升朝官、禁軍都指揮使以上，塗金銀裝盤條促結；五品以上，復許銀鞍鬧裝。若開花繡韉，惟恩賜乃得乘。餘官及民庶，仍禁銀飾。舊制，諸王視宰相，用繡鞍韉。政和三年，始賜金花鞍韉，諸王不施狨坐。宣和末始賜，中興因之。乾道九年，重修儀制。權侍郎、太中大夫以上及學士、待制，經恩賜，許乘狨坐。三衙、節度使曾任執政官，亦如之。先是，建炎初，駐蹕杭州，詔扈從臣僚合設狨坐者，權宜撤去。故事，宰執、侍從自八月朔搭坐。紹興元年，以江、浙地燠，改爲九月朔，著爲例。乾道元年，乃詔三衙乘馬，賜狨坐。

門戟。木爲之而無刃，門設架而列之，謂之棨戟。天子宮殿門左右各十二，應天數也。宗廟門亦如之。國學、文宣王廟、武成王廟亦賜焉，惟武成王廟左右各八。臣下則諸州公門設焉，私門則府第恩賜者許之。太宗淳化二年，詔諸道州、府、軍、監奏乞鼓角戟稍，如令文合賜，卽下三司指揮。仁宗天聖四年，太常禮院言：「準批狀，詳定知廣安軍范宗古奏，本軍乞降稍。檢會令文，京兆河南太原府、大都督府、都護門十四戟，若中都督、上都護門十二戟，下都督、諸州門各十戟，並官給。所有軍、監門不載，伏請不行。」神宗元豐之制，凡門列戟者，官司則開封、河南、應天、大名、大都督府皆十四，中都督皆十二，下都督皆十。品官恩賜者，正一品十六，二品以上十四。中興仍舊制。

旌節。唐天寶中置，節度使受命日賜之，得以專制軍事，行卽建節，府樹六纛。宋凡命節度使，有司給門旗二，龍、虎各一，旌一，節一，麾槍二，豹尾二。旗以紅繒九幅，上設耀篋、鐵鑽、髹杠、緋纛。旌用塗金銅螭頭，髹杠，綢以紅繒，畫白虎，頂設髹木盤，周用塗金飾。節亦用髹杠，飾以金塗銅葉，上設髹圓盤三層，以紅綠裝釘爲旄，並綢以紫綾複囊，又加碧油絹袋。麾槍設髹木盤，綢以紫繒複囊，又加碧油絹袋。豹尾，製以赤黃布，畫豹文，並髹杠。神宗熙寧五年，詔新建節幷移鎭，並降勑太常寺排比旌節，下左右金吾街仗司、騏驥院，給執擎人員、鞍馬。中興因之。建炎三年，表韓世忠之旗曰「忠勇」。紹興三年，表岳飛之旗曰「精忠」。孝宗詔以其藩邸旌節，迎置天章閣。淳熙中，光宗亦詔奉東宮旌節。其後，寧宗踐祚，有司言安奉皇帝藩邸旌節，宜有推飾。今用朱漆青地金字牌二：其一題曰「太上皇帝藩邸旌節」，其一曰「今上皇帝藩邸旌節」。蓋襲用元豐延安故事云。

校勘記

〔一〕盤兩壁紗牕　宋會要輿服一之三、太常因革禮卷二五都無「盤」字。

〔二〕大中祥符四年　「四年」原作「三年」，按太常因革禮卷二五、長編卷七六、玉海卷七九都作「四年」，據改。

〔三〕出入皆用　「入」原作「外」，當以作「入」爲是，據宋會要輿服六之二六、通考卷一一九王禮考改。

〔四〕張澂　原作「張澄」，按宋會要輿服六之二六，此次上言在建炎三年二月間，上言人爲張澂等。本書卷二一三宰輔表，當時的執政官有張澂，和宋會要合。張澄爲另一人，見上卷。據改。

〔五〕詔前宰相到闕許張蓋　承上文此詔當頒於建炎中，並似因張浚上言而發。按宋會要輿服六之二六，在張浚等上言之後有「從之」二字，此詔則繫於紹興六年十二月；繫年要錄卷一〇七繫此詔年月同。此處失書紹興紀年。

宋史卷一百五十一

志第一百四

輿服三

天子之服　皇太子附　后妃之服　命婦附

天子之服，一曰大裘冕，二曰袞冕，三曰通天冠、絳紗袍，四曰履袍，五曰衫袍，六曰窄袍，天子祀享、朝會、親耕及視事、燕居之服也；七曰御閱服，天子之戎服也，中興之後則有之。

大裘之制。神宗元豐四年，詳定郊廟奉祀禮文所言：「周禮司裘『掌爲大裘，以供王祀天之服』；司服『王祀昊天上帝，則服大裘而冕，祀五帝亦如之。享先王則袞冕』。而禮記云：『郊祭之日，王被衮以象天，戴冕璪十有二旒，則天數也。』王肅據家語，以爲臨燔柴，脫衮冕，著大裘。則是禮記被衮，與周禮大裘，郊祀並用二服，事不相戾，但服之有先後耳。是以開寶通禮：皇帝服衮冕出赴行宮，祀日，服衮冕至大次；質明，改服大裘而冕出次。蓋衮冕盛服而文之備者，故於郊之前期被之，以至大次。既臨燔柴，則脫衮冕服裘，以明天道至質，故被裘以體之。今儀注，車駕赴青城，服通天冠、絳紗袍。祀之日，乃服鞾袍至大次，服衮冕臨祭，非尙質之義。乞並依開寶通禮。」詔詳定所參議。

又言：「臣等詳大裘之制，本以尙質，而後世反以尙文，故冕之飾大爲不經。而禮書所載，上有垂旒加飾，又異『大裘不裼』之說。今參考諸說，大裘冕無旒，廣八寸，長一尺六寸，前圜後方，前低寸二分，玄表朱裏，以繒爲之。玉笄以朱組爲紘，玉瑱以玄紞垂之。爲裘以黑羔皮，領袖以黑繒，纁裳朱紱而無章飾。佩白玉，玄組綬。革帶，博二寸，玉鉤鰈，以佩紱屬之。素帶，朱裏，緋純其外，上朱下綠。白紗中單，皂領，青褾、襈、裾。朱韈，赤舃，黑絇、繶、純。乞下所屬製造。其當暑奉祠之服，乞降梁陸瑋議以黑繒爲裘，及唐輿服志以黑羔皮爲緣。」詔重詳定。

光祿寺丞、集賢校理陸佃言：「臣詳冕服有六。周官弁師云『掌王之五冕』，則大裘與衮同冕。故禮記云『郊之日，王被衮以象天』。又曰『服之襲也，充，美也』；『禮不盛，服不充，故大裘不裼』。此明王服大裘，以袞衣襲之也。先儒或謂周祀天地皆服大裘，而大裘之冕無旒，非是。蓋古者裘不徒服，其上必皆有衣，故曰『緇衣羔裘』，『黃衣狐裘』，『素衣麑裘』。如郊祀徒服大裘，則是表裘以見天地。表裘不入公門，而乃欲以見天地，可乎？且先王之服，冬裘夏葛，以適寒暑，未有能易之者也。郊祀天地，有裘無袞，則夏祀赤帝與至日祭地祇，亦將被裘乎？然則王者冬祀昊天上帝，中裘而表袞，明矣。至於夏祀天神地祇，則去裘服袞，以順時序。周官曰『凡四時之祭祀，以宜服之』，明夏不必衣裘也。或曰，祭天尚質，故徒服大裘，被袞則非尚質。臣以爲尚質者，明有所尚而已，不皆用質也。今欲冬至禋祀昊天上帝，服裘被袞，其餘祀天及祀地祇，並請服袞去裘，各以其宜服之。」

於是詳定所言：「裘不可徒服。禮記曰『大裘不裼』，則襲可知，所謂大裘之襲者，袞也，與袞同冕。伏請冬祀昊天與黑帝，皆服大裘，被以袞。其餘非冬祀天及夏至祭地，則皆服袞。」

六年，尚書禮部言：「經有大裘而無其制，近世所爲，惟梁、隋、唐爲可考。請緣隋制，以黑羔皮爲裘，黑繒爲領袖及裏、緣，袂廣可運肘，長可蔽膝。按皇侃說，祭服之下有袍繭，袍繭之下有中衣。朝服，裼衣之下有裘，裘之下有中衣。然則今之親郊〔一〕，中單當在大裘之下，其袂之廣狹，衣之長短，皆當如裘。伏乞改製。」於是神宗始服大裘，而加袞冕焉。

哲宗元祐元年，禮部言：「元豐所造大裘，雖用黑羔皮，乃作短袍樣，襲於袞衣之下，仍與袞服同冕，未合典禮。」下禮部、太常寺共議。上官均、吳安詩、常安民、劉唐老、龔原、姚勔請依元豐新禮，丁隲請循祖宗故事，王悆請倣唐制，朱光庭、周秩請以玄衣襲裘。獨禮部員外郎何洵直在元豐中嘗預詳定，以陸佃所議有可疑者八：

按周禮節服氏「掌祭祀朝覲，袞冕六人，惟王之太常」；「郊祀，裘冕二人」。既云袞冕，又云裘冕，是袞與裘各有冕。乃云裘與袞同冕，當以袞襲之。裘既無冕，又襲於袞，中裘而表袞，何以示裘袞之別哉？古人雖質，不應以裘爲夏服，蓋冬用大裘，當暑則以同色繒爲之。記曰：「郊祭之日，王被袞以象天。」若謂裘上被袞，以被爲襲，則家語亦有「被裘象天」之文。諸儒或言「臨燔柴，脫袞冕，著大裘」，或云「脫裘服袞」，蓋裘袞無同冕兼服之理。今乃以二服合爲一，可乎？

且大裘，天子吉服之最上，若大圭、大路之比，是裘之在表者。記曰：「大裘不裼。」說者曰，無別衣以裼之，蓋他服之裘褻，故表裘不入公門。事天以報本復始，故露質見素，不爲表襮，而冕亦無旒，何必假他衣以藩飾之乎？凡裘上有衣謂之裼，裼上有衣謂之襲，襲者，裘上重二衣也。大裘本不裼，鄭志乃云：「裘上有玄衣，與裘同色。」蓋趙商之徒，附會爲說，不與經合。襲之爲義，本出於重沓，非一衣也。

古者齋祭異冠，齋服降祭服一等。祀昊天上帝、五帝，以裘冕祭，則袞冕齋。故鄭氏云：「王齋服衮冕。」是衮冕者，祀天之齋服也。唐開元及開寶禮始以衮冕爲齋服，裘冕爲祭服，兼與張融「臨燔柴脫衮服裘」之義合。請從唐制，兼改製大裘，以黑繒爲之。

佃復破其說曰：

夫大裘而冕，謂之裘冕，非大裘而冕，謂之衮冕。則裘冕必服衮，衮冕不必服裘。今特言裘冕者，主冬至言之。周禮司裘：「掌爲大裘，以供王祀天之服。」則祀地不服大裘，以夏日至，不可服裘故也。今謂大裘當暑，以同色繒爲之，尤不經見。

兼裼襲，一衣而已，初無重沓之義。被裘而覆之則曰襲，袒而露裘之美則曰裼。所謂「大裘不裼」，則非衮而何？玉藻曰：「禮不盛，服不充，故大裘不裼。」則明不裼而襲也，充，美也。鄭氏謂大裘之上有玄衣，雖不知覆裘以衮，然尙知大裘不可徒服，必有玄衣以覆之。玉藻有尸襲之義。周禮裘冕注云：「裘冕者，從尸服也。」夫尸服大裘而襲，則王服大裘而襲可知。且裘不可以徒服，故被以衮，豈借衮以爲飾哉？

今謂祭天用衮冕爲齋服，裘冕爲祭服，此乃襲先儒之謬誤。後漢顯宗初服日、月、星辰十二章，以祀天地。自魏以來，皆用衮服。則漢、魏祭天，嘗服衮矣。雖無大裘，未能盡合於禮，固未嘗有表裘而祭者也。且裘，內服也，與袍同。袍褻矣，而欲襌以祭天，以明示質，是欲衩衣以見上帝也。洵直復欲爲大裘之裳，纁色而無章飾。夫裘安得有裳哉？請從先帝所志。

其後詔如洵直議，去黑羔皮而以黑繒製焉。政和議禮局上：大裘，青表纁裏，黑羔皮爲領、褾、襈，朱裳，被以袞服。冬至祀昊天上帝服之，立冬祀黑帝、立冬後祭神州地祇亦如之。中興之後，無有存者。紹興十三年，禮部侍郎王賞等言：「郊祀大禮，合依禮經，皇帝服大裘被袞行禮。據元豐詳定郊廟禮文，何洵直議以黑繒創作大裘如袞，惟領袖用黑羔。乞如洵直議。」詔有司如祖宗舊制，以羔製之。禮部又言：「關西羊羔，係天生黑色。今有司涅白羔爲之，不中禮制，不如權以繒代。又元祐中，有司欲爲大裘，度用百羔。哲宗以爲害物，遂用黑繒。請依太常所言。」從之。遂以袞襲裘，冕亦十二旒焉。

袞冕之制。宋初因五代之舊，天子之服有袞冕，廣一尺二寸，長二尺四寸，前後十二旒，二纊，並貫眞珠。又有翠旒十二，碧鳳銜之，在珠旒外。冕版以龍鱗錦表，上綴玉爲七星，旁施琥珀缾、犀缾各二十四，周綴金絲網，鈿以眞珠、雜寶玉，加紫雲白鶴錦裏。四柱飾以七寶，紅綾裏。金飾玉簪導，紅絲絛組帶。亦謂之平天冠。袞服青色，日、月、星、山、龍、雉、虎蜼七章。紅裙，藻、火、粉米、黼、黻五章。紅蔽膝，升龍二並織成，間以雲朵，飾以金鈒花鈿窠，裝以眞珠、琥珀、雜寶玉。紅羅襦裙，繡五章，青褾、襈、裾。六采綬一，小綬三，結玉環三。素大帶朱裏，青羅四神帶二，繡四神盤結。綬帶飾並同衮服。白羅中單，青羅抹帶，紅羅勒帛。鹿盧玉具劍，玉鏢首，鏤白玉雙佩，金飾貫眞珠。金龍鳳革帶，紅韈赤舄，金鈒花，四神玉鼻。祭天地宗廟、朝太清宮、饗玉清昭應宮景靈宮、受册尊號、元日受朝、册皇太子則服之。

太祖建隆元年，太常禮院言：「準少府監牒，請具衮龍衣、絳紗袍、通天冠制度令式。衮冕，垂白珠十有二旒，以組爲纓，色如其綬，黈纊充耳，玉簪導。玄衣纁裳，十二章：八章在衣，日、月、星辰、山、龍、華蟲、火、宗彝；四章在裳，藻、粉米、黼、黻。衣褾領如上，爲升龍，皆織就爲之。山、龍以下，每章一行，重以爲等，每行十二。白紗中單，黼領，青褾、襈、裾。蔽膝加龍、山、火三章。革帶，玉鉤䚢。大帶，素帶朱裏，紕其外，上朱下綠，紐約用組。鹿盧玉具劍，大珠鏢首，白玉雙佩，玄組。雙大綬六采，玄、黃、赤、白、縹、綠，純玄質，長二丈四尺五寸，首廣一尺。小雙綬長二尺六寸，色同大綬，而首半之，間施三玉環。朱韈赤舄，加金飾。」詔可。

二年，太子詹事尹拙、工部尚書竇儀議：「謹按周禮：『弁師掌王之五冕，朱裏延紐〔三〕，五采繅，十有二就，皆五采玉十有二，玉笄朱紘。諸侯之繅旒九就，瑉玉三采，其餘如王之事，繅斿皆就，玉瑱、玉笄。』疏云：『王不言玉瑱，於此言之者，王與諸侯互相見爲義。是以王言玄冕、朱裏延紐及朱紘，明諸侯亦有之。諸公言玉瑱，明王亦有之。』詳此經、疏之文，則是本有充耳。今請令君臣袞冕以下並畫充耳，以合正文。」從之。

乾德元年閏十二月，少府監楊格、少監王處訥等上新造皇帝冠冕。先是，郊祀冠冕，多飾以珠玉，帝以華而且重，故命改製之。

仁宗景祐二年，又以帝后及羣臣冠服，多沿唐舊而循用之，久則有司寖爲繁文，以失法度。詔入內內侍省、御藥院與太常禮院詳典故，造冠冕，蠲減珍華，務從簡約，俾圖以進。續詔通天冠、絳紗袍更不修製。由是改製袞冕。天版元闊一尺二寸，長二尺四寸，今製廣八寸，長一尺六寸。減翠旒並鳳子，前後二十四珠旒並合典制。天板頂上，元織成龍鱗錦爲表，紫雲白鶴錦爲裏，今製青羅爲表，采畫出龍鱗，紅羅爲裏，采畫出紫雲白鶴。所有犀鉼、琥珀鉼各二十四，今減不用。金絲結網子上，舊有金絲結龍八，今減四，亦減絲令細。天板四面花墜子〔三〕、素墜子依舊，減輕造。冠身并天柱，元織成龍鱗錦，今用青羅，采畫出龍鱗；金輪等七寶，元眞玉碾成，今更不用，如補空郤，以雲龍細窠。分旒玉鈎二，今減去之。天河帶、組帶、款幔帶依舊，減輕造。納言，元用玉製，今用青羅，采畫出龍鱗錦。金稜上稜道，依舊用金，卽減輕製。黈纊，玉簪。衮服八章，日、月、星辰、山、龍、華蟲、火、宗彝，靑羅身，紅羅襈，繡造。所有雲子，相度稀稠補空，更不用細窠，亦不使眞珠裝綴。中單，依舊皂白製造。裙用紅羅，繡出藻、粉米、黼、黻，周回花樣仍舊，減稀製之。蔽膝用紅羅，繡升龍二，雲子補空，減稀製之，周回依舊，細窠不用。六采綬依舊，減絲織造。所有玉環亦減輕。帶頭金葉減去，用銷金。四神帶不用。劍、佩、梁、帶、襪、舄並依舊。

嘉祐元年，王洙奏：「天子法服，冕旒形度重大，華飾稍繁，願集禮官參定。」詔禮院詳典禮上聞，而禮院繪圖以進。因敕御藥院更造，其後，冕服稍增侈如故。

英宗治平二年，知太常禮院李育奏曰：

郊廟之祭，本尙純質，衮冕之飾，皆存法象，非事繁侈、重奇玩也。冕則以周官爲本，凡十二旒，間以采玉，加以紘、綖、笄、瑱之飾。衮則以虞書爲始，凡十二章，首以辰象，別以衣裳繪繡之采。東漢至唐，史官名儒，記述前制，皆無珠翠、犀寶之飾，何則？鷸羽蜂胎，非法服所用；琥珀犀餅，非至尊所冠；龍錦七星，已列采章之內；紫雲白鶴，近出道家之語，豈被衮戴璪、象天則數之義哉！自大裘之廢，顓用衮冕，古朴稍去，而法度尙存。夫明水大羹，不可以衆味和；雲門咸池，不可以新聲間；衮冕之服，不宜以珍怪累也。若魏明之用珊瑚，江右〔四〕之用翡翠，侈靡衰播之餘，豈足爲聖朝道哉！

且太祖建隆元年，少府監所造冕服，及二年，博士聶崇義所進三禮圖，嘗詔尹拙、竇儀參校之，皆倣虞、周、漢、唐之舊。至四年冬服之，合祭天地於圜丘，用此制也。太宗亦嘗命少府製於禁中，不聞改作。及眞宗封泰山，禮官請服袞冕。帝曰：『前王服羔裘，尙質也。今則無羔裘而有袞冕，可從近制。』是豈有意於繁飾哉。蓋後之有司，率意妄增，未嘗確議，遂相循而用。故仁宗嘗詔禮官章得象等詳議之，其所減過半，然不經之飾，重者多去，輕者尙存，不能盡如詔書之意。故至和三年，王洙復議去繁飾，禮官畫圖以獻，漸還古禮，而有司所造，復如景祐之前。

又按開寶通禮及衣服令，冕服皆有定法，悉無寶錦之飾。夫太祖、太宗富有四海，豈乏寶玩，顧不可施之郊廟也。臣竊謂，陛下肇祀天地，躬饗祖禰，服周之冕，觀古之象，願復先王之制，祖宗之法。其袞冕之服，及韠、綬、佩、舄之類，與通禮、衣服令、三禮圖制度不同者，宜悉改正。

詔太常禮院、少府參定，遂合奏曰：

古者冕服之用，郊廟殊制。唐典〔五〕，天子之服有二等，而大裘尙存。顯慶初，長孫無忌等采郊特牲之說，獻議廢大裘。自是郊廟之祭，一用袞冕，然旒章之數，止以十二爲節，亦未聞有餘飾也。國朝冕服，雖倣古制，然增以珍異巧縟，前世所未嘗有。夫國之大事，莫大於祀，而祭服違經，非以肅祀容、尊神明也。臣等以謂宜如育言，參酌通禮、衣服令、三禮圖及景祐三年減定之制，一切改造之。

孔子曰：「麻冕，禮也，今也純儉，吾從衆。」純者，絲也，變麻用絲，蓋已久矣。則冕服之制，宜依舊以羅爲之。冕廣一尺二寸，長二尺二寸，約以景表尺，前圓後方，黝上朱下，以金飾版側〔六〕，以白玉珠爲旒，貫之以五采絲繩。前後各十二旒，旒各十二珠，相去一寸，長二尺。朱絲組爲纓，黈纊充耳，金飾玉簪導。青衣纁裳，十二章：八章繪之於衣，日、月、星辰、山、龍、華蟲、火、宗彝也；四章繡之於裳，藻、粉米、黼、黻也。錦龍褾、領，織爲升龍。山、龍而下，一章爲一行，重以爲等，行十二。別製大帶，素表朱裏，朱綠終辟。韠、紱、舄，大小綬，亦去珠玉、鈿窠、琥珀、玻瓈之飾。其中單、革帶、玉具劍、玉佩、朱韈之制，已中禮令，無復改爲，則法服有稽，祭禮增重。

復詔禮院再詳以聞。而內侍省奏謂：「景祐中已裁定，可因而用也。」從之。

神宗元豐元年，詳定郊廟禮文所言：

凡冕版廣八寸，長尺六寸，與古制相合，更不復議。今取少府監進樣，如以青羅爲表，紅羅爲裏，則非弁師所謂「玄冕朱裏」者也。上用金稜天板，四周金絲結網，兩旁用眞珠、花素墜之類，皆不應禮。伏請改用朱組爲紘，玉笄、玉瑱，以玄紞垂瑱，以五采玉貫於五色藻爲旒，以青、赤、黃、白、黑五色備爲一玉，每一玉長一寸，前後二十四旒，垂而齊肩，以合孔子所謂純儉之義。

又古者祭服、朝服之裳，皆前三幅，後四幅，前爲陽以象奇，後爲陰以象偶。惟深衣、中襌之屬連衣裳，而裳復不殊前後，然以六幅交解爲十二幅，象十二月。其制作莫不有法，故謂之法服。今少府監衮服，其裳乃以八幅爲之，不殊前後，有違古義。伏請改正祭服之裳，以七幅爲之，殊其前後。以今太常周尺度之，幅廣二尺二寸，每幅兩旁各縫殺一寸，謂之削幅，腰間辟積無數。裳側有純，謂之綼；裳下有純，謂之緆。綼、緆之廣各寸半，表裏合爲三寸。羣臣祭服之裳，做此。

從之。

政和議禮局更上皇帝冕服之制：冕版廣八寸，長一尺六寸，前高八寸五分，後高九寸五分。青表朱裏，前後各十有二旒，五采藻十有二就，就間相去一寸。青碧錦織成天河帶，長一丈二尺，廣二寸。朱絲組帶爲纓，黈纊充耳，金飾玉簪導，長一尺二寸。衮服，青衣八章，繪日、月、星辰、山、龍、華蟲、火、宗彝；纁裳四章，繡藻、粉米、黼、黻。蔽膝隨裳色，繡升龍二。白羅中單，皂褾、襈，紅羅勒帛，青羅袜帶。緋白羅大帶，革帶，白玉雙佩。大綬六采，赤、黃、黑、白、縹、綠，小綬三色，如大綬，間施玉環三。朱韈，赤舄，緣以黃羅。

中興仍舊制，延，以羅衣木，玄表朱裏，長尺有六寸，前低一寸二分，四旁緣以金，覆於卷武之上，纓以五色絲貫五色玉，前後各十二，凡用二百八十有八。玉笄，充耳用黃綿，紘以朱組，以其一屬於左笄上垂下，又屈而屬於右笄，繫之而垂其餘。衣玄，八章，升龍於山，繪。裳纁，四章，繡。幅前三後四，斷而不屬，兩旁殺縫，腰辟積，綼緆之廣皆如舊。大帶以緋白羅合而紩之，以朱綠飾其側，上朱下綠，其束處以組爲紐約，下垂三尺。通天冠、絳紗袍亦如之。白羅中單，領、褾、襈以黻，服袞則以皂。絳紗袍則衣用白紗，領、褾、襈以朱。綬大小各一，大綬織以六采，青、黃、黑、白、縹、綠，下垂青絲網，上有結，垂玉環三；小綬制如大綬，惟三色。大裘、絳紗袍皆用之。革帶，博二寸，革爲裏，緋羅爲表，飾以玉銙，鈕以玉鈎觿。通天冠、絳紗袍亦用之。韍從裳色，上有紕，下有純，去上五寸，繪以山、龍、火，上接革帶繫之。佩有衡，有琚瑀，有衝牙，繫於革帶，左右各一。上設衡，衡下垂三帶，貫以蠙珠。次則中有金獸面，兩旁夾以雙璜，又次設琚瑀。下則衝牙居中央，兩旁有玉滴子，行則擊牙而有聲。舄有絇，有純，有繶，有綦，以緋羅爲之，首加金飾。服通天冠、絳紗袍則用黑舄，以烏皮爲之。常服則用白舄，以絲爲之。韈，羅表繒裏，施勒著綦以繫之，赤舄以朱，黑舄以白，白舄同。

通天冠。二十四梁，加金博山，附蟬十二，高廣各一尺。青表朱裏，首施珠翠，黑介幘，組纓翠緌，玉犀簪導。絳紗袍，以織成雲龍紅金條紗爲之，紅裏，皁褾、襈、裾，絳紗裙，蔽膝如袍飾，並皁褾、襈。白紗中單，朱領、褾、襈、裾。白羅方心曲領。白襪，黑舄，佩綬如袞。大祭祀致齋、正旦冬至五月朔大朝會、大册命、親耕籍田皆服之。仁宗天聖二年，南郊，禮儀使李維言：「通天冠上一字，準敕迴避。」詔改承天冠。中興之制，冠高九寸，服用並同。

乾道九年，又用履袍。袍以絳羅爲之，折上巾，通犀金玉帶。繫履，則曰履袍；服鞾，則曰鞾袍。履、鞾皆用黑革。四孟朝獻景靈宮、郊祀、明堂，詣宮、宿廟、進胙，上壽兩宮及端門肆赦，並服之。大禮畢還宮，乘平輦，服亦如之。若乘大輦，則服通天、絳紗如常儀。

衫袍。唐因隋制，天子常服赤黃、淺黃袍衫，折上巾，九還帶，六合鞾。宋因之，有赭黃、淡黃袍衫，玉裝紅束帶，皁文鞾，大宴則服之。又有赭黃、淡黃䙆袍，紅衫袍，常朝則服之。又有窄袍，便坐視事則服之。皆皁紗折上巾，通犀金玉環帶。窄袍或御烏紗帽。中興仍之。初，高宗踐祚於南都，隆祐太后命內臣上乘輿服御，有小冠。太后曰：「祖宗閒居之所服也，自神宗始易以巾。願卽位後，退朝上戴此冠〔七〕，庶幾如祖宗時氣象。」後殿早講，皇帝服帽子，紅袍，玉束帶，講讀官公服繫鞵。晚講，皇帝服頭巾，背子，講官易便服。此嘉定四年講筵之制也。

御閱服。以金裝甲，乘馬大閱則服之。

圭。宋初，凡大祭祀、大朝會，天子皆執圭。元豐二年，詳定儀注所言：「周禮：『王執鎮圭。』釋者曰：『祭天地宗廟及朝日、夕月，則執之。若朝覲，諸侯授玉於王，王受玉，撫玉而已。』考工記：『天子執冒四寸，以朝諸侯。』蓋天子以冒圭邪刻之處，冒諸侯之圭，以齊瑞信也。未有臨臣子而執鎮圭者。唐六典殿中監掌服御之事，凡大祭祀，則搢大圭，執鎮圭；若大朝會，止進爵。開寶通禮始著元會執圭，出自西房。淳化中，上壽進酒，又令內侍奉圭，於周制、唐禮皆不合。其元會受朝賀，請不執鎮圭上壽。」詔可。

三年，詔議大圭尺度，詳定所言：「考工記：『鎮圭尺有二寸，天子守之。』『大圭長三尺，杼上終葵首，天子服之』。後魏以降，以白玉爲之，長尺有二寸，西魏以來皆然。方而不折，雖非古制，蓋後世以所得之玉，隨宜爲之。今請揆玉之有無制之。」

又言：「唐禮，親祀天地神祇，皆搢大圭，執鎭圭。有事宗廟，則執鎭圭而已。王涇郊祀錄曰：『大圭，質也，事天地之禮質，故執而搢之。鎭圭，文也，宗廟之禮亦文，故無兼執之義。』不知大圭，天子之笏也，通用於郊廟〔六〕。請自今皇帝親祠郊廟，搢大圭，執鎭圭。奉祀之時，旣接神再拜，則奠鎭圭爲摯，大圭爲笏。」

又言：「開元及開寶通禮，皇帝升輅，不言執圭。祀日，質明，至中壝門外，殿中監進大圭，尚衣奉御，又以鎭圭授殿中監以進。於是始搢大圭，執鎭圭。今皇帝乘玉輅，執鎭圭，赴景靈宮及太廟、青城，皆乘輅執圭，殊不應禮。請自今乘輅不執圭，還內御大輦亦如之。」

詳定所又言大圭中必之制，請製薦玉繅藉，以木爲榦，廣袤如玉，以韋衣之。韋上畫五采文，前後垂之。又製約圭繅藉長尺，上玄下絳，爲地五采五就，因以爲飾。每奠圭，則以薦玉之繅陳于地，執圭，則以約圭之繅備失墜，因垂之爲飾。況大圭搢之紳帶之間，不可無中必，明矣。俟明堂服大圭，宜依鎭圭所約之組，令可繫之。

哲宗元祐元年，禮部言：「元豐新禮，皇帝祀天，搢大圭，其制圓首前詘，於禮未合。今欲放西魏、隋、唐玉笏之制，方而不折，上下皆博三寸，長尺二寸，其厚以鎭圭爲約。」從之。

政和二年，宦者譚稹獻玄圭。其制，兩旁刻十二山，若古山尊，上銳下方。上有雷雨之文，下無瑑飾，外黑內赤，中一小好，可容指，其長尺有二寸。詔付廷議。議官以爲周王執鎭圭，緣飾以四鎭之山，其中有好，爲受組之地，其長尺有二寸，周人倣古爲之，而王執以鎭四方也。徽宗乃以是歲冬御大慶殿受圭焉。

三年，又詔曰：「先王以類而求祀，圜丘以象形，蒼玉以象色，冬日以至取其時，大裘而冕法其幽，而未有以體其道，天玄而地黃，今大圭內赤外黑，于以體之。冬祀可搢大圭，執玄圭，永爲定制。」中興仍舊制，大祭祀則執大圭以爲笏，上太上皇、皇太后册寶亦如之。

皇太子之服。一曰袞冕，二曰遠游冠、朱明衣，三曰常服。袞冕：青羅表、緋羅紅綾裏、塗金銀鈒花飾，犀簪導，紅絲組，前後白珠九旒，二纊貫水晶珠。青羅衣，繡山、龍、雉、火、虎蜼五章；紅羅裳，繡藻、粉米、黼、黻四章。紅羅蔽膝，繡山、火二章。白紗中單，青褾、襈、裾。革帶，塗金銀鉤䚢，瑜玉雙佩。四采織成大綬，結二玉環，金塗銀鈒花飾。青羅袜帶，紅羅勒帛。玉具劍，金塗銀鈒花，玉鏢首。白羅韈，朱履，金塗銀釦。從祀則服之。遠游冠：十八梁，青羅表，金塗銀鈒花飾，犀簪導，紅絲組爲纓，博山，政和加附蟬。朱明服：紅花金條紗衣，紅紗裏，皂褾、襈。紅紗裳，紅紗蔽膝，並紅紗裏。白花羅中單，皂褾、襈，白羅方心曲領。羅韈，黑舄，革帶，劍，佩，綬。餘同衮服。袜帶，勒帛。執桓圭。受册、謁廟、朝會則服之。常服：皂紗折上巾，紫公服，通犀金玉帶。

太宗至道元年，太常禮院言：「南郊，皇太子充亞獻，合著祭祀服。準制度，衮冕以組爲纓，色如其綬，青纊充耳，玄衣纁裳，凡九章，每章一行，重以爲等，皆織爲之。白紗中單，黻領，青褾、襈、裾。革帶，金鉤䚢。大帶，素帶不朱裏，亦紕以朱綠，紐約用組。黻隨裳色，二章。朱組，雙大綬四采，赤白縹襈〔九〕，純朱質，長一丈八尺，三百二十首，廣九寸。小雙綬，長二尺六寸，色同大綬，而首半之，間施二玉環。朱韈赤舄，舄加金飾，餘同舊制。侍從祭祀及謁廟、加元服、納妃則服之。」詔依上製造。政和議禮局更上皇太子服制，衮冕惟青纊充耳，餘並同國初之制。加元服、從祀、納妃、釋奠文宣王服之。中興並同。

其皇子之服，紹興三十二年十月，禮官言：「皇子鄧、慶、恭三王，遇行事服朝服，則七梁額花冠，貂蟬籠巾，金塗銀立筆，眞玉佩，綬，金塗銀革帶，烏皮履。若服祭服，則金塗銀八旒冕，眞玉佩，綬，緋羅履韈。」詔文思院製造。

后妃之服。一曰褘衣，二曰朱衣，三曰禮衣，四曰鞠衣。妃之緣用翟爲章〔一〇〕，三等。

大帶隨衣色，朱裏，紕其外，上以朱錦，下以綠錦，紐約用青組，革帶以青衣之，白玉雙佩，黑組，雙大綬，小綬三，間施玉環三，青韈、舃，舃加金飾。受册、朝謁景靈宮服之。鞠衣，黃羅爲之，蔽膝、大帶、革舃隨衣色，餘同褘衣，唯無翟文，親蠶服之。妃首飾花九株，小花同，幷兩博鬢，冠飾以九翬、四鳳。褕翟，青羅繡爲搖翟之形，編次於衣，青質，五色九等。素紗中單，黼領，羅縠褾襈，蔽膝隨裳色，以緅爲領緣，以搖翟爲章，二等。大帶隨衣色，不朱裏，紕其外。餘倣皇后冠服之制，受册服之。

皇太子妃首飾花九株，小花同，幷兩博鬢。褕翟，青織爲搖翟之形，青質，五色九等。素紗中單，黼領，羅縠褾襈，皆以朱色。蔽膝隨裳色，以緅爲領緣，以搖翟爲章，二等。大帶隨衣色，不朱裏，紕其外，上以朱錦，下以綠錦，紐約用青組。革帶以青衣之，白玉雙佩，純朱雙大綬，章采尺寸與皇太子同。受册、朝會服之。鞠衣，黃羅爲之，蔽膝、大帶、革帶隨衣色，餘與褕翟同，唯無翟，從蠶服之。

中興，仍舊制。其龍鳳花釵冠，大小花二十四株，應乘輿冠梁之數，博鬢，冠飾同皇太后，皇后服之，紹興九年所定也。花釵冠，小大花十八株，應皇太子冠梁之數，施兩博鬢，去龍鳳，皇太子妃服之，乾道七年所定也。其服，后惟備褘衣、禮衣，妃備褕翟，凡三等。其常服，后妃大袖，生色領，長裙，霞帔，玉墜子；背子、生色領皆用絳羅，蓋與臣下不異。

命婦服。政和議禮局上：花釵冠，皆施兩博鬢，寶鈿飾。翟衣，青羅繡爲翟，編次於衣及裳。第一品，花釵九株，寶鈿準花數，翟九等；第二品，花釵八株，翟八等；第三品，花釵七株，翟七等；第四品，花釵六株，翟六等；第五品，花釵五株，翟五等。並素紗中單，黼領，朱褾、襈，通用羅縠，蔽膝隨裳色，以緅爲領緣，加文繡重雉，爲章二等。二品以下準此。大帶，革帶，青韈、舄，佩，綬。受册、從蠶服之。七年，臣僚言：「今文臣九品，殊以三品之服，至於命婦，已釐八等之號，而服制未有名稱。詔有司視其夫之品秩，而定其服飾。」詔送禮制局定之。其儀闕焉。

校勘記

〔一〕親郊 原作「視郊」，據長編卷三三五改。

〔二〕朱裏延紐 按周禮夏官司馬第四，此上有「皆玄冕」三字，疑脫。

〔三〕花墜子 原作「花墮子」，據太常因革禮卷二四、通考卷一一三王禮考改。

〔四〕江右 長編卷二〇六、玉海卷八二、通考卷一一三王禮考都作「江左」。

〔五〕唐典 長編卷二〇六載李育奏疏作「唐輿」，和下文顯慶初獻議廢大裘的文義相協，「典」字當是

「輿」字形近之訛。

〔六〕以金飾版側　「側」原作「則」，據聶崇義三禮圖卷二〇冕服、長編卷二〇六、通考卷一一三王禮考改。

〔七〕退朝上戴此冠　按通考卷一一三王禮考作「退朝閒燕止戴此冠」，疑「上」當作「止」。

〔八〕通用於郊廟　「用」字原脫，據通考卷一一五王禮考、玉海卷八七補。

〔九〕赤白褾襈　按此與上文「雙大綬四采」不協，太常因革禮卷二五、宋會要輿服四之一都作「赤白縹紺」，疑是。

〔一〇〕妃之緣用翟爲章　按本段係敍后妃之服，大體與五禮新儀卷一二皇后冠服條同。該條首敍「首飾花一十二株，小花如大花之數，並兩博鬢。冠飾以九龍四鳳。褘之衣，深青織成，翟文赤質，五色十二等。青紗中單，黼領，羅縠褾襈，蔽膝隨裳色，以緅爲領緣」，下接「用翟爲章」句，句上無「妃之緣」三字；其下文則與此處下文基本相同。疑此處有脫誤。

宋史卷一百五十二

志第一百五

輿服四

諸臣服上

諸臣祭服。唐制，有衮冕九旒，鷩冕八旒，毳冕七旒，絺冕六旒，玄冕五旒。宋初，省八旒、六旒冕。九旒冕：塗金銀花額，犀、玳瑁簪導，青羅衣綉山、龍、雉、火、虎蜼五章，緋羅裳繡藻、粉米、黼、黻四章，緋蔽膝繡山、火二章，白花羅中單，玉裝劍、佩，革帶，暈錦綬，二玉環，緋白羅大帶，緋羅韈、履，親王、中書門下奉祀則服之。其冕無額花者，玄衣纁裳，悉畫，小白綾中單，師子錦綬，二銀環，餘同上，三公奉祀則服之。七旒冕：犀角簪導，衣畫虎蜼、藻、粉米三章〔一〕，裳畫黼、黻二章，銀裝佩、劍，革帶，餘同九旒冕，九卿奉祀則服之。

五旒冕；青羅衣裳，無章，銅裝佩、劍，革帶，餘同七旒冕，四品、五品爲獻官則服之；六品以下無劍、佩、綬；紫檀衣，朱裳，羅爲之，皁大綾綬，銅裝劍、佩，御史、博士服之。平冕無旒，青衣纁裳，無劍、佩、綬，餘同五旒冕，太祝、奉禮服之。

慶曆三年，太常博士余靖言：「周禮司服之職，掌王之吉服，大裘而冕無旒，以祀昊天上帝，祀五帝亦如之。衮冕十有二旒，其服十有二章，以享先王。鷩冕八旒，其服七章，以享先公，亦以饗射。毳冕七旒，其服五章，以祀四望、山川。絺冕六旒，其服三章，以祭社稷、五祀。玄冕五旒，其服無章，以祭小祀。此皆天子親行祠事所服，冕服悉因所祀大小神鬼以爲制度。今大祠、中祠所遣獻官並用上公九旒、九章冕服，以爲初獻，其餘公卿亦皆七旒冕服，全無等降；小祠則公服行事，乖戾舊典。宜詳周禮，因所祭鬼神，以爲獻官冕服之制。」詔下禮官議，奏曰：「聖朝之制，唯皇帝親祠郊廟及朝會大禮服衮冕外，餘冕皆不設。其每歲常祀，遣官行事，攝公則服一品九旒冕，攝卿則服三品七旒冕，自從品制爲服，不以祠之大小爲差。至于小祠獻官，舊以公服行事，則有違典禮。案衣服令，五旒冕，衣裳無章，皁綾綬，銅裝劍、佩，四品以下爲獻官則服之。今小祠獻官，既不攝公、卿，則盡屬四品以下，當有祭服。請除公、卿祭服仍舊從本品外，小祠所遣獻官，並依令文祭服行事。若非時告祭，用香幣禮器行事之處，亦皆準此。」詔施行焉。

皇祐四年，同知太常禮院邵必言：「伏見監祭使、監禮各冠五旒冕，衣裳無章，色以紫檀。案周禮六冕之制，凡有旒者，衣裳皆有章，惟大裘冕無旒，衣裳無章。一命大夫之冕無旒，衣裳亦無章。今監祭、監禮所服冕五旒，侯伯之冕也，而衣無章，深所不稱；色以紫檀，又無經據。竊詳監祭、監禮既非祠官，則御史、博士尔，而服用五等，蓋非所宜，而且有旒無章。況國家南郊大禮，太常卿止服朝服，前導皇帝，明非祠官也。今後監祭者請冠獬豸，監禮者冠進賢爲稱。」詔不允。

元豐元年，詳定禮文所言：「國家服章，視唐尤爲不備。於令文，祀儀有九旒冕、七旒冕、五旒冕，今既無冕名，而有司仍不制七旒冕，乃有四旒冕，其非禮尤甚。又服之者不以官秩上下，故分獻四品官皆服四旒冕，博士、御史則冕五旒而衣紫檀，太祝、奉禮則服平冕而無佩玉，此因循不講之失也〔三〕。且古者朝、祭異服，所以別事神與事君之禮。今皇帝冬至及正旦御殿，服通天冠、絳紗袍，則百官皆服朝服，乃禮之稱。至親祠郊、廟，皇帝嚴裘冕以事神，而侍祠之官止以朝服，豈禮之稱哉。至於景靈宮分獻官，皆服朝服，尤爲失禮。伏請親祠郊、廟、景靈宮，除導駕、贊引、扶侍、宿衞之官，其侍祠及分獻者，並服祭服。如所考制度，修製五冕及爵弁服，各正冕弁之名。又國朝祀儀，祭社稷、朝日、夕月、風師、雨師皆服衮冕，其蜡祭、先蠶、五龍亦如之；祭司命、戶、竈、門、厲、行皆服鷩冕，壽星、靈星、司中、司寒、中霤、馬祭皆服毳冕，皆非是。今天子六服，自鷩冕而下，既不親祠，廢而不用，則諸臣攝事，自當從王所祭之服。伏請依周禮，凡祀四望、山川則以毳冕，祭社稷、五祀則以絺冕，朝夕日月、風師、雨師、司命、司中則以玄冕。若七祀、蜡祭百神、先蠶、五龍、靈星、壽星、司寒、馬祭，蓋皆羣小祀之比，當服玄冕。」從之。

哲宗元祐元年，太常寺言：「舊制，大禮行事、執事官並服祭服，餘服朝服。至元豐七年，呂升卿始有行事及陪祠官並服祭服之議。今欲令行事、執事官並服祭服，其贊引、行事、禮儀使、太常卿、太常博士、閤門使、樞密院官進接圭，殿中監止供奉皇帝，其陪位官止導駕、押宿及主管事務，并他處行事官仍服朝服。」從之。

徽宗大觀元年，議禮局言：「太社、太學獻官祝禮，皆以法服奉祠，至郡邑則用常服，乞降祭服。」詔頒制度於州郡，然未明使製造。後政和間，始詔：州縣冠服，形制詭異，令禮制局造樣頒下轉運司，轉運司製以給州縣焉。

二年，議禮局檢討官俞㮚言：「玄以象道，纁以象事，故凡冕皆玄衣纁裳，今太常寺祭服，則衣色青矣。前三幅以象陽，後四幅以象陰，故裳制不相連屬，今之裳則爲六幅而不殊矣。冕玄表而朱裏，今乃青羅爲覆，以金銀飾之。佩用綬以貫玉，今既有玉佩矣，又有錦綬以銀、銅二環，飾之以玉。宗彝，宗廟之彝也，乃爲虎蜼之狀，而不作虎彝、蜼彝。粉米，散利以養人也，乃分爲二章，而以五色圓花爲藉。其餘不合古者甚多。乞下禮局，博考古制，畫太常寺及古者祭服樣二本以進。至於損益裁成，斷自聖學。」詔令議禮局詳議。

四年，議禮局官宇文粹中議改衣服制度曰：「凡冕皆玄衣纁裳，衣則繪而章數皆奇，裳則繡而章數皆偶，陰陽之義也。今衣用深青，非是。欲乞視冕之等，衣色用玄，裳色用纁，以應典禮。古者蔽前而已，芾存此象，以韋爲之。今蔽膝自一品以下，並以緋羅爲表緣，緋絹爲裏，無復上下廣狹及會、紕、純、紃之制，又有山、火、龍章。案明堂位：『有虞氏服韍，夏后氏山，商火，周龍章。』韍者乃黻冕之黻，非赤芾之芾也。且芾在下體，與裳同用，而山、龍、火者，衣之章也。周旣繢於上衣，不應又繢於芾。請改芾制，去山、龍、火章，以破諸儒之惑。又祭服有革帶，今不用皮革，而通裹以緋羅，又以銅爲飾。其綬或錦或皁，環或銀或銅，尤無經據，宜依古制除去。至佩玉、中單、赤舄之制，則全取元豐中詳定官所議行之。」

粹中又上所編祭服制度曰：

古者，冕以木版爲中，廣八寸，長尺六寸，後方前圓，後仰前低，染三十升之布，玄表朱裏。後方者不變之體，前圓者無方之用；仰而玄者，升而辨於物，俛而朱者，降而與萬物相見。後世以繒易布，故純儉。今羣臣冕版長一尺二寸，闊六寸二分，非古廣尺之制〔三〕；以青羅爲覆，以金塗銀棱爲飾，非古玄表朱裏之制，乞下有司改正。古者，冕之名雖有五，而繅就、旒玉則視其命數以爲等差。合絲絲爲繩，用以貫玉，謂之「繅」。以一玉爲一成，結之使不相并，謂之「就」。就間相去一寸，則九玉者九寸，七玉者七寸，各以旒數長短爲差。今羣臣之冕，用藥玉、青珠、五色茸線，非藻玉三采、二采之義；每旒之長各八寸，非旒數長短爲差之義；又獻官冕服，雜以諸侯之制，而一品服衮冕，臣竊以爲非宜。

元豐中，禮官建言，請資政殿大學士以上侍祠服鷩冕，觀察使以上服毳冕，監察御史以上服絺冕，朝官以上服玄冕，選人以上爵弁。詔許之，而不用爵弁。供奉官以下至選人，盡服玄冕無旒。臣竊謂依此參定，乃合禮制。古者，三公一命衮，則三公在朝，其服當鷩冕。蓋出封則遠君而伸，在朝則近君而屈。今之攝事及侍祠皆在朝之臣也，在朝之臣乃與古之出封者同命數，非先王之意。乞下有司制鷩冕八旒、毳冕六旒、絺冕四旒、玄冕三旒，其次二旒，又其次無旒。依元豐詔旨，參酌等降，爲侍祠及攝祭之服，長短之度、采色之別，皆乞依古制施行。

又案周禮，諸侯爵有五等，而服則三，所謂「公之服自衮冕而下，侯、伯自鷩冕而下，子、男自毳冕而下」是也。古者，諸侯有君之道，故其服以五、七、九爲節。今之郡守，雖曰猶古之侯、伯，其實皆王臣也。欲乞只用羣臣之服，自鷩冕而下，分爲三等：三都、四輔爲一等，初獻鷩冕八旒；經略、安撫、鈐轄爲一等，初獻毳冕六旒，亞獻並玄冕二旒，終獻無旒；節鎮、防、團、軍事爲一等，初獻絺冕四旒，亞、終獻並玄冕無旒。其衣服之制，則各從其冕之等。

又曰：「今之紘組，仍綴兩縉帶而結於頤，冕旁仍垂青纊而不以瑱，以犀爲簪而不以玉笄、象笄，並非古制，乞下有司改正。」從之。

政和議禮局言：「大觀中，所上羣臣祭服制度，已依所奏修定，乞付有司依圖畫製造。」既又上羣臣祭服之制：正一品，九旒冕，金塗銀稜，有額花，犀簪，青衣畫降龍，朱裳，蔽膝，白羅中單，大帶，革帶，玉佩，錦綬，青絲網玉環，朱韈、履。革帶以金塗銀，玉佩以金塗銀裝，綬以天下樂暈。親祠大禮使、亞獻、終獻、太宰、少宰、左丞，每歲大祠宰臣、親王、執政官、郡王充初獻服之。奏告官並依本品服，已下准此。從一品，九旒冕，無額花，白綾中單，紅錦綬，銀環，金塗銀佩，餘如正一品服。親祠吏部、戶部、禮部、兵部、工部尙書，太廟進受幣爵、奉幣爵宗室，每歲大祠捧俎官、大祠中祠初獻官服之。二品，七旒冕，角簪，青衣無降龍，餘如從一品服。親祠吏部侍郎〔四〕、殿中監、大司樂、光祿卿、讀册官，太廟薦俎、贊進飲福宗室，七祀、配享功臣分獻官，每歲大祀，謂用宮架者〔五〕，大司樂、大祠中祠亞終獻、大祠禮官、小祠獻官，朔祭太常卿服之。三品，五旒冕，皁綾綬，銅環，金塗銅革帶，佩，餘如二品服。親祠舉册官、大樂令、光祿丞、奉俎饌籩豆簠簋官、分獻官分獻壇壝從祀〔六〕，太廟奉瓚盤、薦香燈、安奉神主、奉毛血槃、蕭蒿篚、肝膋豆宗室，每歲祭祠大樂令、大中祠分獻官服之。無旒冕，素青衣，朱裳，蔽膝，無佩綬，餘如三品服。奉禮協律郎、郊社令、太祝太官令、親祠擡鼎官、進摶黍官、太廟供亞終獻金斝、供七祀獻官、執爵官服之。五旒冕，紫檀絁衣，餘如三品服，監察御史服之。

州郡祭服：三都初獻，八旒冕；經略、安撫、鈐轄初獻，六旒冕；亞獻並二旒冕，終獻無旒；節鎮、防、團、軍事初獻四旒冕，亞、終獻並無旒冕。

中興之後，省九旒、七旒、五旒冕，定爲四等：一曰鷩冕，八旒；二曰毳冕，六旒；三曰絺冕，四旒；四曰玄冕，無旒。其義以公、卿、大夫、士皆北面爲臣，又近尊者而屈，故其節以八、以六、以四，從陰數也。先是，紹興四年五月，國子監丞王普奏言：

臣嘗攷諸經傳，具得冕服之制。蓋王之三公八命，鷩冕八旒，衣裳七章，其章各八。孤卿六命，毳冕六旒，衣裳五章，其章各六。大夫四命，絺冕四旒，衣裳三章，其章各四。上士三命，玄冕三旒；中士再命，玄冕二旒；下士一命，玄冕無旒；衣皆無章。裳、韍視其命數，自三而下。其纓至笄、衡、紘、紞、瑱、纊、帶、佩、芾、舄、中衣，皆有等差。

近世冕服制度，沿襲失眞，多不如古。夫後方而前圓，後昂而前俛，玄表而朱裏，此冕之制也；今則方圓俛仰，幾於無辨，且以青爲表，而飾以金銀矣。其衣皆玄，其裳皆纁，裳前三而後四幅，此衣裳之制也；今則衣色以青，裳色以緋，且以六幅而不殊矣。山以章也，今則以隤。火以圜也，今則以銳。宗彝，宗廟虎蜼之彝也，乃畫虎蜼之狀，而不爲虎蜼彝。粉米，米而粉之者也，乃分爲二章，而以五色圓花爲藉。佩有衡、璜、琚、瑀、衝牙而已，乃加以雙滴，而重設二衡。綬以貫佩玉而已，乃別爲錦綬，而間以雙環。以至帶無紐約，芾無肩頸，舄無絇繶，中衣無連裳。

臣伏讀國朝會要郊廟奉祀禮文，祖宗以來，屢嘗講究，第以舊服無有存者。欲乞因玆改作，是正訛繆，一從周制，以合先聖之言。

尋禮部契勘，奏言：

衣服之制，或因時王而爲之損益，事雖變古，要皆一時制作，不無因革。或考之先王而有繆戾者，雖行之已久，不應承誤襲非，憚於改正。案周官，自上公服衮，王之三公服鷩，以至士服玄冕，凡五等。唐制自一品服衮冕九旒，至五品服玄冕無旒，亦五等。國家承唐之舊，初有五旒之名，其後去三公衮冕及絺冕，但存七旒鷩冕、五旒毳冕與無旒玄冕，凡三等而已。衮服非三公所服，去之可也，乃併絺冕去之，自尙書服毳冕，以至光祿丞亦服焉，貴賤幾無差等。此皆一時制作，不無因革。

今合增鷩冕爲八旒，增毳冕爲六旒，復置絺冕爲四旒，幷及無旒玄冕，共四等，庶幾稍合周制。若冕之方圓低昂至於無辨，則制造之差也。以青爲表，非不用玄也，爲玄而不至者也。以緋爲裳，非不用纁也，爲纁而太過者也。山止而靜者也，今象其隮，是得山之勢而不知其性。火圜而神者也，今象其銳，是得火之形而不得其神也。至於宗彝、粉米、佩綬、帶紐、芾屨之屬，皆宜改正施行。

是時，諸臣奏請討論雖詳，然終以承襲之久，未能盡革也。

鷩冕：八旒，每旒八玉，三采，朱、白、蒼，角笄，青纊，以三色紞垂之，紘以紫羅，屬於武。衣以青黑羅，三章，華蟲、火、虎蜼彝；裳以纁表羅裏，繒七幅，繡四章，藻、粉、黼、黻。大帶，中單，佩以珉，貫以藥珠，綬以紷錦、銀環。韍上紕下純，繪二章，山、火。革帶，緋羅表，金塗銀裝。襪、舄並如舊制。宰相、亞終獻、大禮使服之；前期，景靈宮、太廟亞終獻，明堂滌濯、進玉爵酒官亦如之。

毳冕：六玉，三采，衣三章，繪虎蜼彝、藻、粉米；裳二章，黼黻、黻。佩藥珠、衡、璜等，以金塗銅帶，韍繪以山。革帶以金塗銅。餘如鷩冕。六部侍郎以上服之；前期，景靈宮、太廟進爵酒幣官、奉幣官、受爵酒幣官、薦俎官，明堂受玉爵、受玉幣、奉徹籩豆、進飲福酒、徹俎祝嘏、贊引、亞終獻，禮儀使、亞終獻爵并盥洗官四員，並如之；前二日奏告初獻，社壇九宮壇分祭初獻、亞獻亦如之。

絺冕：四玉，二采，朱、綠。衣一章，繪粉米；裳二章，黼黻、黻。綬以皁綾，銅環。餘如毳冕。光祿卿、監察御史、讀册官、舉册官、分獻官以上服之；前期，景靈宮、太廟奏奉神主官、明堂太府卿、光祿卿、沃水舉册官、讀册官、押樂太常卿、東朵殿三員、西朵殿二員、東廊二十八員、西廊二十五員、南廊二十七員、軷門祭獻官，前二日奏告亞獻終獻官、監察御史，並如之；社壇九宮壇分祭終獻官、監察御史、兵工部、光祿卿丞亦如之。

玄冕：無旒，無佩綬，衣純黑，無章，裳刺黼而已，韍無刺繡，餘如絺冕。光祿丞、奉禮郎、協律郎、進搏黍官、太社令、良醞令、太官令、奉俎饌等官、供祠執事官內侍以下服之；明堂光祿丞、奉禮郎、良醞令、太祝搏黍官、宮架協律郎、登歌協律郎、奉御官、內侍供祠執事官、武臣奉俎官，軷門祭奉禮郎、太祝令、太官令，社壇九宮壇分祭太社、太祝、太官令、奉禮郎，並如之。

紫檀冕：四旒，服紫檀衣，博士、御史服之。

外州軍祭服：鷩冕，八旒，三都初獻服之；毳冕，六旒，經略、安撫、鈐轄初獻服之；絺冕，四旒，經略、安撫、鈐轄亞獻服之，節鎮、防、團、軍事初獻亦如之；玄冕，無旒，節鎮、防、團、軍事亞終獻服之。

朝服：一曰進賢冠，二曰貂蟬冠，三曰獬豸冠，皆朱衣朱裳。宋初之制，進賢五梁冠：塗金銀花額，犀、玳瑁簪導，立筆。緋羅袍，白花羅中單，緋羅裙，緋羅蔽膝，並皁縹襈，白羅大帶，白羅方心曲領，玉劍、佩，銀革帶，暈錦綬，二玉環，白綾襪，皁皮履。一品、二品侍祠朝會則服之，中書門下則冠加籠巾貂蟬。三梁冠：犀角簪導，無中單，銀劍、佩，師子錦綬，銀環，餘同五梁冠。諸司三品、御史臺四品、兩省五品侍祠朝會則服之。御史大夫、中丞則冠有獬豸角，衣有中單。兩梁冠：犀角簪導，銅劍、佩，練鵲錦綬，銅環，餘同三梁冠。四品、五品侍祠朝會則服之。六品以下無中單，無劍、佩、綬。御史則冠有獬豸角，衣有中單。袴褶紫、緋、綠，各從本服色，白綾中單，白綾袴，白羅方心曲領，本品官導駕，則騎而服之。

袴褶之制，建隆四年，范質與禮官議：「袴褶制度，先儒無說，惟開元雜禮有五品以上用細綾及羅，六品以下用小綾之制。注：褶衣，複衣也。又案令文，武弁，金飾平巾幘，簪導，紫褶白袴，玉梁珠寶鈿帶，韡，騎馬服之。金飾，卽附蟬也。詳此，卽是二品、三品所配弁之制也。附蟬之數，蓋一品九，二品八，三品七，四品六，五品五。又侍中、中書令、散騎加貂蟬，侍左者左珥，侍右者右珥。又開元禮導駕官並朱衣，冠履依本品。朱衣，今朝服也。故令文三品以上紫褶，五品以上緋褶，七品以上綠褶，九品以上碧褶，並白大口袴，起梁帶，烏皮韡。今請造袴褶如令文之制，其起梁帶形制，檢尋未是，望以革帶代之。」奏可。是歲，造成而未用。乾德六年，郊禋始服，而冠未造，乃取朝服進賢冠、帶、韈、履參用焉。

康定二年，少府監言：「每大禮，法物庫定百官品位給朝服〔七〕。今兩班內，有官卑品高、官高品卑者，難以裁定，願敕禮院詳其等第。」詔下禮院參酌舊制以聞。奏曰：

準衣服令，五梁冠，一品、二品侍祠大朝會則服之，中書門下則加籠巾貂蟬。準官品令，一品：尚書令，太師，太傅，太保，太尉，司徒，司空，太子太師、太傅、太保；二品：中書令，侍中，左右僕射，太子少師、少傅、少保，諸州府牧，左右金吾衞上將軍。又準閤門儀制，以中書令、侍中、同中書門下平章事爲宰臣，親王、樞密使、留守、節度使、京尹兼中書令、侍中、同中書門下平章事爲使相，樞密使、知樞密院事、參知政事、樞密副使、同知樞密院事、宣徽南北院使、僉書樞密院事並在東宮三司之上。以上品位職事，宜準前法給朝服。宰臣、使相則加籠巾貂蟬，其散官勳爵不繫品位，止從正官爲之服。

三梁冠，諸司三品、御史臺四品、兩省五品侍祠大朝會則服之。御史中丞則冠獬豸。準官品令，諸司三品，諸衞上將軍，六軍統軍，諸衞大將軍，神武、龍武大將軍，太常、宗正卿，祕書監，光祿、衞尉、太僕、大理、鴻臚、司農、太府卿，國子祭酒，殿中、少府、將作、司天監，諸衞將軍，神武、龍武將軍，下都督，三京府尹，五大都督府長史，親王傅；御史臺三品、四品，御史大夫、中丞；兩省三品、四品、五品，左右散騎常侍，門下、中書侍郎，諫議大夫，給事中，中書舍人；尚書省三品、四品，六尚書，左右丞，諸行侍郎；東宮三品、四品，賓客，詹事，左右庶子，少詹事，左右諭德。節度使，文明殿學士，資政殿大學士，三司使，翰林學士承旨，翰林學士，資政殿學士，端明殿學士，翰林侍讀、侍講學士，龍圖閣學士，樞密直學士，龍圖、天章閣直學士，次中書侍郎；節度觀察留後，次六尚書、侍郎；知制誥，龍圖、天章閣待制，觀察使，次中書舍人；內客省使，次太府卿；客省使，次將作監；引進使，防禦、團練、三司副使，次左右庶子。以上品位職事，宜準前法給朝服。

兩梁冠，四品、五品侍祠大朝會則服之，六品則去劍、佩、綬，御史則冠獬豸。準官品令，諸司四品，太常、宗正少卿，祕書少監，光祿等七寺少卿，國子司業，殿中、少府、將作、司天少監，三京府少尹，太子率更令、家令、僕、諸衞率府率、副率，諸軍衞中郎將，諸王府長史、司馬，大都督府左右司馬，內侍；尙書省五品，左右司諸行郎中；諸司五品，國子博士，經筵博士，太子中允、左右贊善大夫，都水使者，開封祥符、河南洛陽、宋城縣令，太子中舍、洗馬，內常侍，太常、宗正、祕書、殿中丞，著作郎，殿中省五尙奉御，大理正，諸王友，諸軍衞郎將，諸王府諮議參軍，司天五官正，太史令，內給事；諸升朝官六品以下起居郎，起居舍人，侍御史，尙書省諸行員外郎，殿中侍御史，左右司諫，左右正言，監察御史，太常博士，通事舍人。四方館使，次七寺少卿；諸州刺史，次太子僕；謂正任不帶使職者。東西上閤門使，次司天少監；客省、引進、閤門副使，次諸行員外郎。已上品位職事，據令文，但言四品、五品，亦不分班敍上下。今請自尙書省五品以上及諸州刺史已上，準前法給朝服。其諸司五品已上，實有官高品卑及品高官卑者，宜自諸司五品、國子博士至內給事，並依六品以下例去劍、佩、綬，御史則冠獬豸，衣有中單。其諸司使、副使以下至閤門祗候，如有攝事合請朝服者，並同六品。

詔從所請。

元豐二年，詳定朝會儀注所言：

古者制禮上物，不過十二，天之數也。自上而下，降殺以兩。畿外諸侯，遠於尊者而伸，則以九、以七、以五，從陽奇之數；王朝公卿大夫，近於尊者而屈，則以八、以六、以四，從陰偶之數。本朝衣服令，通天冠二十四梁，爲乘輿服，以應冕旒前後之數。若人臣之冠，則自五梁而下，與漢、唐少異矣。至於綬，則乘輿及皇太子以織成，諸臣用錦爲之。一品、二品冠五梁，中書門下加籠巾貂蟬。諸司三品三梁，四品、五品二梁，御史臺四品、兩省五品亦三梁，而綬有暈錦、黃獅子、方勝、練鵲四等之殊。六品則去劍、佩、綬。

隋、唐冠服皆以品爲定，蓋其時官與品輕重相準故也。今之令式，尙或用品，雖因襲舊文，然以官言之，頗爲舛謬。槪舉一二，則太子中允、贊善大夫與御史中丞同品，太常博士品卑於諸寺丞，太子中舍品高於起居郎，內常侍纔比內殿崇班，而在尙書諸司郎中之上，是品不可用也。若以差遣，則有官卑而任要劇者，有官品高而處之冗散者，有一官而兼領數局者，有徒以官奉朝請者，有分局涖職特出於一時隨事立名者，是差遣又不可用也。以此言之，用品及差遣定冠綬之制，則未爲允當。伏請以官爲定，庶名實相副，輕重有準，仍乞分官爲七等，冠綬亦如之。

貂蟬籠巾七梁冠，天下樂暈錦綬，爲第一等。蟬，舊以玳瑁爲蝴蝶狀，今請改爲黃金附蟬，宰相、親王、使相、三師、三公服之。七梁冠，雜花暈錦綬，爲第二等，樞密使、知樞密院至太子太保服之。六梁冠，方勝宜男錦綬，爲第三等，左右僕射至龍圖、天章、寶文閣直學士服之。五梁冠，翠毛錦綬，爲第四等，左右散騎常侍至殿中、少府、將作監服之。四梁冠，簇四鵰錦綬，爲第五等，客省使至諸行郎中服之。三梁冠，黃獅子錦綬，爲第六等，皇城以下諸司使至諸衞率府率服之。內臣自內常侍以上及入內省、內侍省內東西頭供奉官、殿頭前班、東西頭供奉官、左右侍禁、左右班殿直，京官祕書郎至諸寺、監主簿，既預朝會，亦宜朝服從事。今參酌自內常侍以上，冠服各從本等，寄資者如本官，入內、內侍省內東西頭供奉官、殿頭三班使臣、陪位京官爲第七等，皆二梁冠，方勝練鵲錦綬。高品以下服色，依古者韠、韍、舄、履並從裳色。

今制，朝服用絳衣，而錦有十九等。其七等綬，謂宜純用紅錦，以文采高下爲差別。惟法官綬用青地荷蓮錦，以別諸臣。後漢志：「法冠一曰柱後，執法者服之，侍御史、廷尉正監平也，或謂之獬豸冠。」南齊志亦曰：「法冠，廷尉等諸執法者冠之。」今御史臺自中丞而下至監察御史，大理卿、少卿、丞，審刑院、刑部主判官，既正定厥官，眞行執法之事，則宜冠法冠，改服青荷蓮錦綬，其梁數與佩準本品。

從之。

其後，又詔冬正朝會，諸軍所服衣冠，廂都軍都指揮使、都虞候、領團練使、刺史服第五等，軍都指揮使、都虞候服第六等，指揮使、副指揮使服第七等，並班於庭。副都頭以上常服，班殿門外。其朝會，執事高品以下，並服介幘，絳服，大帶，革帶，韈、履，方心曲領。

政和議禮局更上羣臣朝服之制：七梁冠，金塗銀稜，貂蟬籠巾，犀簪導，銀立筆，朱衣裳，白羅中單，並皁褾、襈，蔽膝隨裳色，方心曲領，緋白羅大帶，金塗銀革帶，金塗銀裝玉佩，天下樂暈錦綬，青絲網間施三玉環，白韈，黑履；三公，左輔，右弼，三少，太宰，少宰，親王，開府儀同三司服之。七梁冠，無貂蟬籠巾，銀裝玉佩，雜花暈錦綬，餘同三公以下服；執政官，東宮三師服之。六梁冠，白紗中單，銀革帶，佩，方勝宜男錦綬，銀環，餘同七梁冠服；大學士，學士，直學士，東宮三少，御史大夫、中丞，六曹尚書、侍郎，殿中監，大司成，散騎常侍，特進，金紫、銀青光祿大夫，光祿大夫，太尉，節度使，左右金吾衞、左右衞上將軍服之。五梁冠，翠毛錦綬，餘同六梁冠服；太子賓客、詹事，給事中，中書舍人，諫議大夫，待制，九寺卿，大司樂，祕書監，殿中少監，國子祭酒，宣奉、正奉、通奉、通議、太中、中大夫，中奉、中散大夫，上將軍，節度觀察留後，觀察使，通侍大夫，樞密都承旨服之。四梁冠，簇四盤鵰錦綬，餘同五梁冠服；九寺少卿，大晟典樂，祕書少監，國子、辟廱司業，少府、將作、軍器監，都水使者，起居舍人，侍御史，太子左右庶子、少詹事、諭德，尚書左右司郎中、員外，六曹諸司郎中，朝議、奉直、朝請、朝散、朝奉大夫，防禦、團練使，刺史，大將軍，正侍、中侍、中亮、中衞、拱衞、左武、右武大夫，駙馬都尉，帶遙郡武功大夫以下，樞密副都承旨服之。三梁冠，金塗銅革帶，佩，黃獅子錦綬，鍮石環，餘同四梁冠服；殿中侍御史，監察御史，司諫，正言，尚書六曹員外郎，外符寶郎，少府、將作、軍器少監，太子侍讀、侍講，中書舍人〔八〕，親王府翊善、侍讀、侍講，九寺、祕書、殿中監，辟廱丞，大晟樂令，兩赤縣令，大理正、司直、評事，著作郎，祕書郎，著作佐郎，太常、宗學、國子、辟廱博士，太史局令、正、丞，五官正，朝請、朝散、朝奉、承議、奉議、通直郎，中亮、中衞、拱衞、左武、右武郎，諸衞將軍，衞率府率，武功、武德、武顯、武節、武略、武經、武義、武翼大夫郎，醫職翰林醫正以上，內符寶郎，閤門通事舍人，敦武郎，修武郎服之。二梁冠，角簪，方勝練鵲錦綬，餘同三梁冠服；在京職事官，閤門祗候，看班祗候，率府副率，升輦輅立侍內臣服之。御史大夫、中丞，刑部尚書、侍郎，大理卿、少卿，侍御史，刑部郎中，大理寺正、丞、司直、評事並冠獬豸冠，服青荷蓮綬。詔悉頒行。六年，詔導駕官朝服結佩。七年，詔夏祭百官朝、祭服用紗。

中興，仍舊制。行事、執事官則服祭服，導引、陪祠官則服朝服，從紹興三年太常寺請也。祠畢駕回，若服通天、絳紗袍，乘大輦，則百官從駕服朝服，或服履袍；乘平輦，則百官從駕服常服，自隆興二年洪适請始也。

進賢冠以漆布爲之，上縷紙爲額花，金塗銀銅飾，後有納言。以梁數爲差，凡七等，以羅爲纓結之：第一等七梁，加貂蟬籠巾、貂鼠尾、立筆；第二等無貂蟬籠巾；第三等六梁，第四等五梁，第五等四梁，第六等三梁，第七等二梁，並如舊制，服同。貂蟬冠一名籠巾，織藤漆之，形正方，如平巾幘。飾以銀，前有銀花，上綴玳瑁蟬，左右爲三小蟬，銜玉鼻，左插貂尾。三公、親王侍祠大朝會，則加于進賢冠而服之。獬豸冠即進賢冠，其梁上刻木爲獬豸角，碧粉塗之，梁數從本品。立筆，古人臣簪筆之遺象。其制削竹爲幹，裹以緋羅，以黃絲爲毫，拓以銀縷葉，插於冠後。舊令，文官七品以上服朝服者，簪白筆，武官則否，今文武皆簪焉。

校勘記

〔一〕衣畫虎蜼藻粉米三章　「藻」字原脫。按虎蜼，一名宗彝，加粉米僅二章，與「三章」之數不合。下文也稱「毳冕七旒，其服五章。」宋會要輿服四之二六謂其「宗彝、藻、粉米三章在衣，黼、黻二章在裳」。玉海卷八二：「毳冕之章五」，「衣繪虎蜼、藻、粉米，裳繡黼、黻。」據補。

〔二〕此因循不講之失也　「講」原作「謹」，據上下文義和宋會要輿服四之二一、通考卷一一三王禮考改。

〔三〕非古廣尺之制　「尺」，通考卷一一三王禮考作「長」。按上文有關冕版的記述，此處似以作「長」爲是。

〔四〕吏部侍郎　「郎」原作「中」，據五禮新儀卷一二「羣臣祭服」條、宋會要輿服五之一二改。

〔五〕謂用宮架者　按此語同上二書同卷均作小字注文。

〔六〕分獻壇壝從祀　按此語同上二書同卷均作小字注文。

〔七〕法物庫定百官品位給朝服　「物」原作「服」，據本書卷一六四職官志、宋會要輿服四之一一、太常因革禮卷二六改。

〔八〕中書舍人　「書」原作「舍」，據五禮新儀卷一二改。通考卷一一三王禮考作「中舍人」，是其簡稱。

宋史卷一百五十三

志第一百六

輿服五

諸臣服下　士庶人服

公服。凡朝服謂之具服，公服從省，今謂之常服。宋因唐制，三品以上服紫，五品以上服朱，七品以上服綠，九品以上服青。其制，曲領大袖，下施橫襴，束以革帶，幞頭，烏皮鞾。自王公至一命之士，通服之。

太宗太平興國二年，詔朝官出知節鎮及轉運使、副，衣緋、綠者並借紫。知防禦、團練、刺史州，衣綠者借緋，衣緋者借紫；其爲通判、知軍監，止借緋。其後，江淮發運使同轉運，提點刑獄同知刺史州。雍熙初，郊祀慶成，始許升朝官服緋、綠二十年者，敍賜緋、紫。

袍。

眞宗登極，京朝官亦聽敍，及東封、西祀赦書，京朝官並以十五年爲限。後每帝登極，亦如例。景德三年，詔內諸司使以下出入內庭，不得服皂衣，違者論其罪；內職亦許服窄袍。

仁宗景祐元年，詔軍使嘗任通判者借緋，嘗任知州者借紫。慶曆元年，龍圖閣直學士任布言：「欲望自今贈官至正郎者，其畫像許服緋，至卿監許服紫。」從之。嘉祐三年，詔三品轉運使朝辭上殿日〔一〕，與賜章服；諸路轉運使候及十年，卽與賜章服。

神宗熙寧元年，中書門下奏：「六品以上犯贓濫或私罪徒重者，不得因本品改章服。」從之。元豐元年，去青不用，階官至四品服紫，至六品服緋，皆象笏、佩魚，九品以上則服綠，笏以木。武臣、內侍皆服紫，不佩魚。假版官及伎術若公人之人入品者，並聽服綠。官應品而服色未易，與品未及而已易者，或以年格，或以特恩。五年，詔六曹尙書依翰林學士例，六曹侍郎、給事中依直學士例，朝謝日不以行、守、試並賜服佩魚；罷職除他官日，不帶行。

徽宗重和元年，詔禮制局自冠服討論以聞，其見服韠，先改用履。禮制局奏：「履有絇、繶、純、綦，古者舄履各隨裳之色，有赤舄、白舄、黑舄。今履欲用黑革爲之，其絇、繶、純、綦並隨服色用之；以倣古隨裳色之意。」詔以明年正旦改用。禮制局又言：「履隨其服色。武臣服色一等，當議差別。」詔文武官大夫以上具四飾，朝請郎、武功郎以下去繶，並稱履；從義郎、宣教郎以下至將校、伎術官去繶、純，並稱履。當時議者以韡不當用之中國，實廢釋氏之漸云。

中興，仍元豐之制，四品以上紫，六品以上緋，九品以上綠。服緋、紫者必佩魚，謂之章服。非官至本品，不以假人。若官卑而職高，則特許者有三：自庶官遷六部侍郎，自庶官爲待制，或出奉使者是也。又有以年勞而賜者，有品未及而借者。升朝官服綠，大夫以上服緋，莅事至今日以前及二十年歷任無過者，許磨勘改授章服，此賜者也。或爲通判者，許借緋；爲知州、監司者，許借紫；任滿還朝，仍服本品，此借者也。又有出於恩賜者焉。紹興十二年九月，以皇太后回鑾，詔承務郎以上服緋、綠，莅事至今日以前十七年者，並改轉服色。

三十二年六月，孝宗卽位，詔承務郎以上服緋、綠及十五年者，並許改轉服色。然計年之法，亦不輕許。無出身人自年二十出官服綠日起理，服緋人亦自年二十服緋日起理，有出身人自賜出身日起理；內並除豁丁憂年、月、日不理外，歷任無過者方許焉。先是，殿中侍御史張震奏：「今日之弊，在於人有僥倖。能革其俗，然後天下可治。且改轉服色，常赦自升朝官以上服綠，大夫以上服緋，莅事及二十年，方得改賜。今赦日承務郎以上〔三〕服緋、綠及十五年，便與改轉。比之常赦，不惟年限已減，而又官品相絕，蓋已爲異恩矣。今竊聞省、部欲自補官日便理歲月，卽是嬰孩授命，年纔十五者今遂服緋；而貴近之子，或初年賜緋，年纔及冠者今遂賜紫。朱、紫紛紛，不亦濫乎？況靖康、建炎恩赦，亦不曾以補官日爲始。若始於出官之日，頗爲折衷，蓋比之莅事所減已多，而比之初補粗爲有節。」帝從其言，故有是命。

又有出於特賜者，旌直臣則賜之，勸循吏則賜之，廣孝治則賜之，優老臣則賜之，此皆非常制焉。內品未至而賜服及借者，並於銜內帶賜及借。

幞頭。一名折上巾，起自後周，然止以軟帛垂脚，隋始以桐木爲之，唐始以羅代繒。惟帝服則脚上曲，人臣下垂。五代漸變平直。國朝之制，君臣通服平脚，乘輿或服上曲焉。其初以藤織草巾子爲裏，紗爲表，而塗以漆。後惟以漆爲堅，去其藤裏，前爲一折，平施兩脚，以鐵爲之。

帶。古惟用革，自曹魏而下，始有金、銀、銅之飾。宋制尤詳，有玉、有金、有銀、有犀，其下銅、鐵、角、石、墨玉之類，各有等差。玉帶不許施於公服。犀非品官、通犀非特旨皆禁。銅、鐵、角、石、墨玉之類，民庶及郡縣吏、伎術等人，皆得服之。

其制有金毬路、荔支、師蠻、海捷、寶藏，方團二十五兩；荔支自二十五兩至七兩，有四等；師蠻二十五兩；海捷十五兩；寶藏三十兩。惟毬路方團胯，餘悉方胯。荔支或爲御仙花，束帶亦同。金塗天王、八仙、犀牛、寶瓶、荔支、師蠻、海捷、雙鹿、行虎、窪面。天王、八仙二十五兩；犀牛、寶瓶自二十五兩至十五兩，有二等；荔支自二十兩至十兩，有三等；師蠻自二十兩至十八兩，有二等；海捷自十五兩至十兩，有三等；雙鹿自二十兩至四兩，有九等；行虎七兩；窪面自十五兩至十二兩，有二等。束帶則有金荔支、師蠻、戲童、海捷、犀牛、胡荽、鳳子、寶相花〔三〕，荔支自二十五兩至十五兩，有三等；師蠻、戲童二十五兩；海捷自二十兩至十兩，有二等；犀牛二十兩；鳳子、寶相花十五兩。金塗犀牛、雙鹿、野馬、胡荽。犀牛、野馬十五兩；雙鹿自二十兩〔四〕，有三等；胡荽自十五兩至十兩，有三等。犀有上等、次等，以牯犉爲別。出黔南者，在南海之下。

太宗太平興國七年正月，翰林學士承旨李昉等奏曰：「奉詔詳定車服制度，請從三品以上服玉帶，四品以上服金帶，以下升朝官、雖未升朝已賜紫緋、內職諸軍將校，並服紅鞓金塗銀排方。雖升朝着綠者，公服上不得繫銀帶，餘官服黑銀方團胯及犀角帶。貢士及胥吏、工商、庶人服鐵角帶，恩賜者不用此制。荔支帶本是內出以賜將相，在於庶僚，豈合僭服？望非恩賜者，官至三品乃得服之。」景德三年，詔通犀、金、玉帶，除官品合服及恩賜外，餘人不得服用。大中祥符五年，詔曰：「方團金帶，優寵輔臣，今文武庶官及伎術之流，率以金銀放效，甚紊彝制。自今除恩賜外，悉禁之。」端拱中，詔作瑞草地毬路文方團胯帶，副以金魚，賜中書、樞密院文臣。

仁宗慶曆八年，彰信軍節度使兼侍中李用和言：「伏見張耆授兼侍中日，特賜笏頭金帶以爲榮異，欲望正謝日，準例特賜。」詔如耆例。

神宗熙寧六年，熙河路奏捷，宰臣王安石率羣臣賀紫宸殿，神宗解所服白玉帶賜之。八年，岐王顥、嘉王頵言：「蒙賜方團玉帶，著爲朝儀，乞寶藏于家，不敢服用。」神宗不許，命工別琢玉帶以賜之。顥等固辭，不聽；請加佩金魚以別嫌，詔以玉魚賜之。親王佩玉魚自此始。宗旦、宗諤皆以使相遇郊恩告謝，特賜毬文方團金帶、佩魚，自是宗室節度帶同平章事者，著爲例。宣徽使張方平、郭逵〔五〕、王拱辰皆嘗特賜。元豐五年，詔：「三師、三公、宰相、執政官、開府儀同三司、節度使嘗任宰相者、觀文殿大學士已上，金毬文方團帶，佩魚。觀文殿學士至寶文閣直學士、節度使、御史大夫、中丞、六曹尙書、侍郎、散騎常侍御仙花帶，內御史大夫、六曹尙書、翰林學士以上及資政殿學士特班翰林學士上者，仍佩魚。」六年，詔：「北使經過處，守臣嘗借朝議大夫者，令權服紫，不繫金帶。其押賜御筵官仍互借，先借朝議大夫者，卽借中散大夫，並許繫金帶，不佩魚。」哲宗元祐五年，詔：臣僚嘗賜金帶後至不該繫者，在外許繫。

徽宗崇寧二年，詔：六尙局奉御，今後許服金帶。四年，中書省檢會哲宗元符儀制令：

「諸帶，三師、三公、宰相、執政官、使相、節度使、觀文殿大學士毬文，佩魚。節度使非曾任宰相卽御仙花，佩魚。觀文殿學士至寶文閣直學士、御史大夫、中丞、六曹尙書、侍郎、散騎常侍並御仙花，權侍郎不同；內御史大夫、六曹尙書、觀文殿學士至翰林學士仍佩魚，資政殿學士特旨班在翰林學士上者同，權尙書不同。其官職未至而特賜者，不拘此令。因任職事官經賜金帶者，雖後任不該賜，亦許服。」看詳：若稱因任六曹侍郎經賜帶，後除知開封府之類，既非職事官，又非在外，皆不許繫，似非元立法之意。蓋立文該舉未盡，其特賜者既不緣官職，自無時不許繫外；因任職事官賜金帶，後任不該者亦許服，卽在外與在京非職事官，皆可用。詔申明行下。大觀二年，詔中書舍人、諫議大夫、待制、殿中少監許繫紅鞓犀帶，不佩魚。

中興仍之，其等亦有玉、有金、有銀、有金塗銀、有犀、有通犀、有角。其制，毬文者四方五團，御仙花者排方。凡金帶：三公、左右丞相、三少、使相、執政官、觀文殿大學士、節度使毬文，佩魚；觀文殿學士至華文閣直學士、御史大夫、中丞、六曹尙書、侍郎、散騎常侍、開封尹、給事中並御仙花，內御史大夫、六曹尙書、觀文殿學士至翰林學士仍佩魚；中書舍人、左右諫議大夫、龍圖天章寶文顯謨徽猷敷文煥章華文閣待制、權侍郎服紅鞓排方黑犀帶，仍佩魚；權侍郎以上罷任不帶職者，亦許服之。

魚袋。其制自唐始，蓋以爲符契也。其始曰魚符，左一，右一。左者進內，右者隨身，刻官姓名，出入合之。因盛以袋，故曰魚袋。宋因之，其制以金銀飾爲魚形，公服則繫於帶而垂於後，以明貴賤，非復如唐之符契也。

太宗雍熙元年，南郊後，內出以賜近臣，由是內外升朝文武官皆佩魚。凡服紫者，飾以金；服緋者，飾以銀。庭賜紫，則給金塗銀者；賜緋，亦有特給者。京官、幕職州縣官賜緋、紫者，亦佩。親王武官、內職將校皆不佩。眞宗大中祥符六年，詔伎術官未升朝賜緋、紫者，不得佩魚。

仁宗天聖二年，翰林待詔、太子中舍同正王文度因勒碑賜紫章服，以舊佩銀魚，請佩金魚。仁宗曰：「先朝不許伎術人輒佩魚，以別士類，不令混淆，宜卻其請。」景祐三年，詔殿中省尙藥奉御賜紫徐安仁，特許佩魚。至和元年，詔：中書提點五房公事，自今雖無出身，亦聽佩魚。舊制，自選人入爲堂後官，轉至五房提點，始得佩魚。提點五房呂惟和非選人入，援司天監五官正例求佩魚，特許之。

神宗元豐二年，蒲宗孟除翰林學士，神宗曰：「學士職淸地近，非它官比，而官儀未寵，自今宜加佩魚。」遂著爲令。三年，詔：自今中書堂後官，並帶賜緋魚袋，餘依舊例。徽宗政和元年，尚書兵部侍郎王詔奏：「今監司、守、倅等，並許借服色而不許佩魚，即是有服而無章，殆與吏無別。乞今後應借緋、紫臣僚，並許隨服色佩魚，仍各許入銜，候回日依舊服色。」從之。中興，並仍舊制。

笏。唐制五品以上用象，上圓下方；六品以下用竹、木，上挫下方。宋文散五品以上用象，九品以上用木。武臣、內職並用象，千牛衣綠亦用象，廷賜緋、綠者給之。中興同。

韠。宋初沿舊制，朝履用韠。政和更定禮制，改韠用履。中興仍之。乾道七年，復改用韠，以黑革爲之，大抵參用履制，惟加靿焉。其飾亦有絇、繶、純、綦，大夫以上具四飾，朝請、武功郎以下去繶，從義、宣教郎以下至將校、伎術官幷去純。底用麻再重，革一重。裏用素衲氈，高八寸。諸文武官通服之，惟以四飾爲別。服綠者飾以綠，服緋、紫者飾亦如之，倣古隨裳色之意。

簪戴。幞頭簪花，謂之簪戴。中興，郊祀、明堂禮畢回鑾，臣僚及扈從並簪花，恭謝日亦如之。大羅花以紅、黃、銀紅三色，欒枝以雜色羅，大絹花以紅、銀紅二色。羅花以賜百宮，欒枝，卿監以上有之；絹花以賜將校以下。太上兩宮上壽畢，及聖節、及錫宴、及賜新進士聞喜宴，並如之。

重戴。唐士人多尚之，蓋古大裁帽之遺制，本野夫巖叟之服。以皂羅爲之，方而垂簷，紫裏，兩紫絲組爲纓，垂而結之頷下。所謂重戴者，蓋折上巾又加以帽焉。宋初，御史臺皆重戴，餘官或戴或否。後新進士亦戴，至釋褐則止。太宗淳化二年，御史臺言：「舊儀，三院御史在臺及出使，並重戴，事已久廢。其御史出臺爲省職及在京釐務者，請依舊儀，違者罰俸一月。」從之。又詔兩省及尚書省五品以上皆重戴，樞密三司使、副則不。中興後，御史、兩制、知貢舉官、新進士上三人，許服之。

時服。宋初因五代舊制，每歲諸臣皆賜時服，然止賜將相、學士、禁軍大校。建隆三年，太祖謂侍臣曰：「百官不賜，甚無謂也。」乃偏賜之。歲遇端午、十月一日，文武羣臣將校皆給焉。是歲十月，近臣、軍校增給錦襖袍，中書門下、樞密、宣徽院、節度使及侍衞步軍都虞候以上，皇親大將軍以上，天下樂暈錦；三司使、學士、中丞、內客省使、駙馬、留後、觀察使，皇親將軍、諸司使、廂主以上，簇四盤鵰細錦；三司副使、宮觀判官，黃師子大錦；防禦圍練使、刺史、皇親諸司副使，翠毛細錦；權中丞、知開封府、銀臺司、審刑院及待制以上，知檢院鼓院、同三司副使、六統軍、金吾大將軍，紅錦。諸班及諸軍將校，亦賜窄錦袍。有翠毛、宜男、雲鴈細錦，師子、練鵲、寶照大錦，寶照中錦，凡七等。

應給錦袍者，皆五事；公服、錦寬袍、綾汗衫、袴、勒帛，丞郎、給舍、大卿監以上不給錦袍者，加以黃綾繡抱肚。大將軍、少卿監、郎中以上，樞密諸房副承旨以上，諸司使，皇親承制、崇班，皆四事；無錦袍。將軍至副率、知雜御史至大理正、入內都知、內侍都知、皇親殿直以上，皆三事；無袴。通事舍人、承制、崇班、入內押班、內侍副都知押班、內常侍、六尚奉御以下，京官充館閣、宗正寺、刑法官者，皆二事；無勒帛，內職汗衫以綾，文臣以絹。閤門祗候、內供奉官至殿直，京官編修、校勘，止給公服。端午，亦給。應給錦袍者，汗衫以黃縠，別加繡抱肚、小扇。誕聖節所給，如時服。京師禁廂軍校、衞士、內諸司胥史、工巧人，並給服有差。

朝官、京官、內職出爲外任通判、監押、巡檢以上者，大藩府監務者，亦或給之。每歲十月時服，開寶中，皆賜窄錦袍。太平興國以後，文官知制誥、武官上將軍、內職諸司使以上，皆賜錦。藩鎭觀察使以上，天下樂暈錦；尙書及步軍都虞候以上及知益州、并州，次暈錦，皆五事。學士、丞郎、簇四盤鵰錦；刺史以上及知廣州，翠毛錦，皆三件。待制以上、橫班諸司使，翠毛錦；知代州，御仙花錦；諸司使領郡，宜男錦；諸司使，雲鴈錦。駙馬，錦如丞郎，增至四事。益州鈐轄，錦從本官，增綾袴。朝官供奉官以上，皆賜紫地皂花欹正。京官殿直以下，皆賜紫大綾。在外禁軍將校，亦賜窄錦袍，次賜紫綾色絹。景德元年，始詔河北、河東、陝西三路轉運使、副，並給方勝練鵲錦。校獵從官兼賜紫羅錦、旋襴、暖鞾。

雍熙四年，令節度使給皂地金線盤雲鳳鹿胎旋襴，侍衞步軍都虞候以上給皂地金線盤花鴛鴦。

親王、宰相、使相生日，並賜衣五事，錦綵百匹，金花銀器百兩，馬二匹，金塗銀鞍勒一。宰相、樞密使、參知政事、樞密副使、宣徽使初拜，加恩中謝日，並賜衣五事，金帶一，舊荔支帶，淳化後，宰相、參知政事、文臣任樞密副使，改賜方團胯毬路金帶，加以金魚。塗金銀鞍勒馬一。三司使、學士、御史中丞初拜中謝日，賜衣五事，荔支金帶一，塗金銀鞍勒馬一。文明學士以下，初賜金裝犀帶，後改賜金帶。中書舍人，賜襲衣、犀帶。宰相以下對御攢賜；樞密直學士、中書舍人謝訖，中使押賜，再入謝于別殿。中書舍人或告謝日已改賜章服，則罷中使押賜。

郊禋禮畢，親王、宰相至龍圖閣直學士、禁軍將校，各賜襲衣、金帶，親王、中書門下、樞密、宣徽、三司使、四廂都指揮使以上，加鞍勒馬一。其後宮觀副使、天書扶侍使，並同學士。同中謝日。雍熙元年，兩省五品以上，御史臺、尚書省四品以上，各賜襲衣、犀帶、魚袋。其爲五使，則皆賜金帶，仍各加器幣。文武行事官，各賜金帛。牧伯在外者，遇大禮，不賜。大中祥符元年，詔節度、觀察、防禦、團練使，刺史，因東封爲諸州部署鈐轄者，並特賜焉。

使相、節度使自鎭來朝入見日，賜衣五事，金帶，鞍馬；朝辭日，賜窄衣六事，金束帶，鞍勒馬一，散馬二；節度使減散馬。爲都部署者，別賜帶甲鞍勒馬一。觀察使爲都部署、副都部署赴本任、知州，賜窄衣三事，金束帶，鞍勒馬。防禦團練使、刺史爲部署、鈐轄，賜窄衣三事，金束帶；赴本任，賜窄衣三事，塗金銀腰帶；爲知州、都監，賜窄衣三事，絹三十匹。諸司爲鈐轄者，賜窄衣、金束帶。文武官內職出爲知州軍、通判、發運、轉運使副、提點刑獄、都監、巡檢、砦主、軍使及任使繁要者，僕射賜窄衣三事，絹五十匹；尚書、丞郎、學士、諫舍、待制、大卿監及統軍、上將軍、諸司使，減絹二十匹；少卿監至五官正、大將軍至副率、諸司副使，減絹一十匹；中郎將、京官內殿承制至借職、內常侍，減衣二事，又減絹一十匹。窄衣，起二月給紫羅衫；起十月給紫欹正綿襖。給公服者，單夾亦然。諸道衙內指揮使、都虞候入貢辭日，賜紫羅窄衫，金塗銀帶。

士庶人車服之制。太宗太平興國七年，詔曰：「士庶之間，車服之制，至于喪葬，各有等差。近年以來，頗成踰僭。宜令翰林學士承旨李昉詳定以聞。」昉奏：「今後富商大賈乘馬，漆素鞍者勿禁。近年品官綠袍及舉子白襴下皆服紫色，亦請禁之。其私第便服，許紫皂衣、白袍。舊制，庶人服白，今請流外官及貢舉人、庶人通許服皂。工商、庶人家乘檐子，或用四人、八人，請禁斷，聽乘車；兜子，舁不得過二人。」並從之。端拱二年，詔縣鎭場務諸色公人并庶人、商賈、伎術、不係官伶人，只許服皂、白衣，鐵、角帶，不得服紫。文武升朝官及諸司副使、禁軍指揮使、廂軍都虞候之家子弟，不拘此限。幞頭巾子，自今高不過二寸五分。婦人假髻並宜禁斷，仍不得作高髻及高冠。其銷金、泥金、眞珠裝綴衣服，除命婦許服外，餘人並禁。至道元年，復許庶人服紫。

眞宗咸平四年，禁民間造銀鞍瓦、金線、盤蹙金線。大中祥符元年，三司言：「竊惟山澤之寶，所得至難，儻縱銷釋，實爲虛費。今約天下所用，歲不下十萬兩，俾上幣棄於下民。自今金銀箔線，貼金、銷金、泥金、蹙金線裝貼什器土木玩用之物，並請禁斷，非命婦不得以爲首飾。冶工所用器，悉送官。諸州寺觀有以金箔飾尊像者，據申三司，聽自齎金銀工價，就文思院換給。」從之。二年，詔申禁鎔金以飾器服。又太常博士知温州李邈言：「兩浙僧求丐金銀、珠玉，錯末和泥以爲塔像，有高袤丈者。毀碎珠寶，寖以成俗，望嚴行禁絕，違者重論。」從之。

七年，禁民間服銷金及鈸遮那纈。八年，詔：「內庭自中宮以下，並不得銷金、貼金、間金、戧金、圈金、解金、剔金、陷金、明金、泥金、楞金、背影金、盤金、織金、金線撚絲，裝著衣服，並不得以金爲飾。其外庭臣庶家，悉皆禁斷。臣民舊有者，限一月許回易。爲眞像前供養物，應寺觀裝功德用金箔，須具殿位眞像顯合增修創造數，經官司陳狀勘會，詣實聞奏，方給公憑，詣三司收買。其明金裝假果、花板、樂身之類，應金爲裝彩物，降詔前已有者，更不毀壞，自餘悉禁。違者，犯人及工匠皆坐。」是年，又禁民間服皂班纈衣。

仁宗天聖三年，詔：「在京士庶不得衣黑褐地白花衣服并藍、黃、紫地撮暈花樣，婦女不得將白色、褐色毛段并淡褐色匹帛製造衣服，令開封府限十日斷絕；婦女出入乘騎，在路披毛褐以禦風塵者，不在禁限。」七年，詔士庶、僧道無得以朱漆飾牀榻。九年，禁京城造朱紅器皿。

景祐元年，詔禁錦背、繡背、遍地密花透背采段，其稀花團窠、斜窠雜花不相連者非。二年，詔：市肆造作縷金爲婦人首飾等物者禁。三年，「臣庶之家，毋得採捕鹿胎製造冠子。又屋宇非邸店、樓閣臨街市之處，毋得爲四鋪作鬧鬬八；非品官毋得起門屋；非宮室、寺觀毋得彩繪棟宇及朱黝漆梁柱窗牖、雕鏤柱礎。凡器用毋得表裏朱漆、金漆，下毋得襯朱。非三品以上官及宗室、戚里之家，毋得用金稜器，其用銀者毋得塗金。玳瑁酒食器，非宮禁毋得用。純金器若經賜者，聽用之。凡命婦許以金爲首飾，及爲小兒鈐鋜、釵篸、釧纏、珥環之屬；仍毋得爲牙魚、飛魚、奇巧飛動若龍形者。非命婦之家，毋得以眞珠裝綴首飾、衣服，及項珠、纓絡、耳墜、頭須、抹子之類。凡帳幔、繳壁、承塵、柱衣、額道、項帕、覆旌、牀裙，毋得用純錦徧繡。宗室戚里茶檐、食合，毋得以緋紅蓋覆。豪貴之族所乘坐車，毋得用朱漆及五彩裝繪，若用黝而間以五彩者聽。民間毋得乘檐子，及以銀骨朵、水罐引喝隨行。」

慶曆八年，詔禁士庶倣契丹服及乘騎鞍轡、婦人衣銅綠兔褐之類。皇祐元年，詔婦人冠高毋得踰四寸，廣毋得踰尺，梳長毋得踰四寸，仍禁以角爲之。先是，宮中尚白角冠梳，人爭倣之，至謂之內樣。冠名曰垂肩等〔六〕，至有長三尺者；梳長亦踰尺。議者以爲服妖，遂禁止之。七年〔七〕，初，皇親與內臣所衣紫，皆再入爲黝色。後士庶寖相效，言者以爲奇衺之服，於是禁天下衣黑紫服者。

神宗熙寧九年，禁朝服紫色近黑者；民庶止令乘犢車，聽以黑飾，間五彩爲飾，不許呵引及前列儀物。哲宗紹聖二年，侍御史翟思言：「京城士人與豪右大姓，出入率以轎自載，四人舁之，甚者飾以棕蓋，徹去簾蔽，翼其左右，旁午於通衢，甚爲僭擬，乞行止絕。」從之。徽宗大觀元年，郭天信乞中外並罷翡翠裝飾，帝曰：「先王之政，仁及草木禽獸，今取其羽毛，用於不急，傷生害性，非先王惠養萬物之意。宜令有司立法禁之。」政和二年，詔後苑造縐帛。蓋自元豐初，置爲行軍之號，又爲衞士之衣，以辨姦詐，遂禁止民間打造。令開封府申嚴其禁，客旅不許興販纈板。

七年，臣僚上言：「輦轂之下，奔競侈靡，有未革者。居室服用以壯麗相誇，珠璣金玉以奇巧相勝，不獨貴近，比比紛紛，日益滋甚。臣嘗考之，申令法禁雖具，其罰尙輕，有司玩習，以至於此。如民庶之家不得乘轎，今京城內暖轎，非命官至富民、娼優、下賤，遂以爲常。竊見近日有赴內禁乘以至皇城門者，奉祀乘至宮廟者，坦然無所畏避。臣妄以爲僭禮犯分，禁亦不可以緩。」於是詔，非品官不得乘暖轎。先是，權發遣提舉淮南東路學事丁瓘言：「衣服之制，尤不可緩。今閭閻之卑，倡優之賤，男子服帶犀玉，婦人塗飾金珠，尙多僭侈，未合古制。臣恐禮官所議，止正大典，未遑及此。伏願明詔有司，嚴立法度，酌古便今，以義起禮。俾閭閻之卑，不得與尊者同榮；倡優之賤，不得與貴者並麗。此法一正，名分自明，革澆偷以歸忠厚，豈曰小補之哉。」是歲，又詔敢爲契丹服若氈笠、釣墪之類者，以違御筆論。釣墪，今亦謂之韈袴，婦人之服也。

中興，士大夫之服，大抵因東都之舊，而其後稍變焉。一曰深衣，二曰紫衫，三曰涼衫，四曰帽衫，五曰襴衫。淳熙中，朱熹又定祭祀、冠婚之服，特頒行之。凡士大夫家祭祀、冠婚，則具盛服。有官者幞頭、帶、韠、笏，進士則幞頭、襴衫、帶，處士則幞頭、皂衫、帶，無官者通用帽子、衫、帶；又不能具，則或深衣，或涼衫。有官者亦通用帽子以下，但不爲盛服。婦人則假髻、大衣、長裙。女子在室者冠子、背子。衆妾則假紒、背子。

冠禮，三加冠服，初加，緇布冠、深衣、大帶、納履；再加，帽子、皂衫、革帶、繫鞵；三加，幞頭、公服、革帶、納靴。其品官嫡庶子初加，折上巾、公服；再加，二梁冠、朝服；三加，平冕服，若以巾帽、折上巾爲三加者，聽之。深衣用白細布，度用指尺，衣全四幅，其長過脇，下屬於裳。裳交解十二幅，上屬於衣，其長及踝。圓袂方領，曲裾黑緣。大帶、緇冠、幅巾、黑履。士大夫家冠昏、祭祀、宴居、交際服之。

紫衫。本軍校服。中興，士大夫服之，以便戎事。紹興九年，詔公卿、長吏服用冠帶，然迄不行。二十六年，再申嚴禁，毋得以戎服臨民，自是紫衫遂廢。士大夫皆服涼衫，以爲便服矣。

涼衫。其制如紫衫，亦曰白衫。乾道初，禮部侍郎王曮奏：「竊見近日士大夫皆服涼衫，甚非美觀，而以交際、居官、臨民，純素可憎，有似凶服。陛下方奉兩宮，所宜革之。且紫衫之設以從戎，故爲之禁，而人情趨簡便，靡而至此。文武並用，本不偏廢，朝章之外，宜有便衣，仍存紫衫，未害大體。」於是禁服白衫，除乘馬道塗許服外，餘不得服。若便服，許用紫衫。自後，涼衫祗用爲凶服矣。

帽衫。帽以烏紗、衫以皂羅爲之，角帶，繫鞵。東都時，士大夫交際常服之。南渡後，一變爲紫衫，再變爲涼衫，自是服帽衫少矣。惟士大夫家冠昏、祭祀猶服焉。若國子生，常服之。

襴衫。以白細布爲之，圓領大袖，下施橫襴爲裳，腰間有辟積。進士及國子生、州縣生服之。

紹興五年，高宗謂輔臣曰：「金翠爲婦人服飾，不惟靡貨害物，而侈靡之習，實關風化。已戒中外，及下令不許入宮門，今無一人犯者。尙恐士民之家未能盡革，宜申嚴禁，仍定銷金及採捕金翠罪賞格。」淳熙二年，孝宗宣示中宮禕衣曰：「珠玉就用禁中舊物，所費不及五萬，革弊當自宮禁始。」因問風俗，龔茂良奏：「由貴近之家，放傚宮禁，以致流傳民間。粥簪珥者，必言內樣。彼若知上崇尙淳朴，必觀感而化矣。臣又聞中宮服澣濯之衣，數年不易。請宣示中外，仍敕有司嚴戢奢僭。」寧宗嘉泰初，以風俗侈靡，詔官民營建室屋，一遵制度，務從簡樸。又以宮中金翠，燔之通衢，貴近之家，犯者必罰。

校勘記

〔一〕三品轉運使　宋會要輿服四之三〇作「三路轉運使」，疑是。下文與此相對的名稱作「諸路轉運使」，可證。

〔二〕今赦日承務郎以上　「日」，宋會要輿服四之二九作「自」。按上文「常赦自升朝官以上服綠」，此處疑以作「自」爲是。

〔三〕寶相花　「相」字原脫，據本條註文和岳珂愧郯錄卷一二補。

〔四〕雙鹿自二十兩　按本段註文敍例，凡有等別的，都具列其最高和最低數，本條只有最高數而無最低數，當有脫文。

〔五〕郭逵　原作「郭達」，據玉海卷八六、愧郯錄卷一二改。

〔六〕冠名曰垂肩等　按宋會要輿服四之七作「冠名曰垂肩等肩」。長編卷一六七作「冠名曰等肩」。

〔七〕七年　承上文當指皇祐七年。但皇祐無七年，宋會要輿服四之七、長編卷一九七都繫於嘉祐七年，此處失書「嘉祐」紀元。

宋史卷一百五十四

志第一百七

輿服六

寶印　符券　宮室制度　臣庶室屋制度

寶。秦制，天子有六璽，又有傳國璽，歷代因之。唐改爲寶，其制有八。五代亂離，或多亡失。周廣順中，始造二寶：其一曰「皇帝承天受命之寶」，一曰「皇帝神寶」。太祖受禪，傳此二寶，又製「大宋受命之寶」。至太宗，又別製「承天受命之寶」。是後，諸帝嗣服，皆自爲一寶，以「皇帝恭膺天命之寶」爲文。凡上尊號，有司製玉寶，則以所上尊號爲文。

寶用玉，篆文，廣四寸九分，厚一寸二分。填以金盤龍鈕，係以暈錦大綬，赤小綬，連玉環；玉檢高七寸，廣二寸四分，厚四分；玉斗方二寸四分，厚一寸二分：皆飾以紅錦，金裝，裹以紅絺〔二〕，加紅羅泥金夾帊，納於小盝。盝以金裝，內設金牀，暈錦褥，飾以雜色玻黎、碧石〔三〕、珊瑚、金精石、瑪瑙。又盝二重，皆裝以金，覆以紅羅繡帊，載以腰輿及行馬，並飾以金。又有香爐、寶子、香匙、灰匙、火箸、燭臺、燭刀，皆以金爲之，是所謂緣寶法物也。

別有三印：一曰「天下合同之印」，中書奏覆狀、流內銓歷任三代狀用之；二曰「御前之印」，樞密院宣命及諸司奏狀內用之；三曰「書詔之印」，翰林詔敕用之。皆鑄以金，又以鍮石各鑄其一。雍熙三年，並改爲寶，別鑄以金，舊六印皆毀之。

眞宗卽位，作皇帝受命寶，文曰「皇帝恭膺天命之寶」。大中祥符元年五月，詳定所言：「按玉牒、玉册，用皇帝受命寶印之，納玉匱於石䃮，以天下同文之印封之。今封禪泰山，請依舊制，別造玉寶一枚，方寸二分，文同受命寶。其封石䃮，用天下同文之印，舊史元無制度，今請用金鑄，大小同御前之寶，以『天下同文之寶』爲文。所有緣寶法物，亦請依式製造。」從之。天禧元年十二月，召輔臣於滋福殿，觀新刻「五嶽聖帝玉寶」及「皇帝昭受乾符之寶」，命擇日迎導赴會靈觀奉安。其寶並金柙玉鈕，製作精妙。眞宗以奏章上帝，承前皆用御前之寶，以理未順，故改用昭受乾符之寶。

乾興元年，仁宗卽位，作受命寶，文同眞宗。天聖元年，詔以宮城火，重製受命寶及尊號册寶。慶曆八年十一月，詔刻「皇帝欽崇國祀之寶」。先是，天禧中，眞宗刻昭受乾符之寶，而於醮祠表章用之。後經大內火，寶焚，乃用御前之寶。至是，下學士院定其文，命宰臣陳執中書之。皇祐五年七月，詔作「鎭國神寶」。先是，奉宸庫有良玉，廣尺，厚半之。仁宗以爲希代之珍，不欲爲服玩，因作是寶，命宰臣龐籍篆文。寶成，太常禮院引唐六典次序曰：「一神寶，二受命寶，多至祀南郊，大駕儀仗，請以鎭國神寶先受命寶爲前導。」自是爲定式。至和二年，初，太宗以玉寶二鈕賜太祖之子德芳，其文曰「皇帝信寶」，至是，德芳孫左屯衞大將軍從式上之。

嘉祐八年，仁宗崩，英宗立，翰林學士范鎭言：「伏聞大行皇帝受命寶及緣寶法物，與平生衣冠器用，皆欲舉而葬之，恐非所以稱先帝恭儉之意。其受命寶，伏乞陛下自寶用之，且示有所傳付。若衣冠器玩，則請陳於陵寢及神御殿，歲時展視，以慰思慕。」詔檢討官考索典故，及命兩制、禮官詳議。翰林學士王珪等奏曰：「受命寶者，猶昔傳國璽也，宜爲天子傳器，不當改作。古者藏先王衣服於廟寢，至於平生器玩，則前世既不皆納於方中，亦不盡陳於陵寢。謂今宜從省約，以稱先帝恭儉之實。」帝不用其議，乃別造受命寶，命參知政事歐陽脩篆文八字。至哲宗立，亦作焉，其文並同。

紹聖三年，咸陽縣民段義得古玉印，自言於河南鄉劉銀村修舍，掘地得之，有光照室。

四年，上之，詔禮部、御史臺以下參驗。元符元年三月，翰林學士承旨蔡京及講議官十三員奏：

按所獻玉璽，色綠如藍，温潤而澤，其文曰「受命于天，既壽永昌」。其背螭鈕五盤，鈕間有小竅，用以貫組。又得玉螭首一，白如膏，亦温潤，其背亦螭鈕五盤，鈕間亦有貫組小竅，其面無文，與璽大小相合。篆文工作，皆非近世所爲。

臣等以歷代正史考之，璽之文曰「皇帝壽昌」者，晉璽也；曰「受命於天」者，後魏璽也；「有德者昌」，唐璽也；「惟德允昌」，石晉璽也；則「既壽永昌」者，秦璽可知。今得璽於咸陽，其玉乃藍田之色，其篆與李斯小篆體合。飾以龍鳳鳥魚，乃蟲書鳥跡之法，於今所傳古書，莫可比擬，非漢以後所作明矣。

今陛下嗣守祖宗大寶，而神璽自出，其文曰「受命于天，既壽永昌」，則天之所畀，烏可忽哉？漢、晉以來，得寶鼎瑞物，猶告廟改元，肆眚上壽，況傳國之器乎？其緣寶法物禮儀，乞下所屬施行。

詔禮部、太常寺按故事詳定以聞。禮官言：五月朔，故事當大朝會，宜就行受寶之禮。依上尊號寶册儀，有司豫製緣寶法物，幷寶進入。俟降出，權於寶堂安奉。前三日，差官奏告天地、宗廟、社稷。前一日，帝齋于內殿。翌日，御大慶殿，降坐受寶，羣臣上壽稱賀。先期，又詔龍圖、天章閣齋治平元年耀州所獻受命寶玉檢，赴都堂參議。詔以五月朔受傳國寶，命章惇書玉檢，以「天授傳國受命之寶」爲文。

徽宗崇寧五年，有以玉印獻者。印方寸，以龜爲鈕，工作精巧，文曰「承天福延萬億永無極」。徽宗因次其文，倣李斯蟲魚篆作寶文。其方四寸有奇，螭鈕，方盤，上圓下方，名爲鎭國寶。大觀元年，又得玉工，用元豐中玉琢天子、皇帝六璽，疊篆。初，紹聖間，得漢傳國璽，無檢，螭又不闕〔三〕，疑其一角缺者，乃檢也。有檢傳，攷驗甚詳，傳于世。帝於是取其文而黜其璽不用，自作受命寶，其方四寸有奇，琢以白玉，篆以蟲魚。鎭國、受命二寶，合天子、皇帝六璽，是爲八寶。

詔曰：「自昔皆有尙符璽官。今雖隷門下後省，遇親祠，則臨時具員，訖事復罷。八寶既備，宜重典司之職。可令尙書省置官，如古之制。」又詔曰：「永惟受命之符，當有一代之製，而尙循秦舊，六璽之用，度越百年之久，或未大備。自天申命，地不愛寶，獲全玉於異域〔四〕，得妙工於編氓，八寶既成，夐無前比，殆天所授，非人能爲。可以來年元日，御大慶殿恭受八寶。」尙書省言：

請置符寶郎四員，隷門下省，二員以中人充，掌寶於禁中。按唐八寶，車駕臨幸，則符寶郎奉寶以從；大朝會，則奉寶以進。今鎭國寶、受命寶非常用之器，欲臨幸則從六寶，朝會則陳八寶，皆夕納。內符寶郎奉寶出以授外符寶郎，外符寶郎從寶行於禁衞之內，朝則分進于御坐之前。

鎭國寶、受命寶不常用，唯封禪則用之。皇帝之寶，答鄰國書則用之；皇帝行寶，降御札則用之；皇帝信寶，賜鄰國書及物則用之；天子之寶，答外國書則用之；天子行寶，封册則用之；天子信寶，舉大兵則用之。應合用寶，外符寶郎具奏，請內符寶郎御前請寶，印訖，付外符寶郎承受。

從之。二年，詔受命寶之上，加「鎭國」二字。

政和七年，從于闐得大玉踰二尺，色如截肪。徽宗又制一寶，赤螭鈕，文曰「範圍天地，幽贊神明，保合太和，萬壽無疆」。篆以魚蟲，制作之工，幾於秦璽。其寶九寸，檢亦如之，號曰「定命寶」。合前八寶爲九，詔以九寶爲稱，以定命寶爲首。且曰：「八寶者，國之神器；至於定命寶，乃我所自制也。」於是，應行導排設，定命與受命、天子寶在左，鎭國與皇帝寶在右。又詔：「鎭國、受命寶與天子、皇帝之寶，其數有八，蓋非乾元用九之數。比得寶玉於異域，受定命之符於神霄，乃以『範圍天地，幽贊神明，保合太和，萬壽無疆』爲文。卜云其吉，篆以蟲魚，縱廣之制，其寸亦九，號曰定命寶。來年元日祗受。」又詔差官奏告天地、宗廟、社稷。八年正月一日，御大慶殿，受定命寶，百僚稱賀。其後京城之難，諸寶俱失之，惟大宋受命之寶與定命寶獨存，蓋天意也。

建炎初，始作金寶三：一曰「皇帝欽崇國祀之寶」，祭祀詞表用之；二曰「天下合同之寶」，降付中書門下省用之；三曰「書詔之寶」，發號施令用之。紹興元年，又作玉寶一，文曰「大宋受命中興之寶」。又得舊寶二，歷世寶之，凡上太上皇尊號、册后太子皆用焉。十六年，又作八寶：一曰護國神寶〔三〕，以「承天福延萬億永無極」九字爲文；二曰受命寶，以「受命于天既壽永昌」爲文；三曰天子之寶；四曰天子信寶；五曰天子行寶；六曰皇帝之寶；七曰皇帝信寶；八曰皇帝行寶。藏之御府，大朝會則陳之；上册寶尊號、册后太子、大禮設鹵簿，亦如之。寶之制，用玉尺度，鈕鼻，大小綬，玉環。檢制，舊制如牌，上刻曰某寶。皆裹以朱縷，加緋羅泥金帕，納於小盝。盝三重，皆飾以金，內設金牀、金寶斗，龍鑰金鏁，覆以緋羅繡帕，載以腰輿、行馬。

孝宗卽位，議上太上皇帝尊號曰光堯壽聖太上皇帝，寶用皇祐中法、黍尺量度。乾道六年，再加十四字尊號，以寶材元係螭龍鈕，止堪改作蹲龍，其鈕高二寸四分五釐，厚一寸一分五釐，竅徑一寸。理宗寶慶三年，加上寧宗皇帝徽號，寶面廣四寸二分，厚一寸二分，蹲龍鈕，通高四寸一分，寶四面鉤碾行龍。

后妃之寶。哲宗元祐元年，詔：天聖中，章獻明肅皇后用玉寶〔六〕，方四寸九分，厚一寸二分，龍鈕。今太皇太后權同處分軍國事，宜依章獻明肅皇后故事。二年，又詔：太皇太后玉寶，以「太皇太后之寶」爲文；皇太后金寶，以「皇太后寶」爲文；皇太妃金寶，以「皇太妃寶」爲文。中興之後，后寶用金，方二寸四分，高下隨宜，鼻紐以龜。斗、檢以銀，塗以金。寶盝三重，鈒百花，塗金盤鳳。輿案、行馬、帕褥亦如之。

皇太子寶。至道元年，製皇太子受册金寶。方二寸，厚五寸，係以朱組大綬，連玉環，金斗。金檢長五寸，闊二寸，厚二分。裹以紅綿，加紅羅泥金帊，納於小盝。盝以金裝，內設金牀。又盝二重，皆覆以紅羅銷金帊。盝及腰輿、行馬皆銀裝金塗。他法物皆銀爲之，鈒花塗金。中興，寶，龜鈕；金塗銀檢，上勒「皇太子寶」四字，金塗銀寶斗。黝漆盝三重，並錦拓裹，外以金塗銀百花鳳葉子五明裝，鑰以金鏁，載以黝漆腰輿、行馬。

册制。用珉玉，簡長一尺二寸，闊一寸二分；簡數從字之多少。聯以金繩，首尾結帶。前後標首四枚，二枚畫神，二枚刻龍鏤金，若奉護之狀。藉以錦褥，覆以緋羅泥金夾帊。册匣長廣取容册，塗以朱漆，金鏤百花凸起行龍，金鏁、帉錔。覆以紅羅繡盤龍鷺金帊，承以金裝長竿床，金龍首，金魚鉤，又以紅絲爲條縈匣。册案塗朱漆，以銷金紅羅覆之。

后册，用珉，或以象。縷文以鳳，尺寸制度並同帝册。

皇太子册，用珉簡六十枚，乾道中，用七十五枚，每枚高尺二寸，博一寸二分。前後標首四枚，長隨簡，博四寸，其二刻神，其二刻龍，爲奉護狀。貫以金絲，首尾結爲金花，飾以帉錔。襯以紅羅泥金夾帕，藉以錦褥，盛以黝漆匣，錦拓裏，以金塗銀葉段五明裝，隱起百花鳳。覆以緋羅泥金帕，絡以紅絲結條，襯以錦褥，載以黝漆腰輿、行馬。

亡金國寶。理宗端平元年，命孟珙等以兵從大元兵夾攻金人於蔡州，滅之。其年四月丙戌，大理寺言：

京湖制置司以所獲亡金寶物來上，令金臣參知政事張天綱辨識。其玉寶一，文曰「太祖應乾興運昭德定功睿神莊孝仁明大聖武元皇帝尊謚寶」，乃金人上其祖阿骨打謚寶也。其法物有銷金盤龍紅紵絲袍一；透碾雲龍玉帶一；內方八胯結頭一，塌尾一，並玉塗金結頭一，塗金小結攀一；連珠環玉束帶一，垂頭裏拓，上有金龍，帶上玉事件大小一十八；又玉靶鐵剉一，銷金玉事件二，皮茄袋一，玉事件三。

天綱稱：上項帶，國言謂之「兔鶻」，皆其故主完顏守緒常服之物也。碾玉巾環一，樺皮龍飾角弓一，金龍環刀一，紅紵絲靠枕一，佩玉大環一，皆非臣庶服用之物。制旨册一本，舊作聖旨，近侍局平日掌此，以承受內降指揮。壬辰四月，故主援東漢光武故事，令上書者不得言「聖」，故避「聖」字不敢當，因改作「制旨」。

外有臣下虎頭金牌三，銀牌八十四，塗金印三，及諸官署銅印三百一十二顆。法司以守緒函骨及俘囚故寶、法物等，庭引天綱并護尉都尉完顏好海及天綱妻完顏氏烏古論栲栳、小女瓊瓊一一審實，件列以聞。有旨：「完顏守緒遺骸并故寶、法物等，藏大理寺獄庫。天綱、好海、完顏氏烏古論、瓊瓊拘諸殿前司，候朝旨」云。

印制。兩漢以後，人臣有金印、銀印、銅印。唐制，諸司皆用銅印，宋因之。諸王及中書門下印方二寸一分，樞密、宣徽、三司、尚書省諸司印方二寸。惟尚書省印不塗金，餘皆塗金。節度使印方一寸九分，塗金。餘印並方一寸八分，惟觀察使塗金。諸王、節度、觀察使、州、府、軍、監、縣印，皆有銅牌，長七寸五分，諸王廣一寸九分，餘廣一寸八分。諸王、節度、觀察使牌塗以金，刻文云「牌出印入，印出牌入」。其奉使出入，或本局無印者，皆給奉使印。景德初，别鑄兩京奉使印。又有朱記，以給京城及外處職司及諸軍將校等，其制長一寸七分，廣一寸六分。士庶及寺觀亦有私記。

乾德三年，太祖詔重鑄中書門下、樞密院、三司使印。先是，舊印五代所鑄，篆刻非工。及得蜀中鑄印官祝温柔，自言其祖思言，唐禮部鑄印官，世習繆篆，卽漢書藝文志所謂「屈曲纏繞，以模印章」者也。思言隨僖宗入蜀，子孫遂爲蜀人。自是，臺、省、寺、監及開封府、興元尹印，悉令温柔重改鑄焉。

太宗雍熙元年，詔新除漢南國王錢俶印，宜以「漢南國」爲文。四年，詔錢俶新授南陽國王印，宜以「南陽國王之印」爲文。眞宗咸平三年，賜山前後百蠻王諾驅印，以「大渡河南山前後都鬼王之印」爲文。景德四年，鑄交阯郡王印，製安南旌節，付廣南轉運司就賜之。

大中祥符五年，詔諸寺觀及士庶之家所用私記，今後並方一寸，彫木爲文，不得私鑄。是歲七月，帝覽河西節度使、知許州石普奏狀，用許州觀察使印，以問宰臣王旦。對曰：「節度州有三印：節度印隨本使，使缺則納有司；觀察印，則州長吏用之；州印，晝則付錄事掌用，暮納于長吏。節度使在本鎭，兵仗則節度判官、掌書記、推官書狀，用節度印；田賦則觀察判官、支使、推官書狀，用觀察印；符刺屬縣，則本使判書，用州印。故命帥必曰某軍節度、某州管內觀察等使、某州刺史。言軍，則專制其兵旅；言管內，則總察其風俗；言刺史，則涖其州事。石普獨書奏章，當用河西節度使印。」

仁宗景祐三年，少府監言：「得篆文官王文盛狀，『在京三司糧料院，頻有人僞造印記，印成旁曆〔七〕，盜請官物。欲乞鑄造圓印三面，每面闊二寸五分，於外一匝先篆年號及糧料院名，計十二字；次一匝篆寅印十二辰，亦十二字；中心篆正字，上連印鈕，鑄成轉關，以機穴定之。用時逐月分對，年終轉遶十二月，自寅至丑，終始使用。所有轉關正字，次月轉定之時，令本院官封押，選差人行使其印。遇改年號，卽令別鑄。』」詔三司定奪以聞，三司請如文盛奏。後又命知制誥邵必、殿中丞蘇唐卿詳定天下印文，必、唐卿皆通篆籀，然亦無所釐改焉。

神宗熙寧五年，詔內外官及谿洞官合賜牌印，並令少府監鑄造，送禮部給付。元豐三年，廣西經略司言，知南丹州莫世忍貢銀、香、獅子、馬。遂賜以印，以「西南諸道武盛軍德政官家明天國主印」爲文，并以南丹州刺史印賜之，仍詔經略司毀其舊印。六年，舊制貢院專掌貢舉，其印曰「禮部貢舉之印」〔八〕，以廢貢院，事歸禮部，別鑄「禮部貢舉之印」。是歲十二月，詔自今臣僚所授印，亡歿並賜隨葬，不卽隨葬因而行用者，論如律。

中興仍舊制，惟三省、樞密院用銀印，六部以下用銅印，諸路監司、州縣亦如之。寺監惟長貳給焉，屬則從其長。若倉庫關涉財用，司存，或給之。監司、州縣長官曰印，僚屬曰記。又下無記者，止令本道給以木朱記，文大方寸。或銜命出境者，以奉使印給之，復命則納于有司。後以朝命出州縣者，亦如之。新進士置團司，亦假奉使印，結局還之。此常制也。

南渡之後，有司印記多亡失，彼遺此得，各自收用。尙方重鑄給之，加「行在」二字，或冠年號以別新舊，然欺僞猶未能革。乾道二年，禮部請郡縣假借印記者，悉毀而更鑄。四年，兵部侍郎陳彌作言：「六部印藏於官，以牌出入，而胥史用於戶外，或借用於他廳。近有僞爲文符、盜印以支錢糧者，有僞作奏鈔、盜拆御寶而改秩者，皆慢藏有以誨之。」詔三省申嚴戒敕。紹熙元年，禮部侍郎李巘言：「文書有印，以示信防姦，給毀悉經省部，具有條制。然州縣沿循，或以縣佐而用東南將印，以掾曹而用司寇舊章，名旣不正，弊亦難防。請令有司製州縣官合用印記，舊印非所當用者，毀之。」

紹興十四年，臣僚又言：「印信事重，凡有官司印記，年深篆文不明，合改鑄者，非進呈取旨，不得改鑄焉。」時更鑄者，成都府錢引，每界以銅朱記給之。行在都茶場會子庫，每界給印二十五：國用印三鈕，各以「三省戶房國用司會子印」爲文；檢察印五鈕，各以「提領會子庫檢察印」爲文；庫印五鈕，各以「會子庫印造會子印」爲文；合同印十二鈕，內一貫文二鈕，各以「會子庫一貫文合同印」爲文；五百文、二百文準此。

蕃國效順者，給以銅印。安南國王〔九〕李天祚乞印，以「安南國王之印」六字爲文，方二寸，給牌，皆以銅鑄，金塗。西蕃隴右郡王趙懷恩乞印，以「隴右郡王之印」爲文給之。宜州界外諸蠻乞印，以「宜州管下羈縻某州之印」爲文，凡六十顆給之。其後文武百司節次所鑄，不備載。

朱記，同舊制。紹興二年，始鑄親賢宅、益王府銅朱記。二十七年，改鑄建康戶部大軍庫記。三十年，鑄馬軍司統制、統領官朱記。三十二年，鑄鄧、恭、慶王直講、贊讀朱記。隆興元年，鑄都督府僉廳記，又鑄寄樁庫記。二年，鑄戶部大軍庫勘合庫子記二鈕，湖廣總領所覆印會子記二鈕。乾道二年，鑄成都錢引務朱記。淳熙十六年，鑄建康榷貨務中門大門之記。凡內外官有請於朝，則鑄給焉。用木者，易之以銅。

符券。唐有銀牌，發驛遣使，則門下省給之。其制，闊一寸半，長五寸，面刻隸字曰「敕走馬銀牌」，凡五字。首爲竅，貫以韋帶。其後罷之。宋初，令樞密院給券，謂之「頭子」。太宗太平興國三年，李飛雄詐乘驛謀亂，伏誅。詔罷樞密院券，乘驛者復制銀牌，闊二寸半，長六寸。易以八分書，上鈒二飛鳳，下鈒二麒麟，兩邊年月，貫以紅絲絛。端拱中，以使臣護邊兵多遺失，又罷銀牌，復給樞密院劵。

仁宗康定元年五月，翰林學士承旨丁度、翰林學士王堯臣、知制誥葉清臣等請製軍中傳信牌及兵符事，詔令兩制與端明殿學士李淑詳定奏聞：

軍中符信，切要杜絕姦詐〔一〇〕，深合機宜。今請下有司造銅兵符，給諸路總管主將，每發兵三百人或全指揮以上卽用。又別造傳信朱漆木牌，給應軍中往來之處，每傳達號令、關報會合及發兵三百人以下卽用。又檢到符彥卿軍律有字驗，亦乞令於移牒、傳信牌上，兩處參驗使用。

一、銅兵符：漢制，銅鑄，上刻虎形。今聞皇城司見有木魚契，乞令有司〔一一〕用木契形狀，精巧鑄造。陝西五路，每路依漢制各給一至二十，計二十面，更換給用，仍以公牒爲照驗。

二、傳信木牌：先朝舊制，合用堅木朱漆爲之，長六寸，闊三寸，腹背刻字而中分之，字云某路傳信牌。却置池槽，牙縫相合。又鑿二竅，置筆墨，上帖紙，書所傳達事。用印印號上，以皮繫往來軍吏之項。臨陣傳言，應有取索，並以此牌爲言〔一二〕，寫其上。如已曉會施行訖，復書牌上遣迴。今乞下有司造牌，每路各給一面爲樣，餘令本司依此製造，分給諸處，更換使用。城砦分屯軍馬，事須往來關會之處，亦如數給與。

三、字驗：凡軍行計會，不免文牒，或主司遺失懼罪，單使被擒，軍中所謀，自然泄露。故每分屯軍馬之時，與主將密定字號，各掌一通，不令左右人知其義理。但於尋常公狀文移內，以此字私爲契約，有所施行，依此參驗。不得字有重疊，及用兇惡嫌疑之語。每用文牒之上，別行寫此字驗，訖，印其上發往。如所請報，到，許，即依號卻寫印遣回；如不許，卽空之。此惟主將自知，他人皆不得測。符彥卿元用四十條，以四十字爲號；今檢得只有三十七條，內亦有不急之事，今減作二十八字。所貴軍中戎旅之人，事簡易記。

詔並從之。嘉祐四年，三司使張方平編驛劵則例，凡七十四條，賜名嘉祐驛令。

神宗熙寧五年，詔西作坊鑄造諸銅符三十四副，令三司給左契付諸門，右契付大內鑰匙庫。今後諸門輪差人員，依時轉銅契入，赴庫勘同。其鐵牌只請人自執，在外仗止宿。本庫依漏刻發鑰匙，付外仗驗請人鐵牌給付，候開門訖，卻執鐵牌納鑰匙，請出銅契。至晚卻依上請納。其開門朝牌六面，亦隨銅契依舊發放。時神宗以京城門禁不嚴，素無符契，命樞密院約舊制，更造銅契，中刻魚形，以門名識之，分左右給納，以戒不虞，而啓閉之法密於舊矣。元豐元年，詳定禮文所言：「舊南郊式，車駕出入宣德門、太廟靈星門、朱雀門、南薰門，皆勘箭。熙寧中，因參知政事王珪議，已罷勘箭，而勘契之式尙存。春秋之義，不敢以所不信加之尊者；且雷動天行，無容疑貳，必使誰何而後過門，不應典禮。考詳事始，不見於開寶禮。咸平中，初載於儀注，蓋當時禮官之失。請自今車駕出入，罷勘契。」從之。

高宗建炎三年，改鑄虎符，樞密院主之。其制以銅爲之，長六寸，闊三寸，刻篆而中分之，以左契給諸路，右契藏之。

門符制，以繒裹紙版，謂之「號」，皇城司掌之。敕入禁衞號，黃綾八角，三千道；入殿門黃絹以方，一千道；入宮門黃絹以圓，八千道；入皇城門黃絹以長，三千道。紹興二年正月所定也。後更宮門號以緋紅絹方，皇城門以緋紅絹圓，遂久用之。後復盡以黃，或方或圓，各隨其制。

又有檄牌，其制有金字牌、靑字牌、紅字牌。金字牌者，日行四百里，郵置之最速遞也；凡赦書及軍機要切則用之，由內侍省發遣焉。乾道末，樞密院置雌黃靑字牌，日行三百五十里，軍期急速則用之。淳熙末，趙汝愚在樞筦，乃作黑漆紅字牌，奏委諸路提舉官催督，歲校遲速最甚者，以議賞罰。其後尙書省亦踵行之，仍命逐州通判具出入界日時狀申省。久之，稽緩復如故。紹熙末，遂置擺鋪焉。

宮室。汴宋之制，侈而不可以訓。中興，服御惟務簡省，宮殿尤朴。皇帝之居曰殿，總曰大內，又曰南內，本杭州治也。紹興初，創爲之。休兵後，始作崇政、垂拱二殿。久之，又作天章等六閣。寢殿曰福寧殿。淳熙初，孝宗始作射殿，謂之選德殿。八年秋，又改後殿擁舍爲別殿，取舊名，謂之延和殿，便坐視事則御之。他如紫宸、文德、集英、大慶、講武，惟隨時所御，則易其名。紫宸殿，遇朔受朝則御焉；文德殿，降赦則御焉；集英殿，臨軒策士則御焉；大慶殿，行册禮則御焉；講武殿，閱武則御焉。其實垂拱、崇政二殿，權更其號而已。二殿雖曰大殿，其脩廣僅如大郡之設廳。淳熙再修，止循其舊。每殿爲屋五間，十二架，脩六丈，廣八丈四尺。殿南簷屋三間，脩一丈五尺，廣亦如之。兩朵殿各二間，東西廊各二十間，南廊九間。其中爲殿門，三間六架，脩三丈，廣四丈六尺。殿後擁舍七間，卽爲延和，其制尤卑，陛階一級，小如常人所居而已。

奉太上則有德壽宮、重華宮、壽康宮，奉聖母則有慈寧宮、慈福宮、壽慈宮。德壽宮在大內北望僊橋，故又謂之北內，紹興三十二年所造，宮成，詔以德壽宮爲名，高宗爲上皇御之。重華宮卽德壽宮也，孝宗遜位御之。壽康宮卽寧福殿也。初，丞相趙汝愚議以秘書省爲泰寧宮，已而不果行，以慈懿皇后外第爲之。上皇不欲遷，因以舊寧福殿爲壽康宮，光宗遜位御之。

大內苑中，亭殿亦無增，其名稱可見者，僅有復古殿、損齋、觀堂、芙蓉閣、翠寒堂、清華閣、欏木堂、隱岫、澄碧、倚桂、隱秀、碧琳堂之類，此南內也。北內苑中，則有大池，引西湖水注之，其上疊石爲山，象飛來峯。有樓曰聚遠，禁籞周回，四分之。東則香遠、清深、月臺、梅坡、松菊三徑、清妍、清新、芙蓉岡，南則載忻、欣欣、射廳、臨賦、燦錦、至樂、半丈紅〔三〕、清曠、瀉碧，西則冷泉、文杏館、靜樂、浣溪，北則絳華、旱船、俯翠、春桃、盤松。

皇太子宮曰東宮。其未出閤，但聽讀于資善堂，堂在宮門內。已受册，則居東宮，宮在麗正門內。紹興三十二年始置，孝宗居之；莊文太子立，復居之。光宗爲太子，孝宗謂輔臣曰：「今後東宮不須創建，朕宮中宮殿，多所不御，可移修之。」自是皆不別建。淳熙二年，始創射堂一，爲游藝之所，圃中有榮觀玉淵清賞等堂、鳳山樓，皆宴息之地也。

幕殿，即周官大、小次也。東都時，郊壇大次謂之青城，祀前一日宿齋詣焉。其制，中有二殿，外有六門：前曰泰禋，後曰拱極，東曰祥曦，西曰景曜，東偏曰承和，西偏曰迎禧。

大殿曰端誠，便殿曰熙成。中興後，以事天尚質，屢詔郊壇不得建齋宮，惟設幕屋而已。其制，架木而以葦爲障，上下四旁周以幄帟，以象宮室，謂之幕殿。及行事，又於壇所設小次。大、小次之外，又有望祭殿，遇雨則行事於中。東都時爲瓦屋五間，周圍重廊。中興後，惟設葦屋，蓋倣清廟茅屋之制也。

臣庶室屋制度。宰相以下治事之所曰省、曰臺、曰部、曰寺、曰監、曰院，在外監司、州郡曰衙。在外稱衙而在內之公卿、大夫、士不稱者，按唐制，天子所居曰衙，故臣下不得稱。後在外藩鎭亦僭曰衙，遂爲臣下通稱。今帝居雖不曰衙，而在內省部、寺監之名，則仍唐舊也。然亦在內者爲尊者避，在外者遠君無嫌歟？私居，執政、親王曰府，餘官曰宅，庶民曰家。

諸道府公門得施戟，若私門則爵位穹顯經恩賜者，許之。在內官不設，亦避君也。凡公宇，棟施瓦獸，門設梐枑。諸州正牙門及城門，並施鴟尾，不得施拒鵲。六品以上宅舍，許作烏頭門。父祖舍宅有者，子孫許仍之。凡民庶家，不得施重栱、藻井及五色文采爲飾，仍不得四鋪飛簷。庶人舍屋，許五架，門一間兩廈而已。

校勘記

〔一〕裹以紅緜　「緜」，宋會要輿服六之八、玉海卷八四都作「錦」。下文「皇太子寶」條「裹以紅綿」句同。

〔二〕碧石　宋會要輿服六之八、通考卷一一五王禮考都作「碧鈿石」。

〔三〕螭又不鬭　「螭」原作「幅」，據長編紀事本末卷一二八、通考卷一一五王禮考改。

〔四〕獲全玉於異域　「全」原作「金」，據長編紀事本末卷一二八、通考卷一一五王禮考改。

〔五〕護國神寶　按上文北宋八寶中作「鎭國寶」，玉海卷八四、通考卷一一五王禮考都作「鎭國神寶」。

〔六〕玉寶　原作「五寶」，據長編卷三九三、玉海卷八四改。

〔七〕印成旁曆　長編卷一一九、通考卷一一五王禮考作「以募券曆」。

〔八〕禮部貢舉之印　長編卷三三六作「禮部貢舉院之印」，當是。

〔九〕安南國王　原作「南安國王」，據本書卷四八八交阯傳和宋會要蕃夷四之四九、五一改。下文「安南國王」同。

〔一〇〕切要杜絕姦詐　「切要」原作「竊要」，據文義和玉海卷八五改。

〔一〕有司　原作「省司」，據文義和玉海卷八五改。

〔二〕並以此牌爲言　玉海卷八五作「並以牌爲信」。

〔三〕牛文紅　吳自牧夢粱錄卷八、周密武林舊事卷四都作「牛綻紅」。

宋史卷一百五十五

志第一百八

選舉一 科目上

自敷奏以言，明試以功，三載考績，三考黜陟幽明，始于舜典。司徒以鄉三物興賢能，太宰以三歲計吏治，詳於周官。兩漢而下，選舉之制不同，歸于得賢而已。考其大要，不過入仕則有貢舉之科，服官則有銓選之格，任事則有考課之法。然歷代之議貢舉者每曰：「取士以文藝，不若以德行。就文藝而參酌之，賦論之浮華，不若經義之實學。」議銓選者每曰：「以年勞取人，可以絕超躐，而不無賢愚同滯之歎；以薦舉取人，可以拔俊傑，而不無巧佞捷進之弊。」議考課者每曰：「拘吏文，則上下督察，浸成澆風；通譽望，則權貴請託，徒開利路。」於是議論紛紜，莫之一也。

宋初承唐制，貢舉雖廣，而莫重于進士、制科，其次則三學選補。銓法雖多，而莫重于舉削改官、磨勘轉秩。考課雖密，而莫重于官給曆紙，驗考批書。其他教官、武舉、童子等試，以及遺逸奏薦、貴戚公卿任子親屬與遠州流外諸選，委曲瑣細，咸有品式。其間變更不常，沿革迭見，而三百餘年元臣碩輔，鴻博之儒，淸彊之吏，皆自此出，得人爲最盛焉。今輯舊史所錄，臚爲六門：一曰科目；二曰學校試；三曰銓法；四曰補廕；五曰保任；六曰考課。煩簡適中，檃括歸類，作選舉志。

宋之科目，有進士，有諸科，有武舉。常選之外，又有制科，有童子舉，而進士得人爲盛。神宗始罷諸科，而分經義、詩賦以取士，其後遵行，未之有改。自仁宗命郡縣建學，而熙寧以來，其法浸備，學校之設遍天下，而海內文治彬彬矣。今以科目、學校之制，各著于篇。

初，禮部貢舉，設進士、九經、五經、開元禮、三史、三禮、三傳、學究、明經、明法等科，皆秋取解，冬集禮部，春考試。合格及第者，列名放榜于尙書省。凡進士，試詩、賦、論各一首，策五道，帖論語十帖，對春秋或禮記墨義十條。凡九經，帖書一百二十帖，對墨義六十條。凡五經，帖書八十帖，對墨義五十條。凡三禮，對墨義九十條。凡三傳，一百一十條。

凡開元禮，凡三史，各對三百條。凡學究，毛詩對墨義五十條，論語十條，爾雅、孝經共十條，周易、尙書各二十五條。凡明法，對律令四十條，兼經並同毛詩之制。各間經引試，通六爲合格，仍抽卷問律，本科則否。諸州判官試進士，錄事參軍試諸科，不通經義，則別選官考校，而判官監之。試紙，長官印署面給之。試中格者，第其甲乙，具所試經義，朱書通、否，監官、試官署名其下。進士文卷，諸科義卷、帖由，並隨解牒上之禮部。有篤廢疾者不得貢。貢不應法及校試不以實者，監官、試官停任。受賂，則論以枉法，長官奏裁。

凡命士應舉，謂之鎖廳試。所屬先以名聞，得旨而後解。既集，什伍相保，不許有大逆人緦麻以上親，及諸不孝、不悌、隱匿工商異類、僧道歸俗之徒。家狀并試卷之首，署年及舉數、場第、鄉貫，不得增損移易，以仲冬收納，月終而畢。將臨試期，知舉官先引問聯保，與狀僉同而定焉。凡就試，唯詞賦者許持切韻、玉篇，其挾書爲姦，及口相受授者，發覺即黜之。凡諸州長吏舉送，必先稽其版籍，察其行爲；鄉里所推，每十人相保，內有缺行，則連坐不得舉。故事，知舉官將赴貢院，臺閣近臣得薦所知之負藝者，號曰「公薦」。太祖慮其因緣挾私，禁之。

自唐以來，所謂明經，不過帖書、墨義，觀其記誦而已，故賤其科，而「不通」者其罰特重。乾德元年，詔曰：「舊制，九經一舉不第而止，非所以啓迪仕進之路也；自今依諸科許再試。」是年〔一〕，諸州所薦士數益多，乃約周顯德之制，定諸州貢舉條法及殿罰之式：進士「文理紕繆」者殿五舉，諸科初場十「不」殿五舉，第二、第三場十「不」殿三舉，第一至第三場九「不」並殿一舉。殿舉之數，朱書于試卷，送中書門下。三年〔二〕，陶穀子邴擢上第，帝曰：「穀不能訓子，安得登第？」乃詔：「食祿之家，有登第者，禮部具姓名以聞，令覆試之。」自是，別命儒臣于中書覆試，合格乃賜第。時川蜀、荆湖內附，試數道所貢士，縣次往還續食。開寶三年，詔禮部閱貢士及十五舉嘗終場者，得一百六人，賜本科出身。特奏名恩例，蓋自此始。

五年，禮部奏合格進士、諸科凡二十八人，上親召對講武殿，而未及引試也。明年，翰林學士李昉知貢舉，取宋準以下十一人，而進士武濟川、三傳劉睿材質最陋，對問失次，上黜之。濟川，昉鄉人也。會有訴昉用情取舍，帝乃籍終場下第人姓名，得三百六十人，皆召見，擇其一百九十五人，幷準以下，乃御殿給紙筆，別試詩賦。命殿中侍御史李瑩等為考官，得進士二十六人，五經四人，開元禮七人，三禮三十八人，三傳二十六人，三史三人，學究十八人，明法五人，皆賜及第，又賜錢二十萬以張宴會。昉等尋皆坐責。殿試遂為常制。帝嘗語近臣曰：「昔者，科名多為勢家所取，朕親臨試，盡革其弊矣。」八年，親試進士王式等，乃定王嗣宗第一，王式第四。自是御試與省試名次，始有升降之別。時江南未平，進士林松、雷說試不中格，以其間道來歸，亦賜三傳出身。

太宗即位，思振淹滯，謂侍臣曰：「朕欲博求俊彥於科場中，非敢望拔十得五，止得一二，亦可為致治之具矣。」太平興國二年，御殿覆試，內出賦題，賦韻平側相間，依次而用。命李昉、扈蒙第其優劣為三等，得呂蒙正以下一百九人。越二日，覆試諸科，得二百人，並賜及第。又閱貢籍，得十舉以上至十五舉進士、諸科一百八十餘人，並賜出身；九經七人不中格，亦憐其老，特賜同三傳出身。凡五百餘人，皆賜袍笏，錫宴開寶寺，帝自為詩二章賜之〔三〕。甲、乙第進士及九經，皆授將作監丞、大理評事，通判諸州，其餘亦優等授官。三年九月，廷試舉人。故事，惟春放榜，至是秋試，非常例也。是冬，諸州舉人並集，會將親征北漢，罷之。自是，間一年或二年乃貢舉。

五年，覆試進士。有顏明遠、劉昌言、張觀、樂史四人，以見任官舉進士，特授近藩掌書記。有趙昌國者，求應百篇舉，謂一日作詩百篇。帝出雜題二十，令各賦五篇，篇八句，日旰，僅成數十首，率無可觀。帝以是科久廢，特賜及第，以勸來者。

八年，進士、諸科始試律義十道，進士免帖經。明年，惟諸科試律，進士復帖經。進士始分三甲。自是錫宴就瓊林苑。上因謂近臣曰：「朕親選多士，殆忘飢渴，召見臨問，觀其才技而用之，庶使田野無遺逸，而朝廷多君子爾。」雍熙二年，廷試初唱名及第，第一等爲節度推官。是年及端拱初，禮部試已，帝慮有遺才，取不中格者再試之，於是由再試得官者數百人。凡廷試，帝親閱卷累日，宰相屢請宜歸有司，始詔歲命官知舉。

舊制，旣鎖院，給左藏錢十萬資費用。端拱元年，詔改支尙書祠部，仍倍其數，罷御廚、儀鸞司供帳。知貢舉宋白等定貢院故事：先期三日，進士具都榜引試，借御史臺驅使官一人監門，都堂簾外置案，設銀香爐，唱名給印試紙。及試中格，錄進士之文奏御，諸科惟籍名而上；俟制下，先書姓名散報之，翌日，放榜唱名。旣謝恩，詣國學謁先聖先師，進士過堂閤下告名。聞喜宴分爲兩日，宴進士，請丞郎、大兩省；宴諸科，請省郎、小兩省。綴行期集，列敍名氏、鄉貫、三代之類書之，謂之小錄。醵錢爲游宴之資，謂之酺。皆團司主之。制下，而中書省同貢院關黃覆奏之，俟正敕下，關報南曹、都省、御史臺，然後貢院寫春關散給。籍而入選謂之春關。登科之人，例納朱膠綾紙之直，赴吏部南曹試判三道，謂之關試。

淳化三年，諸道貢士凡萬七千餘人。先是，有擊登聞鼓訴校試不公者。蘇易簡知貢舉，受詔卽赴貢院，仍糊名考校，遂爲例。旣廷試，帝諭多士曰：「爾等各負志業，效官之外，更勵精文采，無墜前功也。」詔刻禮記儒行篇賜之。每科進士第一人，天子寵之以詩，後嘗作箴賜陳堯叟，至是，并賜焉。先是，嘗併學究尙書、周易爲一科，始更定本經日試義十道，尚書、周易各義五道，仍雜問疏義六道，經註四道。明法舊試六場，更定試七場：第一、第二場試律，第三場試令，第四、第五場試小經，第六場試令，第七場試律，仍於試律日雜問疏義六、經註四。凡三禮、三傳、通禮每十道義分經註六道、疏義四道，以六通爲合格。

自淳化末，停貢舉五年；眞宗卽位，復試，而高句麗始貢一人。先是，國子監、開封府所貢士，與舉送官爲姻戚，則兩司更互考試，始命遣官別試。

咸平三年，親試陳堯咨等八百四十人，特奏名者九百餘人，有晉天福中嘗預貢者。凡士貢于鄉而屢絀于禮部，或廷試所不錄者，積前後舉數，參其年而差等之，遇親策士則別籍其名以奏，徑許附試，故曰特奏名。又賜河北進士、諸科三百五十人及第、同出身。既下第，願試武藝及量才錄用者，又五百餘人，悉賜裝錢慰遣之，命禮部敍爲一舉。較藝之詳，推恩之廣，近代所未有也。

舊制，及第卽命以官。上初復廷試，賜出身者亦免選，於是策名之士尤衆，雖藝不及格，悉賜同出身。迺詔有司，凡賜同出身者並令守選，循用常調，以示甄別。又定令：凡試卷，封印院糊名送知舉官考定高下，復令封之送覆考所，考畢然後參校得失，不合格者，須至覆場方落。諭館閣、臺省官，有請屬舉人者密以聞，隱匿不告者論罪。仍詔諸王、公主、近臣，毋得以下第親族賓客求賜科名。

景德四年，命有司詳定考校進士程式，送禮部貢院，頒之諸州。士不還鄉里而竊戶他州以應選者，嚴其法。每秋賦，自縣令佐察行義保任之，上于州；州長貳復審察得實，然後上本道使者類試。已保任而有缺行，則州縣皆坐罪；若省試而文理紕繆，坐元考官。諸州解試額多而中者少，則不必足額。

尋又定親試進士條制。凡策士，卽殿兩廡張帟，列几席，標姓名其上。先一日表其次序，揭示闕外，翌旦拜闕下，乃入就席。試卷，內臣收之，付編排官，去其卷首鄕貫狀，別以字號第之；付封彌官謄寫校勘，用御書院印，付考官定等畢，復封彌送覆考官再定等。編排官閱其同異，未同者再考之；如復不同，卽以相附近者爲定。始取鄕貫狀字號合之，卽第其姓名、差次，幷試卷以聞。其考第之制凡五等：學識優長、詞理精絕爲第一；才思該通、文理周率〔四〕爲第二；文理俱通爲第三；文理中平爲第四；文理疏淺爲第五。然後臨軒唱第，上二等曰及第，三等曰出身，四等、五等曰同出身。餘如貢院舊制。

五年〔五〕，詔士曾預南省試者，犯公罪聽贖罰。令禮部取前後詔令經久可行者，編爲條制。諸科三場內有十「不」、進士詞理紕繆者各一人以上，監試、考試官從違制失論，幕職、州縣官得代日殿一選，京朝官降監場務，嘗監當則與遠地；有三人，則監試、考試官亦從違制失論，幕職、州縣官衝替，京朝官遠地監當；有五人，則監試以下皆停見任；舉送守倅，諸科五十人以上有一人十「不」，卽罰銅與免殿選監當，進士詞理紕繆亦如之。後又詔：「試鎖廳者，州長吏先校試合格，始聽取解；至禮部不及格，停其官，而考試及舉送者，皆重寘罪。」八年，始置謄錄院，令封印官封試卷付之，集書吏錄本，監以內侍二人。詔：「進士第一人，令金吾司給七人導從，聽引兩節。著爲令。」

天聖初，宋興六十有二載，天下乂安。時取才唯進士、諸科爲最廣，名卿鉅公，皆繇此選，而仁宗亦嚮用之，登上第者不數年，輒赫然顯貴矣。其貢禮部而數詘者，得特奏名，或因循不學，乃詔曰：「學猶殖也，不學將落，遜志務時敏，厥修乃來。朕慮天下之士或有遺也，旣已臨軒較得失，而憂其屢不中科，則衰邁而無所成，退不能返其里閭，而進不得預于祿仕。故常數之外，特爲之甄采。而狃于寬恩，遂隳素業，苟簡成風，甚可恥也。自今宜篤進厥學，無習僥倖焉。」時晏殊言：「唐明經並試策問，參其所習，以取材識短長。今諸科專記誦，非取士之意，請終場試策一篇。」詔近臣議之，咸謂諸科非所習，議遂寢。舊制，鎖廳試落輒停官，至是始詔免罪。

景祐初，詔曰：「鄉學之士益蕃，而取人路狹，使孤寒棲遲，或老而不得進，朕甚憫之。

其令南省就試進士、諸科，十取其二。凡年五十，進士五舉、諸科六舉；嘗經殿試，進士三舉、諸科五舉；及嘗預先朝御試，雖試文不合格，毋輒黜，皆以名聞。」自此率以爲常。士有親戚仕本州，或爲發解官，及侍親遠宦，距本州二千里，令轉運司類試，以十率之，取三人。於是諸路始有別頭試。其年，詔開封府、國子監及別頭試，封彌、謄錄如禮部。

初，貢士踵唐制，猶用公卷，然多假他人文字，或傭人書之。景德中，嘗限舉人於試紙前親書家狀，如公卷及後所試書體不同，並駁放；其假手文字，辨之得實，即斥去，永不得赴舉。賈昌朝言：「自唐以來，禮部采名譽，觀素學，故預投公卷；今有封彌、謄錄法，一切考諸試篇，則公卷可罷。」自是不復有公卷。

寶元中，李淑侍經筵，上訪以進士詩、賦、策、論先後，俾以故事對。淑對曰：「唐調露二年，劉思立爲考功員外郎，以進士試策滅裂，請帖經以觀其學，試雜文以觀其才。自此沿以爲常。至永隆二年，進士試雜文二篇，通文律者，始試策。天寶十一年，進士試一經，能通者試文賦，又通而後試策，五條皆通，中第。建中二年，趙贊請試以時務策五篇，箴、論、表贊各一篇，以代詩、賦。大和三年，試帖經，略問大義，取精通者，次試論、議各一篇。八年，禮部試以帖經、口義，次試策五篇，問經義者三，問時務者二。厥後變易，遂以詩賦爲第一場，論第二場，策第三場，帖經第四場。今陛下欲求理道而不以雕琢爲貴，得取士之實矣。

然考官以所試分考，不能通加評校，而每場輒退落，士之中否，殆繫于幸不幸。願約舊制，先策，次論，次賦及詩，次帖經、墨義，而敕有司併試四場，通較工拙，毋以一場得失爲去留。」詔有司議，稍施行焉。

既而知制誥富弼言曰：「國家沿隋、唐設進士科，自咸平、景德以來，爲法尤密，而得人之道，或有未至。且歷代取士，悉委有司，未聞天子親試也。至唐武后始有殿試，何足取哉？使禮部次高下以奏，而引諸殿廷，唱名賜第，則與殿試無以異矣。」遂詔罷殿試。而議者多言其輕上恩，隳故事，復如舊。

時范仲淹參知政事，意欲復古勸學，數言興學校，本行實。詔近臣議，於是宋祁等奏：「教不本于學校，士不察于鄉里，則不能覈名實。有司束以聲病，學者專於記誦，則不足盡人材。參考衆說，擇其便于今者，莫若使士皆土著，而教之于學校，然後州縣察其履行，則學者修飭矣。」乃詔州縣立學，士須在學三百日，乃聽預秋賦，舊嘗充賦者百日而止。試于州者，令相保任，有匿服、犯刑、虧行、冒名等禁。三場：先策，次論，次詩賦，通考爲去取，而罷帖經、墨義，士通經術願對大義者，試十道。仲淹既去，而執政意皆異。是冬，詔罷入學日限。言初令不便者甚衆，以爲詩賦聲病易考，而策論汗漫難知；祖宗以來，莫之有改，且得人嘗多矣。天子下其議，有司請如舊法。乃詔曰：「科舉舊條，皆先朝所定也，宜一切如故，前所更定令悉罷。」

會張方平知貢舉，言：「文章之變與政通。今設科選才，專取辭藝，士惟道義積于中，英華發于外，然則以文取士，所以叩諸外而質其中之蘊也。言而不度，則何觀焉。邇來文格日失其舊，各出新意，相勝為奇。朝廷惡其然，屢下詔書戒飭，而學者樂于放逸，罕能自還。今賦或八百字，論或千餘字，策或置所問而妄肆胸臆，漫陳他事，驅扇浮薄，重虧雅俗，豈取賢斂才備治具之意邪？其增習新體，澶漫不合程式，悉已考落，請申前詔，揭而示之。」

初，禮部奏名，以四百名為限，又諸科雜問大義，僥倖之人，悉以為不便。知制誥王珪奏曰：「唐自貞觀訖開元，文章最盛，較藝者歲千餘人，而所收無幾。咸亨、上元增其數，亦不及百人。國初取士，大抵唐制，逮興國中，貢舉之路寖廣，無有定數。比年官吏猥衆，故近詔限四百人，以懲其弊。且進士、明經先經義而後試策，三試皆通為中第，大略與進士等〔六〕，而諸科既不問經義，又無策試，止以誦數精粗為中否，則其專固不達于理，安足以長民治事哉？前詔諸科終場問本經大義十道，九經、五經科止問義而不責記誦，皆以著于令。言者以為難於遽更，而圖安于弊也。惟陛下申敕有司，固守是法，毋輒易焉。」

嘉祐二年，親試舉人，凡與殿試者始免黜落。時進士益相習為奇僻，鈎章棘句，寖失渾淳。歐陽脩知貢舉，尤以為患，痛裁抑之，仍嚴禁挾書者。既而試榜出，時所推譽，皆不在選。澆薄之士，候脩晨朝，羣聚詆斥之，街司邏卒不能止，至爲祭文投其家，卒不能求其主名置于法，然自是文體亦少變。待試京師者恆六七千人，一不幸有故不應詔，往往沉淪十數年，以此毁行干進者，不可勝數。

王洙侍邇英閣講周禮，至「三年大比，大考州里，以贊鄉大夫廢興。」上曰：「古者選士如此，今率四五歲一下詔，故士有抑而不得進者，孰若裁其數而屢舉也。」下有司議，咸請：「易以間歲之法，則無滯才之歎。薦舉數既減半，主司易以詳較，得士必精。且人少則有司易於檢察，僞濫自不能容，使寒苦藝學之人得進。」於是下詔：「間歲貢舉，進士、諸科悉解舊額之半。增設明經，試法：凡明兩經或三經、五經，各問大義十條，兩經通八，三經通六，五經通五爲合格，兼以論語、孝經，策時務三條，出身與進士等。而罷說書舉。」

時以科舉既數，而高第之人驟顯，欲稍裁抑。遂詔曰：「朕惟國之取士，與士之待舉，不可曠而冗也。故立間歲之期，以勵其勤；約貢舉之數，以精其選。著爲定式，申敕有司，而高第之人，嘗不次而用。若循舊比，終至濫官，甚無謂也。自今制科入第三等，與進士第一，除大理評事、簽書兩使幕職官；代還，升通判；再任滿，試館職。制科入第四等，與進士第二、第三，除兩使幕職官；代還，改次等京官。制科入第五等，與進士第四、第五，除試銜知縣；代還，遷兩使職官。鏁廳人視此。若夫高才異行，施於有政而功狀較然者，當以異恩擢焉。」仁宗之朝十有三舉，進士四千五百七十人；其甲第之三人凡三十有九，其後不至于公卿者，五人而已。英宗卽位，議者以間歲貢士法不便。迺詔禮部三歲一貢舉，天下解額，取未行間歲之前四之三爲率，明經、諸科毋過進士之數。

神宗篤意經學，深憫貢舉之弊，且以西北人材多不在選，遂議更法。王安石謂：「古之取士俱本于學，請興建學校以復古。其明經、諸科欲行廢罷，取明經人數增進士額。」迺詔曰：「化民成俗，必自庠序；進賢興能，抑繇貢舉。而四方執經藝者專于誦數，趨鄉舉者狃于文辭，與古所謂『三物賓興，九年大成』，亦已盭矣。今下郡國招徠雋賢，其敎育之方，課試之格，令兩制、兩省、待制以上、御史、三司、三館雜議以聞。」議者多謂變法便。直史館蘇軾曰：

得人之道，在於知人，知人之法，在於責實。使君相有知人之明，朝廷有責實之政，則胥吏〔七〕、皂隸，未嘗無人，雖用今之法，臣以爲有餘；使無知人之明，無責實之政，則公卿、侍從，常患無人，況學校貢舉乎？雖復古之制，臣以爲不足矣。

時有可否，物有興廢，使三代聖人復生于今，其選擧亦必有道，何必由學乎？且慶曆間嘗立學矣，天下以爲太平可待，至于今惟空名僅存。今陛下必欲求德行道藝之士，責九年大成之業，則將變今之禮，易今之俗。又當發民力以治宮室，斂民財以養游士，置學立師；以又時簡不帥教者，屏之遠方，徒爲紛紛，其與慶曆之際何異？至於貢舉，或曰鄉舉德行而略文章；或曰專取策論而罷詩賦；或欲舉唐故事，采譽望而罷封彌；或欲變經生帖、墨而考大義，此數者皆非也。

夫欲興德行，在於君人者修身以格物，審好惡以表俗，若欲設科立名以取之，則是教天下相率而爲僞也。上以孝取人，則勇者割股，怯者廬墓。上以廉取人，則弊車、羸馬、惡衣、菲食，凡可以中上意者無所不至。自文章言之，則策論爲有用，詩賦爲無益；自政事言之，則詩賦、論策均爲無用。然自祖宗以來莫之廢者，以爲設法取士，不過如此也。近世文章華麗，無如楊億。使億尚在，則忠清鯁亮之士也。通經學古，無如孫復、石介。使復、介尚在，則迂闊誕謾之士也。矧自唐至今，以詩賦爲名臣者，不可勝數，何負於天下，而必欲廢之。

帝讀軾疏曰：「吾固疑此，得軾議，釋然矣。」他日問王安石，對曰：「今人材乏少，且其學術不一，異論紛然，不能一道德故也。一道德則修學校，欲修學校，則貢舉法不可不變。若謂此科嘗多得人，自緣仕進別無他路，其間不容無賢；若謂科法已善，則未也。今以少壯時，正當講求天下正理，乃閉門學作詩賦，及其入官，世事皆所不習，此科法敗壞人材，致不如古。」

既而中書門下又言：「古之取士，皆本學校，道德一於上，習俗成於下，其人才皆足以有爲於世。今欲追復古制，則患於無漸。宜先除去聲病偶對之文，使學者得專意經術，以俟朝廷興建學校，然後講求三代所以教育選舉之法，施於天下，則庶幾可以復古矣。」於是改法，罷詩賦、帖經、墨義，士各占治易、詩、書、周禮、禮記一經，兼論語、孟子。每試四場，初大經，次兼經，大義凡十道，後改論語、孟子義各三道。次論一首，次策三道，禮部試卽增二道。中書撰大義式頒行。試義者須通經、有文采乃爲中格，不但如明經墨義粗解章句而已。取諸科解名十之三，增進士額，京東西、陝西、河北、河東五路之創試進士者，及府、監、他路之舍諸科而爲進士者，乃得所增之額以試。皆別爲一號攷取，蓋欲優其業，使不至外侵，則常慕向改業也。

又立新科明法，試律令、刑統大義、斷桉，所以待諸科之不能業進士者。未幾，選人、任子，亦試律令始出官。又詔進士自第三人以下試法。或言：「高科任簽判及職官，於習法豈所宜緩。昔試刑法者，世皆指爲俗吏，今朝廷推恩既厚，而應者尙少，若高科不試，則人不以爲榮。」乃詔悉試。帝嘗言：「近世士大夫，多不習法。」吳充曰：「漢陳寵以法律授徒，常數百人。律學在六學之一，後來縉紳，多恥此學。舊明法科徒誦其文，罕通其意，近補官必聚而試之，有以見恤刑之意。」

熙寧三年，親試進士，始專以策，定著限以千字。舊特奏名人試論一道，至是亦制策焉。帝謂執政曰：「對策亦何足以實盡人材，然愈於以詩賦取人爾。」舊制，進士入謝，進謝恩銀百兩，至是罷之〔八〕。仍賜錢三千，爲期集費。諸州舉送、發解、考試、監試官，凡親戚若門客毋試於其州，類其名上之轉運司，與鎖廳者同試，率七人特立一額。後復令存諸科舊額十之一，以待不能改業者。

元祐初，知貢舉蘇軾、孔文仲言：「每一試，進士、諸科及特奏名約八九百人。舊制，禮部已奏名，至御試而黜者甚多。嘉祐始盡賜出身，近雜犯亦免黜落，皆非祖宗本意。進士升甲，本爲南省第一人，唱名近下，方特升之，皆出一時聖斷。今禮部十人以上，別試、國子、開封解試、武舉第一人，經明行修進士及該特奏而預正奏者，定著于令，遞升一甲。則是法在有司，恩不歸於人主，甚無謂也。今特奏者約已及四百五十人，又許例外遞減一舉，則當復增數百人。此曹垂老無他望，布在州縣，惟務黷貨以爲歸計。前後恩科命官，幾千人矣，何有一人能自奮厲，有聞于時？而殘民敗官者，不可勝數。以此知其無益有損。議者不過謂宜廣恩澤，不知吏部以有限之官待無窮之吏，戶部以有限之財祿無用之人，而所至州縣，舉罷其害。乃卽位之初，有此過舉，謂之恩澤，非臣所識也。願斷自聖意，止用前命，仍詔考官量取一二十人，誠有學問，卽許出官。其餘皆補文學、長史之類，不理選限，免使積弊增重不已。」遂詔定特奏名攷取數，進士入四等以上、諸科入三等以上，通在試者計之，毋得取過全額之半，是後著爲令。

時方改更先朝之政，禮部請置春秋博士，專爲一經。尙書省請復詩賦，與經義兼行，解經通用先儒傳注及己說。又言：「新科明法中者，吏部卽注司法，敍名在及第進士之上。舊明法最爲下科，然必責之兼經，古者先德後刑之意也。欲加試論語大義，仍裁半額，注官依科目次序。」詔近臣集議。左僕射司馬光曰：「取士之道，當先德行，後文學；就文學言之，經術又當先於詞采。神宗專用經義、論策取士，此乃復先王令典，百王不易之法。但王安石不當以一家私學，令天下學官講解。至於律令，皆當官所須，使爲士者果能知道義，自與法律冥合；何必置明法一科，習爲刻薄，非所以長育人材、敦厚風俗也。」

四年，乃立經義、詩賦兩科，罷試律義。凡詩賦進士，於易、詩、書、周禮、禮記、春秋左傳內聽習一經。初試本經義二道，語、孟義各一道，次試賦及律詩各一首，次論一首，末試子、史、時務策二道。凡專經進士，須習兩經，以詩、禮記、周禮、左氏春秋爲大經，書、易、公羊、穀梁、儀禮爲中經，左氏春秋得兼公羊、穀梁、書，周禮得兼儀禮或易，禮記、詩並兼書，願習二大經者聽，不得偏占兩中經。初試本經義三道，論語義一道，次試本經義三道，孟子義一道，次論策，如詩賦科。並以四場通定高下，而取解額中分之，各占其半。專經者用經義定取舍，兼詩賦者以詩賦爲去留，其名次高下，則於策論參之。自復詩賦，士多鄉習，而專經者十無二三，諸路奏以分額各取非均，其後遂通定去留，經義毋過通額三分之一。

光又請：「立經明行修科，歲委升朝文臣各舉所知，以勉勵天下，使敦士行，以示不專取文學之意。若所舉人違犯名教及贓私罪，必坐舉主，毋有所赦，則自不敢妄舉。而士之居鄉、居家者，立身行己，不敢不謹，惟懼玷缺外聞。所謂不言之教，不肅而成，不待學官日訓月察，立賞告訐，而士行自美矣。」遂立科，許各舉一人。凡試進士者，及中第唱名日，用以升甲。後分路別立額六十一人，州縣保任上之監司，監司考察以聞，無其人則否。預薦者不試于州郡，惟試禮部。不中，許用特奏名格赴廷試，後以爲常。既而詔須特命舉乃舉，毋概以科場年上其名。

六年，詔復通禮科。初，開寶中，改鄉貢開元禮爲通禮，熙寧嘗罷，至是始復。凡禮部試，添知舉官爲四員，罷差參詳官，而置點檢官二十人，分屬四知舉，使協力通攷；諸州點檢官專校褾犯，亦預考試。

八年，中書請御試復用祖宗法，試詩賦、論、策三題。且言：「士子多已改習詩賦，太學生員總二千一百餘人，而不兼詩賦者纔八十二人。」於是詔：「來年御試，習詩賦人復試三題，專經人且令試策。自後概試三題。」帝既親政，羣臣多言元祐所更學校、科舉制度非是，帝念宣仁保佑之功，不許改。紹聖初，議者益多，乃詔進士罷詩賦，專習經義，廷對仍試策。初，神宗念字學廢缺，詔儒臣探討，而王安石乃進其說，學者習焉。元祐禁勿用。至是，除其禁。四年，詔禮部，凡內外試題悉集以爲籍，遇試，頒付考官，以防複出。罷春秋科，凡試，優取二禮，兩經許占全額之半，而以其半及他經。既而復立春秋博士，崇寧又罷之。

徽宗設辟雍於國郊，以待士之升貢者。臨幸，加恩博士弟子有差。然州郡猶以科舉取士，不專學校。崇寧三年，遂詔：「天下取士，悉由學校升貢，其州郡發解及試禮部法並罷。」自此，歲試上舍，悉差知舉，如禮部試。五年，詔：「大比歲更參用科舉取士一次，其亟以此意使遠士卽聞之。」時州縣悉行三舍法，得免試入學者，多當官子弟，而在學積歲月，累試乃得應格，其貧且老者甚病之，故詔及此，而未遽廢科舉也。大觀四年五月，星變，凡事多所更定。侍御史毛注言：「養士既有額，而科舉又罷，則不隸學籍者，遂致失職。天之視聽以民，士，其民之秀者，今失職如此，疑天亦譴怒。願以解額之歸升貢者一二分，不絕科舉，亦應天之一也。」遂詔更行科舉一次。臣僚言：「場屋之文，專尚偶麗，題雖無兩意，必欲釐而爲二，以就對偶；其超詣理趣者，反指以爲澹泊。請擇考官而戒飭之，取其有理致而黜其強爲對偶者，庶幾稍救文弊。」

宣和三年，詔罷天下三舍法，開封府及諸路並以科舉取士；惟太學仍存三舍，以甄序課試，遇科舉仍自發解。六年，禮部試進士萬五千人，詔特增百人額，正奏名賜第者八百餘人，因上書獻頌直令赴試者殆百人。有儲宏等隸大閹梁師成爲使臣或小史，皆賜之第。梁師成者，於大觀三年嘗中甲科。自設科以來，南宮試者，無踰此年之盛。然雜流閹宦，俱玷選舉，而祖宗之良法蕩然矣。凡士不繇科舉若三舍而賜進士第及出身者，其所從得不一。凡遺逸、文學、吏能言事或奏對稱旨，或試法而經律入優，或材武、或童子而皆能文，或邊臣之子以功來奏，其得之雖有當否，大較猶可取也。崇寧、大觀之後，達官貴冑既多得賜，以上書獻頌而得者，又不勝紀。

校勘記

〔一〕是年　承上文指乾德元年，宋會要選舉一四之一三、長編卷五都繫此事於乾德二年。

〔二〕三年　承上文當卽乾德三年。長編卷九繫此事於開寶元年三月，宋會要選舉三之二則繫於乾德六年三月。按乾德六年十一月改元開寶，乾德六年與開寶元年爲同一年。此「三年」，疑是「六年」之訛。

〔三〕帝自爲詩二章賜之　「二」原作「一」，據宋會要選舉七之二、通考卷三〇選舉考改。

〔四〕文理周率　長編卷七六作「文理周密」。

〔五〕五年　承上文指景德五年，但景德無五年，宋會要選舉三之一〇、通考卷三〇選舉考都繫在大中祥符五年。此「五年」疑是大中祥符五年，志文失書紀元。

〔六〕且進士明經先經義而後試策三試皆通爲中第大略與進士等　文義欠明。按王珪華陽集卷七諸科問經義奏狀：「然當時士選之盛者，惟明經、進士而已。蓋明經先問義而後策試，三試而皆通者爲得第，其大略與進士等。」長編卷一八一：「取士惟進士、明經諸科，明經先經義而後論策，三試皆通爲中第，其大略與進士等。」疑此處有誤。

〔七〕胥吏　原作「胥史」，據蘇東坡奏議集卷一議學校貢舉狀、通考卷三一改。

〔八〕進士入謝進謝恩銀百兩至是罷之　「入」下的「謝」字原脫，據長編卷二四四、通考卷三一選舉考補。承上文此處所稱「至是」當是指熙寧三年；上述兩書都繫此事於熙寧六年，疑志文失書紀年。又「百兩」，長編作「三百兩」。

宋史卷一百五十六

志第一百九

選舉二 科目下 舉遺逸附

高宗建炎初，駐蹕揚州，時方用武，念士人不能至行在，下詔：「諸道提刑司選官即轉運置司州、軍引試〔一〕，使副或判官一人董之。河東路附京西轉運司。國子監、開封府人就試於留守司，命御史一人董之。國子監人願就本路試者聽。」二年，定詩賦、經義取士，第一場詩賦各一首，習經義者本經義三道，語、孟義各一道；第二場並論一道；第三場並策三道。殿試策如之。自紹聖後，舉人不習詩賦，至是始復，遂除政和令命官私相傳習詩賦之禁。又詔：「下第進士，年四十以上六舉經御試、八舉經省試，五十以上四舉經御試、五舉經省試者，河北、河東、陝西特各減一舉；元符以前到省，兩舉者不限年，一舉年五十五已上者：諸道轉運司、開封府悉以名聞，許直赴廷試。」

是秋，四方士集行在，帝親策于集英殿，第爲五等，賜正奏名李易以下四百五十一人進士及第、進士出身、同學究出身、同出身。第一人爲左宣教郎，第二、第三人左宣義郎，第四、第五人左儒林郎。第一甲第六名以下並左文林郎，第二甲並左從事郎，第三甲以下並左迪功郎。特奏名第一人附第二甲，賜進士及第，第二、第三人賜同進士出身，餘賜同學究出身。登仕郎、京府助教、上下州文學、諸州助教入五等者，亦與調官。川、陝、河北、京東正奏名不赴者一百三人，以龍飛特恩，卽家賜第。故事，廷試上十名，內侍先以卷奏定高下。帝曰：「取士當務至公，豈容以己意升降，自今勿先進卷。」

三年，詔：「過省進士赴御試不及者，令漕臣據元舉送狀申省，給敕賜同進士出身。其計舉者，賜下州文學，並釋褐焉。」左司諫唐煇言：「舊制，省試用六曹尙書、翰林學士知貢舉，侍郎、給事中同知貢舉，卿監、郎官參詳，館職、學官點檢，御史監視，故能至公厭人心。今諸道類試，顓委憲臣，姦弊滋生，才否貿亂，士論囂然，甚不稱更制設科之意，請並還禮部。」遂罷諸道類試。四年，復川、陝試如故。

紹興元年，當祀明堂，復詔諸道類試，擇憲、漕或帥守中文學之人總其事，使精選考官。於是四川宣撫處置使張浚始以便宜令川、陝舉人，卽置司州試之。會侯延慶言：「兵興，太學既罷，諸生解散，行在職事及釐務官隨行有服親及門客，往往鄉貢隔絕，請立應舉法，以國子監進士爲名。」令轉運司附試。又詔：「京畿、京東西、河北、陝西、淮南士人轉徙東南者，令於寓戶州軍附試，別號取放。」

時諸道貢籍多燬於兵，乃詔轉運司令舉人具元符以後得解、升貢、戶貫、三代、治經，置籍于禮部，以稽考焉。應該恩免解舉人，值兵燬失公據者，召京官二員委保，所在州軍給據，仍申部注籍。侍御史曾統請取士止用詞賦，未須兼經，高宗亦以古今治亂多載于史，經義登科者類不通史，將從其議。左僕射呂頤浩曰：「經義、詞賦均以言取人，宜如舊。」遂止。

二年，廷試，手詔諭考官，當崇直言，抑諛佞。得張九成以下二百五十九人，凌景夏第二。呂頤浩言景夏詞勝九成，請更寘第一。帝曰：「士人初進，便須別其忠佞，九成所對，無所畏避，宜擢首選。」九成以類試、廷策俱第一，命特進一官。時進士卷有犯御名者，帝曰：「豈以朕名妨人進取邪？」令寘本等。又命應及第人各進一秩。舊制，潛藩州郡舉人，必曾請舉兩到省已上乃得試。帝嘗封蜀國公，是年，蜀州舉人以帝登極恩，徑赴類省試，自是爲例。

五年，初試進士于南省，戒飭有司：「商搉去取，毋以絺繪章句爲工，當以淵源學問爲尙。事關教化、有益治體者，毋以切直爲嫌。言無根柢、肆爲蔓衍者，不在採錄。」「舉人程定制。

文，許通用古今諸儒之說，及出己意，文理優長爲合格。」三月，御試奏名，汪應辰第一。初，考官以有官人黃中第一，帝訪諸沈應求，應求以沈遘與馮京故事對，乃更擢應辰爲魁，遂爲定制。

舊制，御試初考既分等第，印封送覆考定之，詳定所或從初，或從覆，不許別自立等。嘉祐中廢。至是，知制誥孫近奏：「若遵舊制，則高下升黜，盡出詳定官，初、覆考爲虛設。請自今初、覆考皆未當，始許奏稟別置等第。」諫議大夫趙霈請用崇寧令，凡隔二等、累及五人許行奏稟，從之。是年，川、陝進士止試宣撫司，特奏名則置院差官，試時務策一道，禮部具取放分數、推恩等第頒示之。

舊法，隨侍見任守倅等官，在本貫二千里外，曰「滿里子弟」；試官內外有服親及婚姻家，曰「避親」；館于見任門下，曰「門客」。是三等許牒試，否則不預。間有背本宗而竄他譜，飛賕而移試他道者，議者病之。六年，詔牒試應避者，令本司長官、州守倅、縣令委保，詭冒者連坐。

七年，命行在職事、釐務官并宗子應舉、取應及有官人，並於行在赴國子監試，始命各差詞賦、經義考官。八年，以平江府四經巡幸，其得解舉人援臨安、建康駐蹕例，各免文解一次。時聞徽宗崩，未及大祥，禮部言：故事，因諒闇罷殿試，則省試第一人爲榜首，補兩使職官。帝特命爲左承事郎，自此率以爲常。九年，以陝西舉人久陷北境，理宜優異，非四川比，令禮部別號取放。川、陝分類試額自此始。是歲，以科試、明堂同在嗣歲，省司財計艱於辦給，又患初仕待闕率四五年，若使進士、蔭人同時差注，俱爲不便，增展一年，則合舊制。十年，遂詔諸州依條發解，十二年正月省試，三月御試，後皆準此。

十三年，國子司業高閌言：「取士當先經術。請參合三場，以本經、語、孟義各一道爲首，詩賦各一首次之，子史論一道、時務策一道又次之，庶幾如古試法。又春秋義當於正經出題。」並從之。初立同文館試，凡居行在去本貫及千里已上者，許附試于國子監。十五年，凡特奏名賜同學究出身者，舊京府助教今改將仕郎。是歲，始定依汴京舊制，正奏及特恩分兩日唱名。十七年，申禁程文全用本朝人文集或歌頌及佛書全句者，皆不考〔三〕。

十八年，以浙漕舉人有勢家行賂、假手濫名者，諭有司立賞格，聽人捕告。十九年，詔：「自今鄉貢，前一歲，州軍屬縣長吏籍定合應舉人，以次年春縣上之州，州下之學，覈實引保，赴鄉飲酒，然後送試院。及期投狀射保者勿受。」自神宗朝程顥、程頤以道學倡于洛，四方師之，中興盛于東南，科舉之文稍用頤說。諫官陳公輔上疏詆頤學，乞加禁絕；秦檜入相，甚至指頤爲「專門」，侍御史汪勃請戒飭攸司，凡專門曲說，必加黜落；中丞曹筠亦請選汰用程說者：並從之。二十一年，御試得正奏名四百人，特奏名五百三十一人，中興以來，得人始盛。

二十二年，以士習周禮、禮記，較他經十無一二，恐其學寖廢，遂命州郡招延明於二禮者，俾立講說以表學校，及令考官優加誘進。舊諸州皆以八月選日試舉人，有趁數州取解者。二十四年，始定試期並用中秋日，四川則用季春，而仲秋類省。初，秦檜專國，其子熺廷試第一，檜陽引降第二名。是歲，檜孫塤舉進士，省試、廷對皆首選，姻黨曹冠等皆居高甲，後降塤第三。二十五年，檜死，帝懲其弊，遂命貢院遵故事，凡合格舉人有權要親族，並令覆試。仍奪塤出身，改冠等七人階官並帶「右」字，餘悉駁放。程、王之學，數年以來，宰相執論不一，趙鼎主程頤，秦檜主王安石。至是，詔自今毋拘一家之說，務求至當之論。道學之禁稍解矣。

自經、賦分科，聲律日盛，帝嘗曰：「向爲士不讀史，遂用詩賦。今則不讀經，不出數年，經學廢矣。」二十七年，詔復行兼經，如十三年之制。內第一場大小經義各減一道，如治二禮文義優長，許侵用諸經分數。時號爲四科。

舊蜀士赴廷試不及者，皆賜同進士出身。帝念其中有俊秀能取高第者，不宜例置下列，至是，遂諭都省寬展試期以待之。及唱名，閻安中第二，梁介第三，皆蜀士也，帝大悅。二十九年，孫道夫在經筵，極論四川類試請託之弊，請盡令赴禮部。帝曰：「後舉但當遣御史監之。」道夫持益堅，事下國子監，祭酒楊椿曰：「蜀去行在萬里，可使士子涉三峽、冒重湖邪？欲革其弊，一監試得人足矣。」遂詔監司，守倅賓客力可行者赴省，餘不在遣中。是歲，四川類省試始從朝廷差官。

初，類試第一人恩數優厚，視殿試第三人，賜進士及第；後以何耕對策忤秦檜，乃改禮部類試蜀士第一等人，並賜進士出身，自是無有不赴御試者。惟遇不親策，則類省試第一人恩數如舊，第二、第三人皆附第一甲，九名以上附第二甲焉。是年詔：「四川等處進士，路遠歸鄉試不及者，特就運司附試一次，仍別行考校，取旨立額。」

三十一年，禮部侍郎金安節言：「熙寧、元豐以來，經義詩賦，廢興離合，隨時更革，初無定制。近合科以來，通經者苦賦體雕刻，習賦者病經旨淵微，心有弗精，智難兼濟。又其甚者，論既併場，策問太寡，議論器識，無以盡人。士守傳注，史學盡廢，此後進往往得志，而老生宿儒多困也。請復立兩科，永爲成憲。」從之。於是士始有定嚮，而得專所習矣。既而建議者以爲兩科既分，解額未定，宜以國學及諸州解額三分爲率，二取經義，一取詩賦。若省試，則以累舉過省中數立爲定額而分之。詔下其議，然竟不果行。

孝宗初，詔川、廣進士之在行都者，令附試兩浙轉運司。隆興元年，御試第一人承事郎、簽書諸州節度判官，第二第三人文林郎、兩使職官，第四第五人從事郎、初等職官，第六人至第四甲並迪功郎、諸州司戶簿尉，第五甲守選。乾道元年，詔四川特奏名第一等第一名賜同學究出身，第二名至本等末補將仕郎，第二等至第四等賜下州文學，第五等諸州助教。二年，御試，始推登極恩，第一名宣義郎，第二名與第一名恩例，第三名承事郎；第一甲賜進士及第並文林郎，第二甲賜進士及第並從事郎，第三、第四甲進士出身，第五甲同進士出身；特奏名第一名賜進士出身，第二、第三名賜同進士出身。

四年，裁定牒試法：文武臣添差官除親子孫外並罷，其行在職事官除監察御史以上，餘並不許牒試。六年，詔諸道試官皆隔一郡選差，後又令歷三郡合符乃聽入院，防私弊也。

帝欲令文士能射御，武臣知詩書，命討論殿最之法。淳熙二年御試，唱第後二日，御殿，引按文士詹騤以下一百三十九人射藝。翌日，又引文士第五甲及特奏名一百五十二人。其日，進士具襴笏入殿起居〔三〕，易戎服，各給箭六，弓不限斗力，射者莫不振厲自獻，多命中焉。天子甚悅。凡三箭中帖爲上等，正奏第一人轉一官，與通判，餘循一資；二箭中爲中等，減二年磨勘；一箭中帖及一箭上垛爲下等，一任回不依次注官；上四甲能全中者取旨；第五甲射入上等注黃甲，餘升名次而已。特奏名五等人射藝合格與文學，不中者亦賜帛。

四年，罷同文館試。又命省試簾外官同姓異姓親若門客，亦依簾內官避親法，牒送別院。五年，以階、成、西和、鳳州正奏名比附特奏名五路人例，特升一甲。六年，詔特奏名自今三名取一，寘第四等以前，餘並入第五等，其末等納敕者止許一次，潛藩及五路舊升甲者今但升名。其後又許納敕三次，爲定制焉。

十一年，進士廷試不許見燭，其納卷最後者降黜之。舊制，廷試至暮許賜燭，然殿深易闇，日昃已燭出矣。凡賜燭，正奏名降一甲，第五甲降充本甲末名；特奏名降一等，第五等與攝助教。凡試藝于省闈及國子監、兩浙轉運司者，皆禁燭，其他郡國，率達旦乃出。十月，太常博士倪思言：「舉人輕視史學，今之論史者獨取漢、唐混一之事，三國、六朝、五代爲非盛世而恥談之，然其進取之得失，守禦之當否，籌策之疎密，區處兵民之方，形勢成敗之跡，俾加討究，有補國家。請諭春官：凡課試命題，雜出諸史，無所拘忌；考覈之際，稍以論策爲重，毋止以初場定去留。」從之。

十四年，御試正奏名王容第一。時帝策士，不盡由有司，是舉容本第三，親擢爲榜首。翰林學士洪邁言：「貢舉令：賦限三百六十字，論限五百字。今經義、論、策一道有至三千言，賦一篇幾六百言，寸晷之下，唯務貪多，累牘連篇，何由精妙？宜俾各遵體格，以返渾淳。」

時朱熹嘗欲罷詩賦，而分諸經、子、史、時務之年。其私議曰：「古者大學之教，以格物致知爲先，而其考校之法，又以九年知類通達、強立不反爲大成。今樂經亡而禮經闕，二戴之禮已非正經，而又廢其一。經之爲教已不能備，而治經者類皆捨其所難而就其易，僅窺其一而不及其餘。若諸子之學同出於聖人，諸史則該古今興亡治亂得失之變，皆不可闕者。而學者一旦豈能盡通？若合所當讀之書而分之以年，使之各以三年而共通其三四之一。凡易、詩、書爲一科，而子年、午年試之；周禮、儀禮及二戴記爲一科，而卯年試之；春秋及三傳爲一科，而酉年試之。義各二道，諸經皆兼大學、論語、中庸、孟子義一道。論則分諸子爲四科，而分年以附焉。諸史則左傳、國語、史記、兩漢爲一科，三國、晉書、南北史爲一科，新舊唐書、五代史爲一科。時務則律曆、地理爲一科〔四〕，以次分年如經、子之法，試策各二道。又使治經者各守家法，答義者必通貫經文，條舉衆說而斷以己意，有司命題必依章句，如是則士無不通之經、史，而皆可用於世矣。」其議雖未上，而天下誦之。

光宗初，以省試春淺，天尙寒，遂展至二月朔卜日，殿試于四月上旬。紹熙元年，仍按射，不合格者罷賜帛。舊命官鎖廳及避親舉人同試。三年，始令分場，以革假人試藝者，於是四蜀皆然。

寧宗慶元二年，韓侂胄襲秦檜餘論，指道學爲僞學，臺臣附和之，上章論列。劉德秀在省闈，奏請毁除語錄。既而知貢舉吏部尙書葉翥上言：「士狃於僞學，專習語錄詭誕之說、中庸大學之書，以文其非。有葉適進卷、陳傅良待遇集，士人傳誦其文，每用輒效。請令太學及州軍學，各以月試合格前三名程文，上御史臺考察，太學以月，諸路以季。其有舊習不改，則坐學官、提學司之罪。」是舉，語涉道學者，皆不預選。四年，以經義多用套類，父子兄弟相授，致天下士子不務實學。遂命有司：六經出題，各於本經摘出兩段文意相類者，合爲一題，以杜挾册讎僞之計。

嘉泰元年，起居舍人章良能陳主司三弊：一曰沮抑詞賦太甚，既暗削分數，又多置下陳。二曰假借春秋太過，諸處解榜，多寘首選。三曰國史、實錄等書禁民私藏，惟公卿子弟因父兄得以竊窺，冒禁傳寫，而有司乃取本朝故事，藏匿本末，發爲策問，寒士無繇盡知。命自今詩賦純正者寘之前列，春秋唯卓異者寘高等，餘當雜定，策題則必明白指問。四年，詔：「自今礙格、不礙格人試于漕司者，分院異題，永爲定制。」

開禧元年，詔：「禮部考試，以三場俱優爲上，二場優次之，一場優又次之，俱劣爲下。毋以片言隻字取人。編排既定，從知舉審定高下，永爲通考之法。」二年，以舉人姦弊滋多，命諸道漕司、州府、軍監，凡發解舉人，合格試卷姓名，類申禮部。候省試中，牒發御史臺，同禮部長貳參對字畫，關御藥院內侍照應，廷試字畫不同者，別榜駁放。

舊制，秋貢春試，皆置別頭場，以待舉人之避親者。自緦麻以上親及大功以上婚姻之家，皆牒送。惟臨軒親試，謂之天子門生，雖父兄爲考官，亦不避。嘉定元年，始因議臣有請，命朝官有親屬赴廷對者，免差充考校。十二年，命國子牒試，禁假託宗枝、遷就服屬，犯者必寘于罰。十五年，祕書郎何淡〔五〕言：「有司出題，強裂句讀，專務斷章，離絕旨意，破碎經文。望令革去舊習，使士子考注疏而辨異同，明綱領而識體要。」從之。

至理宗朝，姦弊愈滋。有司命題苟簡，或執偏見臆說，互相背馳，或發策用事訛舛，故士子眩惑，莫知適從，才者或反見遺。所取之士既不精，數年之後，復俾之主文，是非顚倒逾甚，時謂之繆種流傳。復容情任意，不學之流，往往中第。而舉人之弊凡五：曰傳義，曰換卷，曰易號，曰卷子出外，曰謄錄滅裂。迨寶慶二年，左諫議大夫朱端常奏防戢之策，謂：「試院監大門、中門官，乃一院襟喉切要，乞差有風力者。入試日，一切不許傳遞。門禁既嚴，則數弊自淸。士人暮夜納卷，易於散失。宜令封彌官躬親封鎖卷匱，士人親書幕曆投匱中。俟舉人盡出院，然後啓封，分類抄上，卽付謄錄所。明旦，申逐場名數于御史臺檢核。其撰號法，上一字許同，下二字各異，以杜訛易之弊。謄錄人選擇書手充，不許代名，具姓名字樣，申院覆寫檢實。傳義置窠之人，委臨安府嚴捕。其考官容情任意者，許臺諫風聞彈奏，重寘典憲。及出官錢，立賞格，許告捉懷挾、傳題、傳稿、全身代名入試之人。」帝悉從之，且命精擇考官，毋仍舊習。舊制，凡即位一降科詔，及大比之歲，二月一日一降詔，許發解，然後禮部徧牒諸路及四川州軍。至是，以四川鎖院改用二月二十一日，與降詔日相逼，遂改用正月十五日奏裁降詔。

紹定元年，有言舉人程文雷同，或一字不差。其弊有二：一則考官受賂，或授暗記，或與全篇，一家分傳謄寫；一則老儒賣文場屋，一人傳十，十人傳百，考官不暇參稽。於是命禮部戒飭，前申號三日，監試會聚考官，將合取卷參驗互考，稍涉雷同，卽與黜落。或仍前弊，以致覺察，則考官、監試一例黜退。初，省試奉敕差知貢舉一員，同知二員，內差臺諫官一員；參詳官若干員，內差監察御史一員。俾會聚考校，微寓彈壓糾察之意。韓侂胄用事，將鈐制士人，遂於三知舉外，別差同知一員，以諫官爲之，專董試事，不復干預考校，參詳官亦不差察官。於是約束峻切，氣燄薰灼。嘉泰間，更名監試，其失愈甚，製造簿曆，嚴立程限。至是，復舊制，三知舉內差一臺諫，十參詳內差一御史，仍戒飭試官，精加考校，如日力不給，卽展期限。

二年，臣僚言考官之弊：詞賦命題不明，致士子上請煩亂；經義不分房別考，致士子多悖經旨。遂飭考官明示詞賦題意，各房分經考校。凡廷試，唯蜀士到杭最遲，每展日以待。會有言：「蜀士嗜利，多引商貨押船，致留滯關津。」自是，定以四月上旬廷試，更不移展。三年，臣僚請：「學校、場屋，並禁斷章截句，破壞義理，及春秋經越年牽合。其程文，本古注、用先儒說者取之，穿鑿撰說者黜落。」

四年，臣僚甚言科場之弊，乞戒飭漕臣嚴選考官。地多經學，則博選通經者；地多賦學，則廣致能賦者。主文必兼經賦，乃可充其職。監試或倅貳不勝任，必別擇人。仍令有司量展揭封之期，庶考校詳悉，不致失士。於是命偏諭國子監及諸郡，恪意推行約束，違戾者彈劾治罪。初，四川類試，其事雖隸制司，而監試、考官共十員，唯大院別院監試、主文各一員從朝命，餘聽制司選差。自安丙差四員之外，權委成都帥守臨期從近取具。是歲，始仍舊朝命四員，餘從制司分選。

時場屋士子日盛，卷軸如山。有司不能偏觀，迫於日限，去取不能皆當。蓋士人既以本名納卷，或別爲名，或易以字，一人而納二三卷。不禁挾書，又許見燭，閩、浙諸郡又間日引試，中有一日之暇，甚至次日午方出。於是經義可作二三道，詩賦可成五六篇。舉人文章不精，考官困於披閱。幸皆中選，乃以兄弟承之，或轉售同族，姦詐百端，眞僞莫辨。乃命諸郡關防，於投卷之初，責鄉鄰覈實，嚴治虛僞之罪、縱容之罰，其弊稍息。

命官鎖廳及避親舉人，自紹熙分場各試，寒士憚之。緣避親人七人取一，其額太窄，咸以爲窘；而朝士之被差爲大院考官者，恐多妨其親，亦不願差。寒士於鄉舉千百取一之中，得預秋薦，以數千里之遠，辛勤赴省；而省闈差官，乃當相避。遂有隱身匿名不認親戚以求免者，憒濊憂沮狼狽旅邸者，彼此交怨，相視爲讎。至是，言者謂：「除大院收試外，以漕舉及待補國子生到省者，與避親人同試於別院，亦將不下數百。人數既多，其額自寬，寒士可不怨其親戚，朝士可不憚於被差。」從之。既而以諸路轉運司牒試，多營求僞冒之弊，遂罷之。其實有妨嫌者收試，每百人終場取一人，於各路州軍解額窄者量與均添，庶士子各安鄉里，無復詐競。於是臨安、紹興、温、台、福、婺、慶元、處、池、袁、潮、興化及四川諸州府，共增解額一百七十名。未幾，又命止許牒滿里親子孫及門客，召見任官二員委保，與有官礙格人各處收試，五十人取放一人。合牒親子孫別項隔截收試，不及五十人亦取一人。凡涉詐冒，並坐牒官、保官。

初，唐、鄧二州嘗陷于金，金滅，復得其地，命仍舊類試于襄陽，但別號考校，以優新附士子。舊制，光州解額七名，渡江後爲極邊，士子稀少，權赴試鄰州。淳熙間，本州自置科場，權放三名。至是，已五六十年，舉人十倍于前，遂命復還舊額。

端平元年，以牒試已罷，解額既增，命增額州郡措置關防，每人止納一卷，及開貢院添差考官。時有言：「門客及隨侍親子孫五十人取一，臨安府學三年類申人漕試七十取一，又令別試院分項異處收試，已爲煩碎；兼兩項士人習賦習書之外，習他經者差少，難於取放。」遂命將兩項混同收試考校，均作六十取一；京學見行食職事生員二百二十四名，別項發號考校，不限經賦，取放一名。

侍御史李鳴復等條列建言，謂：「臺諫充知舉、參詳，既留心考校，不能檢柅姦弊，欲乞仍舊差臺諫爲監試。懷挾之禁不嚴，皆爲具文，欲乞懸賞募人告捉，精選強敏巡按官及八廂等人，謹切巡邏，有犯，則鐫黜官員。考校不精，多緣點檢官不時供卷，及開院日迫，試卷沓至，知舉倉卒不及，遂致遺才，欲乞試院隨房置曆程督，點檢官書所供卷數，逐日押曆考校。試卷不遵舊式，務從簡便，點檢、參詳穿聯爲一，欲乞必如舊制，三場試卷分送三點檢、三參詳、三知舉，庶得詳審。試官互考經賦，未必精熟，欲乞前期約度試卷，經、賦凡若干，則各差試官若干，不至偏重。」並從之。

嘉熙元年，罷諸牒試，應郎官以上監司、守倅之門客及姑姨同宗之子弟，與游士之不便於歸鄉就試者，並混同試于轉運司，各從所寓縣給據，徑赴司納卷，一如鄉舉之法。家狀各書本貫，不問其所從來，而定其名「寓試」，以四十名爲額，就試如滿五十人，則臨時取旨增放。又罷諸路轉運司及諸州軍府所取待補國子生，自明年並許赴國子監混試。以士子數多，命於禮部及臨安轉運司兩試院外，紹興、安吉各置一院，從朝廷差官前詣，同日引試，分各路士人就試焉。同在京，不許見燭。是年，已失京西諸州軍，士多徙寓江陵、鄂州，命京湖制置司於江陵別立貢院，取德安府、荆門軍、歸峽復三州及隨、郢、均、房等京西七郡士人，別差官混試，用十二郡元額混取以優之。

牒試既罷，又復冒求國子，士大夫爲子弟計者，輒牒外方他族，利爲場屋相資，或公然受價以鬻。命偏諭百官司知雜司等：如已準朝廷辨驗，批書印紙，批下國子監收試，卽報赴試人躬赴監。一姓結爲一保，每保不過十人，責立罪罰，當官書押，遞相委保，各給告示，方許投納試卷。冒牒官降官罷任，或一時失於參照，誤牒他族，許自陳悔牒一次。冒牒中選之人，限主保官、舉人一月自首，舉人駁放，主保官免罪；出限不首者，仍照前條罪之。凡類試卷，封彌作弊不一。至是，命前期於兩浙轉運司、臨安府選見役吏胥共三十人，差近上一名部轄入院，十名專管詩賦，餘分管諸經。各隨所管號，於引試之夕，分尋試卷，各置簿封彌，不許混亂；却別差一吏將號置曆，發過謄錄所書寫。其簿、曆，封彌官收掌，不經吏手，不許謄錄人干預，以革其弊。

二年，省試下第及遊學人，並就臨安府給據，赴兩浙轉運司混試待補太學生。臣僚言：「國子牒試之弊，冒濫滋甚。在朝之士，有強認疎遠之親爲近屬者，有各私親故換易而互牒者，有爲權勢所軋、人情所牽應命而泛及者，有自揆子弟非才、牒同姓之雋茂利其假手者，有文藝素乏、執格法以求牒轉售同姓以謀利者。今後令牒官各從本職長官具朝典狀保明，先期取本官知委狀，仍立賞格，許人指實陳首。冒牒之官，按劾鐫秩；受牒之人，駁放殿舉；保官亦與連坐。專令御史臺覺察，都省勘會。類申門客、滿里子孫仍前漕試，六十人取一，較之他處雖甚優，而取無定額，士有疑心，就試者少。宜令額寬而試者衆，塗一而取之精。」遂依前例放行寓試，以四十名爲定額，仍前待補；其類申門客、滿里子孫及附試並罷。

淳祐元年，臣僚言：「既復諸路漕試，合國子試、兩項科舉及免舉人，不下千數。宜復撥漕舉、胄舉同避親人並就別院引試，使大院無卷冗之患，小院無額窄之弊。」從之。時淮南諸州郡歲有兵禍，士子不得以時赴鄉試，且漕司分差試官，路梗不可徑達。三年，命淮東州郡附鎭江府秋試，淮西州郡附建康試，蘄、黃、光三州、安慶府附江州試。三試所各增差試官二員，別項考校，照各州元額取放。是歲，兩浙轉運司寓試終場滿五千人，特命增放二名，後雖多不增；如不及五千人，止依元額。別院之試，大率士子與試官實有親嫌者，紹定間，以漕試、胄試無親可避者亦許試，或謂時相徇於勢要子弟故也；端平初，撥歸大院，寒雋便之；淳祐元年，又復赴別院，是使不應避親之人抑而就此，使天下士子無故析而爲二，殊失別試之初意。至是，依端平釐正之，復歸大院。

九年，以臣僚言：「士子又有免解僞冒入試者，或父兄沒而竊代其名，或同族物故而塡其籍。」於是令自本貫保明給據，類其姓名先申禮部，各州揭以示衆，犯者許告捉，依鬻舉法治罪。十二年，廣南西路言：「所部二十五郡，科選於春官者僅一二，蓋山林質樸，不能與中土士子同工，請授兩淮、荊襄例別考。」朝廷從其請。自是，廣南分東、西兩路。

寶祐二年，監察御史陳大方言：「士風日薄，文場多弊。乞將發解士人初請舉者，從所司給帖赴省，別給一曆，如命官印紙之法，批書發解之年及本名年貫、保官姓名，執赴禮部，又批赴省之年，長貳印署。赴監試者同。如將來免解、免省，到殿批書亦如之。如無曆則不收試。候出官日赴吏部繳納，換給印紙。應合免解、免省人，亦從先發解處照此給曆。如省、殿中選，將元曆發下御史臺考察，以憑注闕給告。士子得曆，可爲據證；有司因曆，可加稽驗。日前僞冒之人，可不却而自遁。」遂自明年始行之。

鄉貢、監補、省試皆有覆試，然銓擇猶未精，其間濫名充貢者，不可欺同舉之人，冒選橋門者，不逃於本齋之職事。遂命今後本州審察，必責同舉之聯保，監學簾引，必責長諭之證實，並使結罪，方與放行。中書覆試，凡涉再引，非繫雜犯，並先劄報各處漕司，每遇詔舉，必加稽驗。凡覆試，令宰執出題，不許都司干預，仍日輪臺諫一員，簾外監試。四年，命在朝之臣，除宰執、侍從、臺諫外，自卿監、郎官以下至釐務官，各具三代宗支圖三本，結立罪狀，申尙書省、御史臺及禮部，所屬各置簿籍，存留照應。遇屬子孫登科、發解、入學、奏補事故，並具申入鑿。後由外任登朝，亦於供職日後，具圖籍記如上法。遇胄試之年，照朝廷限員，於內牒能應舉人就試，以革胄牒冒濫之弊。

景定二年，胄子牒試員：宰執牒緦麻以上親增作四十人，侍從、臺諫、給事中、舍人小功以上親增作二十七人，卿監、郎官、祕書省官、四總領小功以上親增作二十人，寺監丞簿、學官、二令大功以上親增作十五人，六院、四轄、省部門、史館校勘、檢閱大功以上親增作十人，臨安府通判牒大功以上親增作八人，餘應牒親子孫者，一仍舊制。

度宗初，以雷同假手之弊，多由於州郡試院繼燭達旦，或至次日辰、巳猶未出院，其所以間日者，不惟止可以惠不能文之人，適足以害能文之士，遂一遵舊制，連試三日。時諸州郡以鄉貢終場人衆而元額少，自咸淳九年爲始，視終場人多寡，每二百人取放一名。以士子數多，增參詳官二員，點檢試卷官六員。又以臣僚條上科場之弊，以大院別院參詳官、點檢試卷官兼考雷同，又監試兼專一詳定雷同試卷，不預考校。遂罷簾外點檢雷同官，國子監解試雷同官亦罷。

先是，州郡鄉貢未有覆試。會言者謂冒濫之弊，惟在鄉貢，遂命漕臣及帥守於解試揭曉之前，點差有出身倅貳或幕官專充覆試。盡一日命題考校，解名多者，斟酌分日。但能行文不繆、說理優通、覺非假手卽取，非才不通就與駁放。如將來省覆不通，罪及元覆試漕守之臣及考校官。十年，省試，命大院、別院監試官於坐圖未定之先，親監分布坐次，嚴禁書鋪等人，不許縱容士子拋離座案，過越廊分，爲傳義假手之地。時成都已歸附我朝，殿試擬五月五日，以蜀士至者絕少，展至末旬。又因覆試特奏名至部猶少，展作六月七日。近臣以隆暑爲請，復命立秋後擇日。七月八日，度宗崩，竟不畢試。嗣君卽位，下禮部討論，援引皆未當，既不可謂之亮陰，又不可不赴廷對，乃倣召試館職之制而行之。

新進士舊有期集，渡江後置局於禮部貢院，特旨賜餐錢，唱第之三日赴焉。上三人得自擇同升之彥，分職有差。朝謝後拜黃甲，其儀設褥于堂上，東西相向，皆再拜。拜已，擇榜中年長者一人，狀元拜之，復擇最少者一人拜狀元。所以侈寵靈，重年好，明長少也。

制舉無常科，所以待天下之才傑，天子每親策之。然宋之得才，多由進士，而以是科應詔者少。惟召試館職及後來博學宏詞，而得忠鯁文學之士。或起之山林，或取之朝著，召之州縣，多至大用焉。太祖始置賢良方正能直言極諫、經學優深可爲師法、詳閑吏理達於教化凡三科，不限前資、見任職官，黃衣、草澤，悉許應詔，對策三千言，詞理俱優則中選。乾德初，以郡縣亡應令者，慮有司舉賢之道或未至也，迺詔許士子詣闕自薦。四年，有司僅舉直言極諫一人，堪爲師法一人，召陶穀等發策，帝親御殿臨視之，給硯席坐于殿之西隅。及對策，詞理疏闊，不應所問，賜酒饌宴勞而遣之。

開寶八年，詔諸州察民有孝弟力田、奇才異行或文武材幹、年二十至五十可任使者，具送闕下，如無人塞詔，亦以實聞。九年，諸道舉孝弟力田及有才武者凡七百四十人，詔翰林學士李昉等於禮部試其業，一無可采。而濮州以孝悌薦名者三百七十人，帝駭其多，召對講武殿，率不如詔。猶自陳素習武事，復試以騎射，輒顚隕失次。帝紿曰：「是宜隸兵籍。」皆號呼乞免，乃悉罷去。詔劾本部濫舉之罪。

咸平四年，詔學士、兩省御史臺五品、尙書省諸司四品以上〔六〕，於內外京朝幕府州縣官、草澤中，各舉賢良方正一人，不得以見任轉運使及館閣職事人應詔。是年，策祕書丞查道等七人，皆入第四等。景德二年，增置博通墳典達於教化、才識兼茂明於體用、武足安邊、洞明韜略運籌決勝、軍謀宏遠材任邊寄等科，詔中書門下試察其才，具名聞奏，將臨軒親策之。自是應令者寖廣，而得中高等亦少。

太宗以來，凡特旨召試者，於中書學士舍人院，或特遣官專試，所試詩、賦、論、頌、策、制誥，或三篇，或一篇，中格則授以館職。景德後，惟將命爲知制誥者，乃試制誥三道。每道百五十字。東封及祀汾陰時，獻文者多試業得官，蓋特恩也。時言者以爲：「兩漢舉賢良，多因兵荒災變，所以詢訪闕政。今國家受瑞登封，無闕政也，安取此？」迺罷其科，惟吏部設宏詞、拔萃、平判等科如舊制。

仁宗初，詔曰：「朕開數路以詳延天下之士，而制舉獨久不設，意者吾豪傑或以故見遺也，其復置此科。」於是增其名，曰：賢良方正能直言極諫科，博通墳典明於教化科，才識兼茂明於體用科，詳明吏理可使從政科，識洞韜略運籌帷幄科，軍謀宏遠材任邊寄科，凡六，以待京、朝之被舉及起應選者。又置書判拔萃科，以待選人。又置高蹈丘園科，沉淪草澤科，茂材異等科，以待布衣之被舉者。其法先上藝業于有司，有司較之，然後試祕閣，中格，然後天子親策之。

治平三年，命宰執舉館職各五人。先是，英宗謂中書曰：「水潦爲災，言事者云『咎在不能進賢』，何也？」歐陽脩曰：「近年進賢路狹，往時入館有三路，今塞其二矣。進士高科，一路也；大臣薦舉，一路也；因差遣例除，一路也。往年進士五人以上皆得試，第一人及第不十年有至輔相者，今第一人兩任方得試，而第二人以下不復試，是高科路塞矣。往時大臣薦舉卽召試，今只令上簿候缺人乃試，是薦舉路塞矣。惟有因差遣例除者，半是年勞老病之人。此臣所謂薦舉路狹也。」帝納之，故有是命。韓琦、曾公亮、趙槩等舉蔡延慶以下凡二十人，皆令召試，宰臣以人多難之。帝曰：「旣委公等舉之，苟賢，豈患多也？先召試蔡延慶等十人，餘須後時。」神宗以進士試策，與制科無異，遂詔罷之。試館職則罷詩、賦，更以策、論。

元祐二年〔七〕，復制科。凡廷試前一年，舉奏官具所舉者策、論五十首奏上，而次年試論六首，御試策一道，召試、除官、推恩略如舊制〔八〕。右正言劉安世建言：「祖宗之待館職也，儲之英傑之地以飭其名節，觀以古今之書而開益其聰明，稍優其廩，不責以吏事，所以滋長德器，養成名卿賢相也。近歲其選寖輕，或緣世賞，或以軍功，或酬聚斂之能，或徇權貴之薦。未嘗較試，遂獲貼職，多開倖門，恐非祖宗德意。望明詔執政，詳求文學行誼，審其果可長育，然後召試，非試毋得輒命，庶名器重而賢能進。」三年，乃詔：「大臣奏舉館職，並如舊召試、除授，惟朝廷特除，不用此令。」安世復奏曰：「祖宗時入館，鮮不由試。惟其望實素著，治狀顯白，或累持使節，或移鎭大藩，欲示優恩，方令貼職。今既過聽臣言，追復舊制，又謂『朝廷特除，不在此限』。則是人材高下，資歷深淺，但非奏舉，皆可直除〔九〕，名爲更張，弊源尚在〔一〇〕。願倣故事，資序及轉運使，方可以特命除授，庶塞僥倖，以重館職之選。」

紹聖初，哲宗謂：「制科試策，對時政得失，進士策亦可言。」因詔罷制科。既而三省言：「今進士純用經術。如詔誥、章表、箴銘、賦頌、赦敕、檄書、露布、誡諭，其文皆朝廷官守日用不可闕，且無以兼收文學博異之士。」遂改置宏詞科，歲許進士及第者詣禮部請試，如見守官則受代乃請，率以春試上舍生附試，不自立院也。試章表、露布、檄書用駢儷體，頌、箴銘、誡諭、序記用古體或駢儷，惟詔誥、赦敕不以爲題。凡試二日四題，試者雖多，取毋過五人，中程則上之三省覆試之，分上、中二等，推恩有差；詞藝超異者，奏取旨命官。大觀四年詔：「宏詞科格法未詳，不足以致文學之士，改立詞學兼茂科，歲附貢士院試，取毋過三人。」政和增爲五人。不試檄書，增制誥，以歷代史事借擬爲之，中格則授館職。宰臣執政親屬毋得試。宣和罷試上舍，乃隨進士試于禮部。

紹興元年，初復館職試，凡預召者，學士院試時務策一道，天子親覽焉。然是時校書多不試，而正字或試或否。二年，詔舉賢良方正能直言極諫科，一遵舊制，自尚書兩省諫議大夫以上、御史中丞、學士、待制各舉一人。凡應詔者，先具所著策、論五十篇繳進，兩省侍從參考之，分爲三等，次優以上，召赴祕閣，試論六首，於九經、十七史、七書、國語、荀揚管子文中子內出題，學士兩省官考校，御史監之，四通以上爲合格。仍分五等，入四等以上者，天子親策之。第三等爲上，恩數視廷試第一人，第四等爲中，視廷試第三人，皆賜制科出身；第五等爲下，視廷試第四人，賜進士出身；不入等者與簿尉差遣，已仕者則進官與升擢。七年，以太陽有異，令中外侍從各舉能直言極諫一人。是冬，呂祉舉選人胡銓，汪藻舉布衣劉度，卽除銓樞密院編修官，而度不果召。自是詔書數下，未有應者。

孝宗乾道二年，苗昌言奏：「國初嘗立三科，眞宗增至六科，仁宗時並許布衣應詔，於是名賢出焉。請參稽前制，間歲下詔，權於正文出題，不得用僻書註疏，追復天聖十科，開廣薦揚之路，振起多士積年委靡之氣。」遂詔禮部集館職、學官雜議，皆曰：「註疏誠可略，科目不必廣。天下之士，屛處山林，滯跡遐遠，侍從之臣，豈能盡知。」遂如國初之制，止令監司、守臣解送。

七年〔二〕，詔舉制科以六論，增至五通爲合格，始命官、糊名、謄錄如故事。試院言：「文卷多不知題目所出，有僅及二通者。」帝命賜束帛罷之，舉官皆放罪。舊試六題，一明一暗。時考官命題多暗僻，失求言之意，臣僚請遵天聖、元祐故事，以經題爲第一篇，然後雜出九經、語、孟內註疏或子史正文，以見尊經之意。從之。初，制科取士必以三年，十一年，詔〔三〕：「自今有合召試者，舉官卽以名聞。」明年春，李巘言：「賢良之舉，本求讜言以裨闕政，未聞責以記誦之學，使才行學識如晁、董之倫，雖註疏未能盡記，於治道何損？」帝以爲然，乃復罷註疏。

高宗立博學宏詞科，凡十二題，制、誥、詔、表、露布、檄、箴、銘、記、贊、頌、序內雜出六題，分爲三場，每場體製一古一今。遇科場年，應命官除歸明、流外、入貲及犯贓人外，公卿子弟之秀者皆得試。先投所業三卷，學士院考之，拔其尤者召試，定爲三等。上等轉一官，選人改秩，無出身人賜進士及第，並免召試，除館職。中等減三年磨勘，與堂除，無出身人賜進士出身；下等減二年磨勘，無出身人賜同進士出身〔三〕：並許召試館職。南渡以來所得之士，多至卿相、翰苑者。

理宗嘉熙三年，臣僚奏：「詞科實代王言，久不取人，日就廢弛。蓋試之太嚴，故習之者少。今欲除博學宏詞科從舊三歲一試外，更降等立科。止試文辭，不貴記問。命題止分兩場，引試須有出身人就禮部投狀，獻所業，如試教官例。每一歲附銓闈引試，惟取合格，不必拘額，中選者與堂除教授，已係教官資序及京官不願就教授者，京官減磨勘，選人循一資。他時北門、西掖、南宮舍人之任，則擇文墨超卓者用之。其科目，則去『宏博』二字，止稱詞學科。」從之。淳祐初，罷。景定二年，復嘉熙之制。

初，內外學官多朝廷特注，後稍令國子監取其舊試藝等格優者用之。熙寧八年，始立教授試法，卽舍人院召試大義五道。元豐七年，令諸州無教官，則長吏選在任官上其名，而監學審其可者使兼之。元祐中，罷試法，已而論薦益衆，乃詔須命舉乃得奏。紹聖初，三省立格，中制科及進士甲第、禮部奏名在上三人、府監廣文館第一人、從太學上舍得第，皆不待試，餘召試兩經大義各一道，合格則授教官。元符中，增試三經。政和二年，臣僚言：「元豐召試學官六十人，而所取四人，皆知名之士，故學者厭服。近試率三人取一，今欲十人始取一人，以重其選。」從之。自是或如舊法，中書選注。又嘗員外添置八行應格人爲大藩教官，不以涖職，隨廢。或用元豐試法，更革無常。

高宗初年，復教官試。紹興中，議者謂：「欲爲人師，而自獻以求進，非禮也。」乃罷試而自朝廷選差。已而又復之，凡有出身者許應，先具經義、詩、賦各三首赴禮部，乃下省闈，分兩場試之。初任爲諸州教官，由是爲兩學之選。十五年，從國子監丞文浩所言，於六經中取二經，各出兩題，毋拘義式，以貫穿該贍爲合格。其後，四川制置司遇類省試年，亦倣禮部附試，自嘉泰元年始。

凡童子十五歲以下，能通經作詩賦，州升諸朝，而天子親試之。其命官、免舉無常格。眞宗景德二年，撫州晏殊、大名府姜蓋始以童子召試詩賦，賜殊進士出身，蓋同學究出身。尋復召殊試賦、論，帝嘉其敏贍，授祕書正字。後或罷或復。自仁宗卽位，至大觀末，賜出身者僅二十人。

建炎二年，用舊制，親試童子，召見朱虎臣，授官賜金帶以寵之。後至者或誦經、史、子、集，或誦御製詩文，或誦兵書、習步射，其命官、免舉，皆臨期取旨，無常格。淳熙中，王克勤始以程文求試。內殿引見，孝宗嘉其警敏，補從事郎，令祕閣讀書。會禮部言：「本朝童子以文稱者，楊億、宋綬、晏殊、李淑，後皆爲賢宰相、名侍從。今郡國舉貢，問其所能，不過記誦，宜稍艱其選。」八年，始分爲三等：凡全誦六經、孝經、語、孟及能文，如六經義三道、語孟義各一道、或賦一道、詩一首爲上等，與推恩；誦書外能通一經，爲中等，免文解兩次；止能誦六經、語、孟爲下等，免文解一次。覆試不合格者，與賜帛。寧宗嘉定十四年，命歲取三人，期以季春集闕下。先試于國子監，而中書覆試之，爲永制焉。理宗後罷此科，須卓絕能文者，許諸郡薦舉。

科目既設，猶慮不能盡致天下之才，或韜晦而不屑就也，往往命州郡搜羅，而公卿得以薦言。若治平之黃君俞，熙寧之王安國，元豐則程頤，元祐則陳師道，元符則徐積，皆卓然較著者也。熙寧三年，諸路搜訪行義爲鄉里推重者，凡二十有九人。至，則館之太學，而劉蒙以下二十二人試舍人院，賜官有差，亦足以見幽隱必達，治世之盛也。其後，應詔者多失實，而朝廷亦厭薄之。

高宗垂意遺逸，首召布衣譙定，而尹焞以處士入講筵。其後束帛之聘，若王忠民之忠節，張志行之高尙，劉勉之、胡憲之力學，則賜出身，俾教授本郡，或賜處士號以寵之。所以振淸節，厲頽俗。如徐庭筠之不出，蘇雲卿之晦跡，世尤稱焉。寧宗慶元間，蔡元定以高明之資，講明一代正學，以尤袤、楊萬里之薦召之，固以疾辭，竟以僞學貶死，衆咸惜之。理、度以後，國勢日迫，賢者肥遯，迄無聞焉。

校勘記

〔一〕諸道提刑司選官卽轉運置司州軍引試　「轉運」二字原舛置「提刑」下，據繫年要錄卷一一、通考卷三二選舉考改。

〔三〕申禁程文全用本朝人文集或歌頌及佛書全句者皆不考　「皆不考」三字衍。按通考卷三二選舉考記此事說：「太學博士王之望言：『舉人程文或純用本朝人文集數百言，或歌頌及佛書全句，舊式皆不考，建炎初悉從删去，故犯者多。』詔申嚴行下。」繫年要錄卷一五六所載略同，三字當係從「舊式皆不考」句誤入。

〔三〕進士具襴笏入殿起居　「襴」原作「襽」，據朝野雜記甲集卷一三新進士廷射條改正。

〔四〕時務則律歷地理爲一科　「則」字原脫，據通考卷三二選舉考、朱文公文集卷六九學校貢舉私議補。

〔五〕何淡　原作「何澹」，按何澹是另一人，於慶元二年除參知政事，見本書卷二一三宰輔表，不得於此時反爲祕書郎；本書卷三九四何澹傳未載此事，也未說他做過祕書郎。宋會要選舉六之四一、通考卷三二選舉考都作「何淡」，「淡」與「澹」通而訛。今改。

〔六〕學士兩省御史臺五品尚書省諸司四品以上　「御史臺」、「五品」原倒置，據本書卷六眞宗紀、宋會要選舉一〇之七乙正。

〔七〕元祐二年　「二年」原作「元年」，據本書卷一七哲宗紀、宋會要選舉一一之一五和二〇改。

〔八〕凡廷試前一年舉奏官具所舉者策論五十首奏上而次年試論六首御試策一道召試除官推恩略如舊制　「凡」至「首」十八字原舛置「舊制」下，據宋會要選舉一一之一五移正。

〔九〕但非奏舉皆可直除　「非」字原脫，據長編卷四一二、劉安世盡言集卷一論館職乞依舊召試再奏補。

〔一〇〕弊源尚在　「尙」原作「而」，據同上書同卷改。

〔一一〕七年　承上文當指乾道七年。但據宋會要選舉一一之三三、朝野雜記甲集卷一三，制舉六論以五通爲合格係淳熙四年事，此處疑有誤。

〔一二〕初制科取士必以三年十一年詔　「十一年」三字原舛置「初」上。承上文，此處「十一年」當指乾道十一年，而乾道實只九年，中興聖政卷六一繫此事於淳熙十一年，和本書卷三五孝宗紀合，據以移正。

〔一三〕同進士出身　「同」字原脫，據宋會要選舉一二之一一、朝野雜記甲集卷一三補。

宋史卷一百五十七

志第一百一十

選舉三 學校試 律學等試附

凡學皆隸國子監。國子生，以京朝七品以上子孫爲之，初無定員，後以二百人爲額。太學生，以八品以下子弟若庶人之俊異者爲之。及三舍法行，則太學始定置外舍生二千人，內舍生三百人，上舍生百人。始入學，驗所隸州公據，試補外舍，齋長、諭月書其行藝于籍。行謂率教不戾規矩，藝謂治經程文。季終考于學諭，次學錄，次正，次博士，後考于長貳。歲終會其高下，書於籍，以俟覆試，參驗而序進之。凡私試，孟月經義，仲月論，季月策。凡公試，初場經義，次場論策。試上舍，如省試法。凡內舍，行藝與所試之業俱優，爲上舍上等，取旨授官；一優一平爲中等，以俟殿試；俱平若一優一否爲下等，以俟省試。

元祐間，置廣文館生二千四百人，以待四方游士試京師者。律學生無定員，他雜學廢置無常。崇寧建辟雍於郊，以處貢士，而三舍考選法乃遍天下。於是由州郡貢之辟雍，由辟雍升之太學，而學校之制益詳。凡國子以奏蔭恩廣，故學校不預考選，其得入官賜出身者，多由銓試。

初，國子監因周舊制，頗增學舍，以應蔭子孫隸學受業。開寶八年，國子監上言：「生徒舊數七十人，奉詔分習五經，然繫籍者或久不至，而在京進士、諸科，常赴講席肄業，請以補監生之闕。」詔從之。

景德間，許文武升朝官嫡親附國學取解，而遠鄉久寓京師，其文藝可稱，有本鄉命官保任，監官驗之，亦聽附學充貢。

仁宗時，士之服儒術者不可勝數。即位初，賜兗州學田，已而命藩輔皆得立學。慶曆四年，詔曰：「儒者通天、地、人之理，明古今治亂之原，可謂博矣。然學者不得騁其說，而有司務先聲病章句以拘牽之，則吾豪儁奇偉之士，何以奮焉？士有純明朴茂之美〔一〕，而無敎學養成之法，使與不肖並進，則夫懿德敏行，何以見焉？此取士之甚敝，而學者自以爲患。夫遇人以薄者，不可責其厚也。今朕建學興善，以尊子大夫之行；更制革敝，以盡學者之才。有司其務嚴訓導、精察舉，以稱朕意。學者其進德修業，無失其時。其令州若縣皆立學，本道使者選部屬官爲教授，員不足，取於鄉里宿學有道業者。」由是州郡奉詔興學，而士有所勸矣。

天章閣侍講王洙言〔二〕：「國子監每科場詔下，許品官子役然試藝〔三〕，給牒充廣文、太學、律學三館學生，多致千餘。就試試已，則生徒散歸，講官倚席，但爲游寓之所，殊無肄習之法。居常聽講者，一二十人爾。」迺限在學滿五百日，舊已嘗充貢者止百日。本授官會其實，京朝官保任，始預秋試，每十人與解三人〔四〕。凡入學授業，月旦卽親書到曆。如遇私故或疾告、歸寧，皆給假，違程及期月不來參者，去其籍。後諫官余靖極言非便，遂罷聽讀日限。

初立四門學，自八品至庶人子弟充學生，歲一試補。差學官鎖宿、彌封校其藝，疏名上聞而後給牒，不中式者仍聽讀，若三試不中，則出之。未幾，學廢。

時太學之法寬簡，而上之人必求天下賢士，使專教導規矩之事。安定胡瑗設教蘇、湖間二十餘年，世方尚詞賦，湖學獨立經義治事齋，以敦實學。皇祐末，召瑗爲國子監直講，數年，進天章閣侍講，猶兼學正。其初人未信服，謗議蜂起，瑗強力不倦，卒以有立。每公私試罷，掌儀率諸生會于首善，雅樂歌詩，乙夜乃散。士或不遠數千里來就師之，皆中心悅服。有司請下湖學，取其法以敎太學。

神宗尤垂意儒學，自京師至郡縣，既皆有學。歲時月各有試，程其藝能，以差次升舍，其最優者爲上舍，免發解及禮部試而特賜之第。遂顓以此取士。

太學生員，慶曆嘗置內舍生二百人。熙寧初，又增百人，尋詔通額爲九百人。四年，盡以錫慶院及朝集院西廡建講書堂四，諸生齋舍、掌事者直廬始僅足用。自主判官外，增置直講爲十員，率二員共講一經，令中書遴選，或主判官奏舉。生員釐爲三等：始入學爲外舍，初不限員，後定額七百人；外舍升內舍，員二百；內舍升上舍，員百。各執一經，從所講官受學，月考試其業，優等上之中書。其正、錄、學諭，以上舍生爲之，經各二員；學行卓異者，主判、直講復薦之中書，奏除官。始命諸州置學官，率給田十頃贍士。初置小學教授。帝嘗謂王安石曰：「今談經者人人殊，何以一道德？卿所著經，其以頒行，使學者歸一。」八年，頒王安石書、詩、周禮義于學官，是名三經新義。

元豐二年，頒學令：太學置八十齋，齋各五楹，容三十人。外舍生二千人，內舍生三百人，上舍生百人。月一私試，歲一公試，補內舍生；間歲一舍試，補上舍生，彌封、謄錄如貢舉法；而上舍試則學官不預考校。公試，外舍生入第一、第二等，升內舍；內舍生試入優、平二等〔五〕，升上舍：皆參攷所書行藝迺升。上舍分三等。學正增爲五人，學錄增爲十人，學錄參以學生爲之。歲賜緡錢至二萬五千，又取郡縣田租、屋課、息錢之類，增爲學費。初，以國子名監，而實未嘗教養國子。詔許清要官親戚入監聽讀，額二百人，仍盡以開封府解額歸太學，其國子生解額，以太學分數取之，毋過四十人。

哲宗時，初置在京小學，曰「就傅」、「初筮」，凡兩齋。復取太學額百人還開封府。先是，開封解額稍優，四方士子多冒畿縣戶，又隸太學不及一年不該解試者，亦往往冒戶。禮部按舊制，凡試國子監者，先補中廣文館生，乃投牒求試。元祐七年，遂依倣其法，立廣文館生。惟開封府元解百人許自試，其嘗取諸科二百、國子額四十者，皆以爲本館解額。遇貢舉年試補館生，中者執牒詣國子監驗試，凡試者十人取一，開封考取亦如之。紹聖元年，罷廣文館，其額悉復還之開封府、國子監。

元祐新令，罷推恩之制。紹聖初，監察御史郭知章言：「先帝立三舍法，以歲月稽其行實，故入上舍而中上等者，得不經禮部試，特命以官。責備而持久，故其得也難，誘掖激勸，莫善於此。宜復元豐法，以廣樂育之德。」又請三學補外舍生，依元豐令一歲四試。於是詔：「太學生悉用元豐制推恩，上等卽注官者，歲毋過二人；免禮部試者，每舉五人而止；免解試者二十人而止。仍計數對除省試發解額，其元祐法勿用。諸三舍升補等法，悉推行舊制。」

三年，三省言：「元祐試補太學生不嚴，苟務多取，後試者無闕可撥，宜遵元豐初制，雖在籍生亦重試。」乃詔在籍生再試，許取三分，創求補者半之；惟上舍生及是年充貢員內舍、外舍先自元豐補入者免再試，餘非再試而中者皆降舍。蔡京上所修內外學制，始頒諸天下。

元符元年，詔許命官補國子生，毋過四十人。凡太學試，令優取二禮，許占全額之半，而以其半及他經。復置春秋博士。二年，初令諸州行三舍法，考選、升補，悉如太學。州許補上舍一人，內舍二人，歲貢之。其上舍附太學外舍，試中補內舍生，三試不升舍，遣還其州。其內舍免試，至則補爲外舍生。諸路選監司一員提舉學校，守貳董幹其事。遇補試上、內舍生，選有出身官一人，同教授考選，須彌封、謄錄。三年，太學試補外舍改用四季，學官自考，不謄錄，仍添試論一場。

崇寧元年，宰臣請：「天下州縣並置學，州置教授二員，縣亦置小學。縣學生選考升諸州學，州學生每三年貢太學。至則附試，別立號。考分三等：入上等補上舍，入中等補下等上舍，入下等補內舍，餘居外舍。諸州軍解額，各以三分之一充貢士。開封府留五十五額，解士人之不入學者，餘盡均給諸州，以爲貢額。外官子弟親戚，許入學一年，給牒至太學，用國子生額解試。州給常平或係省田宅充養士費，縣用地利所出及非係省錢。」三年，始定諸路增養縣學弟子員，大縣五十人，中縣四十人，小縣三十人。凡州縣學生曾經公、私試者復其身，內舍免戶役，上舍仍免借借如官戶法。

命將作少監李誡，卽城南門外相地營建外學，是爲辟雍。蔡京又奏：「古者國內外皆有學，周成均蓋在邦中，而黨庠、遂序則在國外。臣親承聖詔，天下皆興學貢士，卽國南郊建外學以受之，俟其行藝中率，然後升諸太學。凡此聖意，悉與古合。今上其所當行者：太學專處上舍、內舍生，而外學則處外舍生。今貢士盛集，欲增太學上舍至二百人，內舍六百人，外舍三千人。外學爲四講堂、百齋，齋列五楹，一齋可容三十人。士初貢至，皆入外學，經試補入上舍、內舍，始得進處太學。太學外舍，亦令出居外學。其敕、令、格、式，悉用太學見制。國子祭酒總治學事，外學官屬，司業、丞各一人，稍減太學博士、正、錄員歸外學，仍增博士爲十員，正、錄爲五員，學生充學諭者十人，直學二人。」三舍生皆繇升貢，遂罷國子監補試。

又置諸王宮大、小學教授，立考選法，凡奉祠及仕而解官或需次者，悉許入內、外學。任子不係州土，隨所寓入學，仍別齋居處，別號試考。曾升補三舍生，後從獻助得官，其入學視任子法。凡任子，不問文武，須隸學滿一年，始得求試。迺詔取士悉由學校升貢，其州郡發解及試禮部並罷。自是，歲試上舍，悉差知舉，如禮部試。

五年，著令：

凡縣學生隸學已及三月，不犯上二等罰，聽次年試補州學外舍，是名「歲升」。開封祥符生員，即辟雍別爲齋，教養、升進如縣學法。願入鄰縣學者聽。惟赤縣校試，主以博士。每歲正月，州以公試上舍及歲升員，一院鎖宿，分爲三試。其公試，上舍率十取其六爲中格；中格已，以其名第自上而下參考察之籍；既在籍，又中選，即六人之中取其四，以差升舍。其歲升中選者，得補外舍生。開封屬縣附辟雍別試，中者入辟雍充外舍。隸學三年，經兩試不預升貢，即除其籍，法涉太嚴。今令三年內三經公試不預選，兩經補內舍、貢上舍不及格，且曾犯三等以上罰，若外舍，即除籍罷歸縣，內舍降外舍，已嘗降而私試不入等，若曾犯罰，亦除籍，再赴歲升試。

凡州學上舍生升舍，以其秋即貢入辟雍，長吏集閣郡官及提學官，具宴設以禮敦遣，限歲終悉集闕下。自川、廣、福建入貢者，給借職劵，過二千里給大將券，續其路食，皆以學錢給之。如有孝弟、睦婣、任恤、忠和，若行能尤異爲鄉里所推，縣上之州，免試入學。州守貳若教授詢審無謬，即保任入貢，具實以聞，不實者坐罪有差。

太學試上舍生，本慮與科舉相并，試以間歲。今旣罷科舉，又諸州歲貢士，其改用歲試。每春季，太學、辟雍生悉公試，同院混取，總五百七十四人〔六〕。以四十七人爲上等，卽推恩釋褐；一百四十人爲中等，遇親策士許入試；一百八十七人爲下等，補內舍生。凡上等上舍生曁特舉孝弟行能之士，不待廷試推恩者，許卽引見釋褐。上舍仍先以試文卷進入，得可乃引賜。若上舍已該釋褐恩，而貢入在廷試前一年者，須在學又及半年，不犯上二等罰，乃得注官。

凡貢士入辟雍外舍，三經試不與升補，兩經試不入等，仍犯上三等罰者，削籍再赴本州歲升試，是名「退送」。卽內舍已降舍，而又一試不與，或兩犯上四等罰者，亦如外舍法退送。太學外舍生已預考察者，許再經一試，以中否爲留遣，餘升降、退送悉如辟雍法。

凡有官人不入學而願試貢士者，不以文、武、雜出身，悉許之，惟贓私罪廢人則否。應試者，隨內外附貢士公試，皆別考，率以七人取一人。卽預貢者，與辟雍春試貢士通考。中選入上等者，升差遣兩等，賜上舍出身；文行優者，奏聞而殊擢之。中等俟殿試，下等補內舍，不隸學，需再試。已仕在官而願試者，悉準此制。

凡在外官同居小功以上親，及其親姊妹女之夫，皆得爲隨行親，免試入所任鄰州郡學。其有官人願學於本州者，亦免試，升補悉如諸生法，混試同考，惟升舍不侵諸生額，自用七人取一。若中者多，卽以溢額名次理爲考察。若所親移替，願改籍他州學者聽。

太學上、內舍既由辟雍升入，又已罷科舉，則國子監解額無所用，盡均撥諸府、諸州解額，三分之，以爲三歲貢額，並令有司均定以聞。太學舊制，止分立優、平二等，自今欲令辟雍、太學試上舍中程者，皆參用察考，以差升補。其考察試格，悉分上、中、下三等。貢士則以本州升貢等第，太學內舍則以校定等第。每上舍試考已定，知舉及學官以中試之等參驗于籍，通定升絀高下，兩上爲上，一上一中及兩中爲中，一上一下及一中下、兩下爲下〔七〕。若兩格名次等第適皆齊同，卽以試等歷考察之格，餘率以是爲差，仍推其法達之諸州。凡內外私試，始改用仲月，倂試三場，試論日仍添律義。凡考察悉準在學人數，每內舍十人取五，外舍十人取六，自上而下分爲三等籍，以俟上舍考定而參用之。

是歲，貢士至辟雍不如令者，凡三十有八人，皆罷歸，而提學官皆罰金。建州浦城縣學生，隸籍者至千餘人，爲一路最，縣丞徐秉哲特遷一官。

初立八行科，詔曰：「學以善風俗，明人倫，而人材所自出也。今法制未立，殆無以厲天下。成周以六行賓興萬民，否則威之以不孝、不弟之刑。近因稽周法，立八行、八刑，頒之學校，兼行懲勸，庶幾於古。士有善父母爲孝，善兄弟爲悌，善內親爲睦，善外親爲婣，信於朋友爲任，仁於州里爲恤，知君臣之義爲忠，達義利之分爲和。凡有八行實狀，鄉上之縣，縣延入學，審考無僞，上其名於州。州第其等，孝、悌、忠、和爲上，睦、婣爲中，任、恤爲下。苟備八行，不俟中歲〔八〕，卽奏貢入太學，免試補爲上舍。司成以下審考不誣，申省釋褐，優命之官；不能全備者，爲州學上等上舍，餘有差。」八刑則反八行而麗於罪，各以其罪名之。縣上其名於州，州稽於學，毋得補弟子員。然品目旣立，有司必求其迹以應令，遂有牽合瑣細者。自元祐創經明行修科，主德行而略辭藝，間取禮部試黜之士，附寘恩科，當時固已咎其無所甄別。及八行科立，則三舍皆不試而補，往往設爲形迹，求與名格相應。於是兩科相望幾數十年，迺無一人卓然能自著見者，而八行又有甚皦。蓋後世欲追古制，而不知風俗教化之所從出，其難固如此夫。

開封始建府學，立貢士額凡五十，而士子不及三百，盡額而取，則涉太優，欲稍裁之。詔：「王畿立學，若不優誘使進，何以首善？其常解五十勿闕。」

大觀元年，詔願兼他經者，量立升進之法。大抵用本經決去取，而兼經所中等第特爲升貢。每歲附公試院而別異其號，每十五人取一人，分上、中、下等，別榜示之，唱名日，甄別奏聞，與升甲，皆優於專經者。異時內外學官闕，皆得在選。縣學生三不赴歲升試及三赴歲升試而不能升州學者，皆除其籍。諸路賓興會試辟雍，獨常州中選者多，州守若教授俱遷一官。

政和四年，小學生近一千人，分十齋以處之，自八歲至十二歲，率以誦經書字多少差次補內舍。若能文，從博士試本經、小經義各一道，稍通補內舍，優補上舍。又詔：「學校教養額少，則野有遺士，應諸路學校及百人以上者，三分增一。」七年，試高麗進士權適等四人，皆賜上舍及第，遣歸其國。時宰臣留意學校，因事究覈，有司考閱防閑益密。先是，禮部上雜修御試貢士敕令格式，又取舊制凡關學政者，分敕、令、格、式，成書以上。用給事中毛友言，初試補入縣學生，並簾試以別僞冒。徽宗崇尚老氏之學，知兗州王純乞於御注道德經注中出論題，范致虛亦乞用聖濟經出題。

宣和元年，帝親取貢士卷考定，能深通內經者，升之以爲第一。三年，詔：「罷天下州縣學三舍法，惟太學用之課試。開封府及諸路，並以科舉取士。太學官吏及州縣嘗置學官，凡元豐舊制所有者皆如故，其辟雍官屬及宗學幷諸路提舉學事官屬並罷，內外學悉遵元豐成憲。」七年，詔：「政和中嘗命學校分治黃、老、莊、列之書，實失專經之旨，其內經等書並罷治。」

崇寧以來，士子各徇其黨，習經義則詆元祐之非，尙詞賦則誚新經之失，互相排斥，羣論紛紛。欽宗卽位，臣僚言：「科舉取士，要當質以史學，詢以時政。今之策問，虛無不根，古今治亂，悉所不曉。詩賦設科，所得名臣，不可勝紀，專試經義亦已五紀。救之之術，莫若遵用祖宗成憲。王安石解經，有不背聖人旨意，亦許采用。至於老、莊之書及字說，並應禁止。」詔禮部詳議。諫議大夫兼祭酒楊時言：「王安石著爲邪說，以塗學者耳目，使蔡京之徒，得以輕費妄用，極侈靡以奉上，幾危社稷。乞奪安石配饗，使邪說不能爲學者惑。」御史中丞陳過庭言：「五經義微，諸家異見，以所是者爲正，所否者爲邪，此一偏之大失也。頃者指蘇軾爲邪學，而加禁甚切；今已弛其禁，許采其長，實爲通論。而祭酒楊時矯枉太過，復詆王氏以爲邪說，此又非也。諸生習用王學，聞時之言，羣起而詆詈之，時引避不出，齋生始散。」詔罷時祭酒。而諫議大夫馮澥、崔鶠等復更相辨論，會國事危，而貢舉不及行矣。

建炎初，卽行在置國子監，立博士二員，以隨幸之士三十六人爲監生。紹興八年，葉琳上書請建學，而廷臣皆以兵興餽運爲辭。十三年，兵事稍寧，始建太學，置祭酒、司業各一員，博士三員，正、錄各一員，養士七百人：上舍生三十員，內舍生百員，外舍生五百七十員。

凡諸道住本州學滿一年，三試中選，不犯第三等以上罰，或不住學而曾兩預釋奠及齒于鄉飲酒者，聽充弟子員。每歲春秋兩試之，旋命一歲一補，於是多士雲集，至分場試之。俄又詔三年一試，增至千員，中選者皆給綾紙贊詞以寵之。每科場四取其一。

自外舍有月校，而公試入等曰內舍；自內舍有月校，而舍試入等曰上舍；凡升上舍者，皆直赴廷對。二十七年，立定制：春季放補，遇省試年改用孟夏。

舊，太學遇覃恩無免解法，孝宗始創行之。在朝清要官，許牒期親子弟作待補國子，別號考校。如太學生遇有期親任清要官，更爲國子生，不預校定、升補及差職事，惟得赴公、私試，科舉則混試焉。

淳熙中，命諸生暇日習射，以斗力爲等差，比類公、私試，別理分數。自中興以來，四方之士，有本貫在學公據，皆得就補。帝始加限節，命諸路州軍以解試終場人數爲準，其薦貢不盡者，令百取六人赴太學，謂之「待補生」；其住本學及游學之類，一切禁止。元豐舊制，內舍生校定，分優、平二等。優等再赴舍試，又入優，則謂之兩優釋褐，中選者卽命以京秩，除學官。至是，始令先注職官，代還，注職事官，恩例視進士第二人。舊校定歲額五六分爲優選者，增爲十分矣。

光宗初，公試始令附省場別院。紹熙三年，禮部侍郎倪思請復混補法，命兩省、臺諫雜議可否。於是吏部尚書趙汝愚等合奏曰：「國家恢儒右文，京師、郡縣皆有學，慶曆以後，文物彬彬。中興以來，建太學于行都，行貢舉於諸郡，然奔競之風勝，而忠信之俗微。亦惟榮辱升沉，不由學校；德行道藝，取決糊名；工雕篆之文，無進修之志；視庠序如傳舍，目師儒如路人；季考月書，盡成文具。今請重教官之選，假守貳之權；倣舍法以育材，因大比以取士；考終場之數，定所貢之員；期以次年，試于太學。其諸州教養、課試、升貢之法，下有司條上。」思議遂寢。四年，詔國子監試中、上等小學生，比類諸州待補中選之額，放補一次。

寧宗慶元、嘉定中，始兩行混補。於是增外舍生爲千四百員，內舍校定，不係上舍試年分，以八分爲優等。又以國子生員多僞濫，命行在職事官期親、釐務官子孫乃得試補。嘉定十四年，詔自今待補百人取三人。舊法，自外舍升內舍，雖有校試，必公試合格，乃許升補。蓋私試皆學官自考，而公試則降敕差官。至是，歲終許取外舍生校最優者一人升內舍。

理宗復百取六人之制。紹定二年，以待補生自外方來參齋者，間有鬻帖僞冒之弊。遂命中選之人，召升朝保官二員批書印紙，仍命州郡守倅結罪保明，比照字跡無僞，方許簾引注籍；犯者治罪，罰及保官。五年，以省試下第及待補生之羣試于有司者，有請託賄求之弊，學官考文，有親故交通之私，命今後兩學補試，並從廟堂臨時選差，即令入院；凡用度，則用國子監供給學官事例。未幾，監察御史何處久又言：「宜遵舊制，以武學、宗學補試，併就兩學於大院排日引試，有親嫌人依避房法。且士子試卷頗多，考官頗少，期日既迫，費用不敷。」乃增給用度，仍添差考官五員。寶祐元年，復命分路取放補試員數，以免遠方士子道路往來之費及都城壅併之患。三年，復試於京師。

度宗咸淳二年正月，幸太學，謁先聖，禮成，推恩三學：前廊與免省試，內舍、上舍及已免省試者與升甲；起居學生與泛免一次，內該曾經兩幸人與補上州文學，如願在學者聽。其在籍諸生，地遠不及趁赴起居者，三學申請乞併行泛免一次，命特從之。凡諸生升舍在幸學之前者，方許陳乞恩例。七年正月，以壽和聖福皇太后兩上尊號，推恩三學，在齋生員並特與免解赴省一次。九年，外舍生晏泰亨以七分三釐乞理爲第三優，朝命不許，遂申嚴學法，今後及八分者方許歲校三名，如八分者止有一人，而援次優、三優之例者，亦須止少三、二釐，方可陳乞特放，庶不盡廢學法，當亦不過一人而止。

律學。國初置博士，掌授法律。熙寧六年，始卽國子監設學，置教授四員。凡命官、舉人皆得入學，各處一齋。舉人須得命官二人保任，先入學聽讀而後試補。習斷按，則試按一道，每道敍列刑名五事或七事；習律令，則試大義五道，中格乃得給食。各以所習，月一公試、三私試，略如補試法。凡朝廷有新頒條令，刑部卽送學。其犯降舍殿試者，薄罰金以示辱，餘用太學規矩，而命官聽出宿。尋又置學正一員，有明法應格而守選者，特免試注官，使兼之，月奉視所授官。後以教授一員兼管幹本學規矩，仍從太學例給晚食。元豐六年，用國子司業朱服言，命官在學，如公試律義、斷案俱優，準吏部試法授官；太學生能兼習律學，中公試第一，比私試第二等。

政和間，詔博士、學正依大理寺官除授，不許用無出身人及以恩例陳請。生徒犯罰者，依學規；仍犯不改，書其印曆或補牒，參選則理爲闕失。

建炎三年，復明法新科，進士預薦者聽試。紹興元年，復刑法科。凡問題，號爲假案，其合格分數，以五十五通分作十分，以所通定分數，以分數定等級：五分以上入第二等下，四分半以上入第三等上，四分以上入第三等中。以曾經試法人爲考官。五年，以李洪嘗中刑法入第二等，命與改秩，中書駁之。趙鼎謂：「古者以刑弼教，所宜崇獎。」高宗曰：「刑名之學久廢，不有以優之，則其學絕矣。」卒如前詔。後議者謂得解人取應，更不兼經，白身得官，反易於有官試法。乃命所試斷案、刑名，全通及粗通以十分爲率，斷及五分、刑統義文理全通爲合格，及雖全通而斷案不及分數者勿取。仍自後舉兼經。十五年，罷明法科，以其額歸進士，惟刑法科如舊。二十五年，四川類省始附試刑法。

淳熙七年，祕書郎李巘言：「漢世儀、律、令同藏于理官，而決疑獄者必傅以古義。本朝命學究兼習律令，而廢明法科；後復明法，而以三小經附。蓋欲使經生明法，法吏通經。今所試止於斷案、律義，斷案稍通、律義雖不成文，亦得中選，故法官罕能知書。宜令習大法者兼習經義，參攷優劣。」帝曰：「古之儒者，以儒術決獄，若用俗吏，必流於刻。」乃從其奏，詔自今第一、第二、第三場試斷案，每場各三道，第四場大經義一道，小經義二道，第五場刑統律義五道。明年，命斷案三場，每場止試一道，每道刑名十件，與經義通取，四十分以上爲合格，經義定去留，律義定高下。

寧宗慶元三年，以議臣言罷經義，五年又復。嘉定二年，臣僚上言：「試法設科，本以六場引試，後始增經義一場，而止試五場，律義又居其一，斷案止三場而已，殊失設科之初意。且考試類多文士，輕視法家，惟以經義定去留，其弊一也。法科欲明憲章，習法令，察舉明比附之精微，識比折出入之錯綜，酌情法於數字之內，決是非於片言之間。比年案題字多，專尙困人，一日之內，僅能謄寫題目，豈暇深究法意，其弊二也。刑法考官不過曾中法科丞、評數人，由是請託之風盛，換易之弊興，其弊三也。今請罷去經義，仍分六場，以五場斷案，一場律義爲定。問題稍減字數，而求精於法律者爲試官，各供五六題，納監試或主文臨時點定。如是，讞議得人矣。」從之。六年，以議者言法科止試刑統，是盡廢理義而專事法律，遂命復用經義一場，以尙書、語、孟題各一篇及刑統大義，通爲五場。所出經題，不必拘刑名倫類，以防預備，以斷案定去留，經義爲高下，仍禁雜流入貲人收試。八年，罷四川類試刑法科。

初，凡試法科者，皆取撰成見義挾入試場。理宗淳祐三年，令刑部措置關防，其考試則選差大理丞、正歷任中外有聲望者，不許止用新科評事未經作縣之人。逮其試中，又當倣省試、中書覆試之法，質以疑獄，觀其讞筆明允，始與差除。時所立等第，文法俱通者爲上，徑除評事；文法粗通者爲次，與檢法；不通者駁放。

度宗咸淳元年，申嚴選試之法，凡引試刑法官，命題一如紹興式。八年，以試法科者少，特命考試命題，務在簡嚴，毋用長語。有過而願試者，照見行條法，除私罪應徒、或入已贓、失入死罪幷停替外，餘犯輕罪者，與放行收試。或已經三試終場之人，已歷三考，赴部參注，命本部考覈元試，果有所批分數，不須舉狀，與注外郡刑法獄官差使一次，庶可激厲誘掖。格法，試法科者，批及八分，方在取放之數。咸淳末，有僅及二分以上者，亦特取一名，授提刑司檢法官，寬以勸之也。

初，宗學廢置無常。凡諸王屬尊者，立小學于其宮。其子孫，自八歲至十四歲皆入學，日誦二十字。其已授環衞官、有學藝得召試遷轉者每有之，然非有司常試，乃特恩也。熙寧十年，始立宗子試法。凡祖宗祖免親已受命者，附鎖廳試；自祖免以外，得試于國子監。禮部別異其卷而校之，十取其五，舉者雖多，解毋過五十人。廷試亦不與進士同考。年及四十、嘗累舉不中，疏其名以聞而錄用之。其官于外而不願附各路鎖試，許謁告試國子監。崇寧初，疏屬年二十五，以經義、律義試禮部合格，分二等附進士牓，與三班奉職，文優者奏裁。其不能試及試而黜者，讀律於禮部，推恩與三班借職，勿著爲令。及兩京皆置敦宗院，院皆置大、小學教授，立考選法，如熙寧格出官，所涖長貳或監司有二人任之，乃注授。後又許見在任者，於本任附貢士試。大觀三年，宗子釋褐者十二人。宗學官，須宗子中上舍第且有行者，方始爲之。四年，詔：「宗子之升上舍，不經殿試，遽命之官，熙寧法不如是。其依貢士法，俟殿試補入上、中等者，唱名日取裁。」後又定上等賜上舍及第，中等賜出身，授官有差。凡隸學，有篤疾若親老無兼侍者，大宗正察其實，罷歸。宣和二年，詔罷量試出官之法。

紹興二年，帝初策士及宗子于集英殿。五年，初復南省試。十四年，始建宗學于臨安，生員額百人：大學生五十人，小學生四十人，職事各五人。置諸王宮大、小學教授一員。在學者皆南宮、北宅子孫，若親賢宅近屬，則別選館職教授。初，行在宗室試國子監者，有官鎖廳，七取其三；無官應舉，七取其四；無官祖免親取應，文理通爲合格，不限其數；而外任主宮觀、嶽廟試于轉運司者，取放之額同進士。十五年，命諸路宗室願赴行在試者，依熙寧舊制，並國子監請解；不願者，依崇寧通用貢舉法，所以優國族也。

孝宗登極，凡宗子不以服屬遠近、人數多寡，其曾獲文解兩次者，並直赴廷試，略通文墨者，量試推恩。習經人本經義二道，習賦人詩賦各一首，試論人論一首，仍限二十五歲以上合格。第一名承節郎，餘並承信郎。曾經下省人，免量試，推恩。四川則附試于安撫制置司。於是入仕者驟踰千人。隆興元年，詔量試不中、年四十以上補承信郎，展三年出官，餘並於後舉再試。四月，御射殿引見取應省試第一人，賜同進士出身，第二、第三人補保義郎，餘四十人承節郎，七人承信郎。凡宗室鎖廳得出身者，京官進一秩，選人比類循資；無官應舉得出身者，補修職郎；濮、秀二王下子孫中進士舉者，更特轉一秩。

乾道五年，命宗室職事隨侍子弟許赴國子監補。六年，臣僚上言：「神宗朝，始立教養、選舉宗子之法。保義至秉義，鎖試則與京秩，在末科則升甲，取應不過量試注官，所以寵異同姓，不與寒畯等也。然曩時向學者少，比年雋異者多，或冠多士，或登詞科，幾與寒士齊驅；而入仕寖繁，未知裁抑，非所以示至公也。」於是禮部請鎖廳登第者，舊於元官上轉行兩官，自今止依元資改授，餘准舊制。十二年〔九〕，右正言胡衞請：「自今宗室監試，無官應舉，照鎖廳例七取其二；省試則三舉所放人數如取應例，立爲定額。」從之。

寧宗嘉定四年，詔鎖廳應舉，省試第一名，殿試唱名授官日，於應得恩例外，更遷一秩。九年，以宮學併歸宗庠，教授改爲博士、宗諭。十四年，命前隸宮學近屬，令附宗學公、私試，中選者與正補宗學生，近屬子孫年十五以下者，許試小學生。復置諸王宮大、小學教授一員。宗學解試依太學例取放，每舉附國子監發解所，異題別考。

理宗寶慶二年，以鎖廳宗子第一名若摺學深春秋，秀出譜籍，與補保義郎，特賜同進士出身，仍換修職郎。端平元年，命宗子鎖廳應舉解試，凡在外州軍，或寄居，或見任隨侍，及見寓行在就試者，各召知識官委保正身，國子監取其宗子出身、訓名、生長左驗，以憑保收試，仍於試卷家狀內具保官職位、姓名，以防欺詐。淳祐二年，建內小學，置教授二員，選宗子就學。寶祐元年五月，特、正奏名進士宗子必晄等二人特授保義郎，若瑰等二十九人承節郎，敕略曰：「必晄等取應及選，咸補右階，蓋欲誘之進學，而教以入仕也。其毋以是自畫焉。」

度宗咸淳元年，以鎖廳應舉宗子兩請，舉人遇卽位赦恩，並赴類試。其曾經覆試文理通者，照例升等；文理不通及未經覆試者則否；第五等人特與免銓出官。九年，凡無官宗子應舉，初生則用乳名給據，既長則用訓名。其赴諸路漕司之試，有一人前後用兩據、印二卷者。至是，命漕司並索乳名、訓名各項公據，方許收試，以杜姦弊。

武舉、武選。咸平時，令兩制、館閣詳定入官資序故事〔一〇〕，而未及行。仁宗時，嘗置武學，既而中輟。天聖八年，親試武舉十二人，先閱其騎射而試之，以策爲去留，弓馬爲高下。神宗熙寧五年，樞密請建武學於武成王廟，以尙書兵部郎中韓縝判學，內藏庫副使郭固同判，賜食本錢萬緡。生員以百人爲額，選文武官知兵者爲教授。使臣未參班與門蔭、草澤人召京官保任，人材弓馬應格，聽入學，習諸家兵法。教授纂次歷代用兵成敗、前世忠義之節足以訓者，講釋之。願試陣隊者，量給兵伍。在學三年，具藝業考試等第推恩，未及格者，逾年再試。凡試中，三班使臣與三路巡檢、砦主，未有官人與經略司教隊、差使，三年無過，則升至大使臣，有兩省、待制或本路鈐轄以上三人保舉堪將領者，並兼諸衞將軍，外任回，歸環衞班。

科場前一年，武臣路分都監、文官轉運判官以上各奏舉一人，聽免試入學。生員及應舉者不過二百人。春秋各一試，步射以一石三斗，馬射以八斗，矢五發中的；或習武伎，副之策略，雖弓力不及，學業卓然：並爲優等，補上舍生，毋過三十人。試馬射以六斗，步射以九斗，策一道，孫、吳、六韜義十道，五通補內舍生。馬步射、馬戰應格，對策精通、士行可稱者，上樞密院審察試用；雖不應格而曉術數、知陣法、智略可用，或累試策優等，悉取旨補上舍；武藝、策略累居下等，復降外舍。

先是，樞密院修武舉試法，不能答策者，答兵書墨義。王安石奏曰：「三路義勇藝入三等以上，皆有旨錄用，陛下又欲推府界保甲法於三路，則武力之人已多。近以學究一科，從誦書不曉理廢之，而武舉復試墨義，則亦學究之流，無補於事。先王收勇力之士，皆屬於車右者，欲以備禦侮之用，則記誦何所施？」於是悉從中書所定。凡武舉，始試義、策於秘閣，武藝則試于殿前司，及殿試，則又試騎射及策于庭。策、武藝俱優爲右班殿直，武藝次優爲三班奉職，又次借職，末等三班差使、減磨勘年。策入平等而武藝優者除奉職；次優借職，又次三班差使、減磨勘年，武藝末等者三班差使。八年，詔武舉與文舉進士，同時鎖試於貢院，以防進士之被黜而改習者，遂罷祕閣試。又以六韜本非全書，止以孫、吳書爲題。

元豐元年，立大小使臣試弓馬藝業出官法：第一等，步射一石，矢十發三中，馬射七斗，馬上武藝五種，孫、吳義十通七，時務邊防策五道文理優長，律令義十通七，中五事以上〔三〕免短使、減一任監當，三事以上免短使、升半年名次，兩事升半年，一事升一季；第二等，步射八斗，矢十發二中，馬射六斗，馬上武藝三種，孫、吳義十通五，策三道成文理，律令義十通五，中五事免短使、升半年，三事升半年，兩事升一季，一事與出官；第三等，步射六斗，矢十發一中，馬射五斗，馬上武藝兩種，孫、吳義十通三，策三道成文理，律令義十通三，計算錢穀文書五通三，中五事升半年，三事升一季，兩事與出官。其步射並發兩矢，馬射發三矢，皆著爲格。四年，罷試律義。七年，止試孫、吳書大義一場，第一等取四通、次二等三通、三等二通爲中格。元祐四年，詔解試、省試增策一道。

崇寧間，諸州置武學。立考選升貢法，倣儒學制，其武藝絕倫、文又優特者，用文士上舍上等法，歲貢釋褐；中等仍隸學俟殿試。凡試出官使臣，仍赴殿前司呈試。諸州武士試補，不得文士同一場。馬射三上垛，九斗爲五分，八斗爲四分，七斗爲三分。九斗、八斗、七斗再上垛及一上垛，視此爲差，理爲分數。馬射一中帖當兩上垛，一中的當兩中帖。

舊制，武舉三年一試，命官不過三十餘人，後增額，以每貢者三人即取一以升上舍，積迭增展，遂至百人入流，比文額太優。四年〔三〕，詔自今貢試上舍者，取十人入上等，四十人入中等，五十人入下等，皆補充武學內舍，人材不足聽闕之，餘不入等者，處之外舍。大抵以弓馬程文兩上一上、兩中一中、兩下一下相參以爲第。凡州教諭，須州都監乃得兼，吏部取武舉、武士上舍出身者。

政和三年，以隸學者衆，凡經三歲校試而不得一與者，除其籍。宣和二年，尚書省言：「州縣武學既罷，有願隸京城武學者，請用元豐法補試。舊制，不入學而從保舉以試者，附試武學外舍，通取一百人，偕上舍生發解。今既罷科舉，請依元豐法奏舉，歲終集闕下，免試補外舍生，赴次年公試。其春選升補推恩，依大觀法。」

靖康元年，詔諸路有習武藝、知兵書者，州長貳以禮遣送詣闕，毋限數，將親策而用之。

建炎三年，詔武舉人先經兵部驗視弓馬于殿前司，仍權就淮南轉運司別場附試七書義五道，兵機策二首。紹興五年，帝御集英殿策武舉進士，翌日閱試騎射，策入優等與保義、承節郎，平等承信郎，其武藝不合格者，與進義校尉。川、陝宣撫司類省試武藝合格人並補官。十二年，御試，正奏名，策入優等承節郎，平等承信郎、進義校尉；特奏名，平等進義校尉，各展磨勘有差。十六年，始建武學。兵部上武士弓馬及選試去留格，凡初補入學，步射弓一石，若公、私試步騎射不中，即不許試程文，其射格自一石五斗以下至九斗，凡五等。

二十六年，帝見武學頹弊，因諭輔臣曰：「文武一道也，今太學就緒，而武學幾廢，恐有遺才。」詔兵部討論典故，參立新制。凡武學生習七書兵法、步騎射，分上、內、外三舍，學生額百人。置博士二員，以文臣有出身或武舉高選人爲之；學諭一員，以武舉補官人爲之。凡補外舍，先類聚五人以上附私試，先試步射一石弓，不合格不得試程文，中格者依文士例試七書義一道。其內舍生私試，程文三在優等，弓馬兩在次優，公試入等，具名奏補。試上舍者，以就試人三取其一，以十分爲率，上等一分，中等二分，下等七分，仍以三年與發解同試。凡內舍補上舍，以上舍試合格入等與行藝相參，兩上者爲上等，一上一中或兩中及一上一下爲中等，一中一下或兩下、一上一否爲下等，仍不犯第三等罰、士行可稱者，具名奏補。二十七年，御試第一名趙應熊武藝絕倫，又省試第一，特與保義郎、閤門祗候。二十九年，修立武舉入官資格〔三〕；命武舉人自今依府監年數免解。

孝宗隆興元年御試，得正奏名三十七人。殿中侍御史胡沂言：「唐郭子儀以武舉異等，初補右衞長史，歷振遠、橫塞、天德軍使。國初，試中武藝人並赴陝西任使。又武舉中選者，或除京東捉賊，或三路沿邊，試其效用，或經略司教押軍隊、準備差使，今率授以榷酤之事，是所取非所用，所用非所學也。請取近歲中選人數，量其材品、考任，授以軍職，使之習練邊事，諳曉軍旅，實選用之初意也。」

乾道二年，中書舍人蔣芾亦以爲言，請以武舉登第者悉處之軍中。帝以問洪适，适對曰：「武舉人以文墨進，雜於卒伍非便也。」帝曰：「累經任者，可以將佐處之。」是歲，以登極推恩，武舉進士比文科正奏名例，第一名升一秩爲成忠郎，第二、第三名依第一名恩例。

五年，兵部請外舍有校定人，參考榜上等者，候滿一年，私試四入等及不犯三等以上罰，或有校定而參考在中下等，候再試參考入中等，聽升補外舍生，赴公試。舊，除射親許試五等弓外〔四〕，步射、馬射止許試第三等以下弓〔五〕，程文雖優而參考弓馬分數難以對入優等；自今許比上舍法，不以馬、步、射親〔六〕，並通試五等。

吏部言：「武舉比試、發解、省試三場，依條以策義考定等第，具字號，會封彌所，以武藝幷策義參考。今比試自依舊法，其解、省兩場，請依文士例，考定字號，先具奏聞，拆號放牓。」從之。初命武學生該遇登極覃恩，曾升補內舍或在學及五年曾經公、私試中人，並令赴省。是歲廷試，始依文科給黃牒，榜首賜武舉及第，餘並賜武舉出身。其年，頒武舉之法。令四川帥臣、憲、漕、知州軍監及寄居侍從以上各舉武士一員，興元府、利閬金洋階成西和

鳳州各三員，拔其尤者送四川安撫司，解試、類省，並如文科

淳熙元年，議者請：「武學外舍生有校定公試合格，令試五等弓馬，與程文五等相參，入中上等者，據闕升補，餘俟再試入等升補。」從之。帝御幄殿，引見正奏名，呈試武藝。二年，以武科授官與文士不類，詔自今第一人補秉義郎，堂除諸司計議官，序位在機宜之上；第二、第三人保義郎，諸路帥司準備將領，代還，轉忠翊郎；第四、第五人承節郎，諸路兵馬監押，代還，轉保義郎：皆倣進士甲科恩例。

四年，以文科狀元代還，例除館職，亦召武舉榜首爲閤門舍人。五年，始立武學國子額，收補武臣親屬；其文臣親屬，願附補者亦聽。七年，初立武舉絕倫幷從軍法：凡願從軍者，殿試第一人與同正將，第二、第三名同副將，五名以上、省試第一名、六名以下並同準備將〔三〕；從軍以後，立軍功及人材出衆者，特旨擢用。帝曰：「武舉本求將帥之材，今前名皆從軍，以七年爲限，則久在軍中，諳練軍政，他日可備委任。」八年，命特奏名補官，展減磨勘有差。九年，議者以爲從軍之人，率多養望，不屑軍旅。詔自今職事勤恪者，從主帥保奏升差，懈惰者按劾。

光宗紹熙元年，武臣試換文資，南渡以前許從官三人薦舉，紹興令敦武郎以下聽召保

官二人，以經義、詩賦求試，其後太學諸生久不第者，多去從武舉，已乃鎖廳應進士第。凡以秉義或忠翊皆換京秩，恩數與第一人等。後以林穎秀言：「武士舍棄弓矢，更習程文，褒衣大袖，專做舉子。夫科以武名，不得雄健喜功之士，徒啓其僥倖名爵之心。」於是詔罷鎖廳換試。

寧宗即位，復其制。慶元五年，命兩淮、京西、湖北諸郡倣兵部及四川法，於本道安撫司試武士，合格者，赴行在解試，別立字號，分項考校，撥十名爲解額，五名省額。

理宗紹定元年，命武舉進士避親及所舉之人止避本廳，令無妨嫌官引試，若合格，則朝廷別遣官覆試。淳祐九年，以北兵屢至，命極邊、次邊一體收試，仍量增解額五名、省額二名。是歲，武舉正奏名王時發已係從軍之人，充殿前司左軍統領，既登第，換授，特命就本職上與帶「同」字，以示優厚勸獎。

度宗咸淳六年，命禮部貢院於武舉進士平等每百人內，取放待補十人，絕倫每百人內，取待補十三人。

算學。崇寧三年始建學，生員以二百一十人爲額，許命官及庶人爲之。其業以九章、周髀及假設疑數爲算問，仍兼海島、孫子、五曹、張丘建、夏侯陽〔八〕算法幷曆算、三式、天文書爲本科。本科外，人占一小經，願占大經者聽。公私試、三舍法略如太學。上舍三等推恩，以通仕、登仕、將仕郎爲次。大觀四年，以算學生歸之太史局，併書學生入翰林書藝局，畫學生入翰林圖畫局，醫學生入太醫局。

紹興初，命太史局試補，併募草澤人。淳熙元年春，聚局生子弟試曆算崇天、宣明、大衍曆三經，取其通習者。五年，以紀元曆試。九年，以統元曆試。十四年，用崇天、紀元、統元曆三歲一試。紹熙〔二九〕二年，命今歲春銓太史局試，應三全通、一粗通，合格者並特收取，時局生多闕故也。嘉定四年，命局生必俟試中，方許轉補。

理宗淳祐十二年，祕書省言：「舊典以太史局隸祕省，今引試局生不經祕書，非也。稽之於令，諸局官應試曆算、天文、三式官，每歲附試，通等則以精熟爲上，精熟等則以習他書多爲上，習書等則以占事有驗爲上。諸局生補及二年以上者，並許就試。一年試曆算一科，一年試天文、三式兩科，每科取一人。諸同知算造官闕有試，翰林天文官闕有試，諸靈臺郎有應試補直長者，諸正名學生有試問景祐新書者，諸判局闕而合差，諸秤漏官五年而轉資者，無不屬於祕書；而局官等人各置脚色，遇有差遣、改補、功過之類，並申祕書。今乃一切自行陳請，殊乖初意。自今有違令補差，及不經祕書公試補中者，中書執奏改正，仍從舊制，中嚴試法。」從之。

書學生，習篆、隸、草三體，明說文、字說、爾雅、博雅、方言，兼通論語、孟子義，願占大經者聽。篆以古文、大小二篆爲法，隸以二王、歐、虞、顏、柳眞行爲法，草以章草、張芝九體爲法。考書之等，以方圓肥瘦適中，鋒藏畫勁，氣淸韻古，老而不俗爲上；方而有圓筆，圓而有方意，瘦而不枯，肥而不濁，各得一體者爲中；方而不能圓，肥而不能瘦，模倣古人筆畫不得其意，而均齊可觀爲下。其三舍補試升降略同算學法，惟推恩降一等。自初置及併罷年數，悉同算學。

畫學之業，曰佛道，曰人物，曰山水，曰鳥獸，曰花竹，曰屋木，以說文、爾雅、方言、釋名教授。說文則令書篆字，著音訓，餘書皆設問答，以所解義觀其能通畫意與否。仍分士流、雜流，別其齋以居之。士流兼習一大經或一小經，雜流則誦小經或讀律。考畫之等，以不倣前人而物之情態形色俱若自然，筆韻高簡爲工。三舍試補、升降以及推恩如前法。惟雜流授官，止自三班借職以下三等。

醫學，初隸太常寺，神宗時始置提舉判局官及教授一人，學生三百人。設三科以教之，曰方脈科、鍼科、瘍科。凡方脈以素問、難經、脈經爲大經，以巢氏病源、龍樹論、千金翼方爲小經，鍼、瘍科則去脈經而增三部鍼灸經。常以春試，三學生願與者聽。崇寧間，改隸國子監，置博士、正、錄各四員，分科教導，糾行規矩。立上舍四十人，內舍六十，外舍二百〔一〇〕，齋各置長、諭一人。其考試：第一場問三經大義五道，次場方脈試脈證、運氣大義各二道；鍼、瘍試小經大義三道，運氣大義二道；三場假令治病法三道。中格高等，爲尚藥局醫師以下職，餘各以等補官，爲本學博士、正、錄及外州醫學教授。

紹興中，復置醫學，以醫師主之。翰林局醫生幷奏試人，並試經義一十二道，取六通爲合格。乾道三年，罷局而存御醫諸科，後更不置局而存留醫學科，令每舉附省闈別試所解發，太常寺掌行其事。淳熙十五年，命內外白身醫士，經禮部先附銓闈，試脈義一場三道，取其二通者赴次年省試，經義三場一十二道，以五通爲合格，五取其一補醫生，俟再赴省試升補，八通翰林醫學，六通祗候，其特補、薦補並停。紹熙二年，復置太醫局，銓試依舊格。其省試三場，以第一場定去留，墨義、大義等題倣此。

補道職，舊無試，元豐三年始差官考試，以道德經、靈寶度人經、南華眞經等命題，仍試齋醮科儀祝讀。政和間，郎州、縣學別置齋授道徒。蔡攸上諸州選試道職法，其業以黃帝內經、道德經爲大經，莊子、列子爲小經。提學司訪求精通道經者，不問已命、未仕，皆審驗以聞。其業儒而能慕從道教者聽。每路於見任官內，選有學術者二人爲幹官，分詣諸州檢察教習。內經、道德經置博士，聖濟經兼講。道徒升貢，悉如文士。初入官，補志士道職，賜褐服，藝能高出其徒者，得推恩。道徒術業精退，州守貳有考課殿最罪法。陳州學生慕從道教，踰月而道徒換籍，殆與儒生相半。有宋璵者，願改道徒內舍，獻神霄玉淸萬壽宮雅一篇，特換志士，俟殿試。由是長倅以下受賞有差，其誘勸之重如此。宣和二年，學罷。

校勘記

〔一〕士有純明朴茂之美　「有」原作「以」，據宋會要選舉三之二九、宋大詔令集卷一五七建學詔改。

〔二〕天章閣侍講王洙言　本句以下一段敍述，據宋會要崇儒一之二九、通考卷四二學校考都繫在慶曆二年，當移置上段「慶曆四年」之前。

〔三〕許品官子役然試藝　文意不明。同上書同卷載此文都作：「許品官子弟投保官家狀量試藝業。」疑「役然」二字乃「投狀」二字之訛。
〔四〕每十人與解三人　「三人」二字原脫，據同上書同卷篇補。
〔五〕內舍生試入優平二等　「內舍生」三字原脫，據宋會要職官二八之九、長編卷三〇一補。
〔六〕總五百七十四人　疑當作「總三百七十四人」。按下文所列：上等四十七人，中等一百四十人，下等一百八十七人，共三百七十四人。
〔七〕一上一下及一中下兩下爲下　原刊「一中下」、「兩下」間有二十三字空格，殿、局本都無空格。
〔八〕不俟中歲　通考卷四六學校考作「不俟終歲」，宋會要選舉一二之三四作「不以時隨奏貢入太學」。
〔九〕十二年　承上文當指乾道十二年，乾道無十二年，疑有誤。
〔一〇〕入官資序故事　「序」字原脫，據宋會要選舉一七之五、通考卷三四選舉考補。
〔一一〕中五事以上　「事」字原脫，據下文「三事」、「兩事」例和長編卷二九五補。
〔一二〕四年　承上文當指崇寧四年，宋會要選舉一七之二〇、一七之二一繫此事於大觀四年，志文當失書「大觀」紀元。
〔一三〕二十九年修立武舉入官資格　「二十九年」原置「資格」下，據宋會要選舉一七之二八、玉海卷一一六移正。

〔四〕除射親許試五等弓外　「射親」原置「除」字上，據宋會要崇儒三之三八乙正。

〔五〕止許試第三等以下弓　「下」原作「上」。按宋會要崇儒三之三八：「博士劉敦義言，武學外舍生赴公試，元降指揮除射親許試五等弓外，步射、馬射止許試第三等以下弓。」「其已上兩等弓力，卽無法試設。」「上」當作「下」，據改。

〔六〕不以馬步射親　「馬」原作「爲」。按當時弓馬試分射親、馬射、步射三門，此處「馬步」卽馬射、步射的簡稱。宋會要作「不以馬步射親」，「爲」字誤，據改。

〔七〕五名以上省試第一名六名以下並同準備將　「準備將」，原作「準補將」。按宋會要選舉一八之三：「第四、第五名並省試第一名堪充兵將官，……同準備將；……第六名以下堪充兵將官，……準備差遣。」朝野雜記甲集卷一三「五名以上及省試魁同準備將。」「補」應作「備」，據改。

〔八〕夏侯陽　「陽」字原脫，據本書卷二〇七藝文志、通考卷四二學校考補。

〔九〕紹熙　原作「紹興」，按上文已敍至紹興十四年，此處不當又作「紹興二年」，宋會要職官一八之九七作「紹熙」，據改。

〔一〇〕外舍二百　「二百」原作「二十」。按宋代學制，外舍生員人數最多，次內舍，上舍最少。此處外舍數目不應反少於上舍；宋會要崇儒三之一一作「二百」，據改。

宋史卷一百五十八

志第一百一十一

選舉四 銓法上

太祖設官分職，多襲五代之制，稍損益之。凡入仕，有貢舉、奏廕、攝署、流外、從軍五等。吏部銓惟注擬州縣官、幕職，兩京諸司六品以下官皆無選；文臣少卿、監以上中書主之，京朝官則審官院主之；武臣刺史、副率以上內職，樞密院主之，使臣則三班院主之。其後，典選之職分爲四：文選曰審官東院，曰流內銓，武選曰審官西院，曰三班院。元豐定制而後，銓注之法，悉歸選部：以審官東院爲尙書左選，流內銓爲侍郎左選，審官西院爲尙書右選，三班院爲侍郎右選，於是吏部有四選之法。文臣寄祿官自朝議大夫、職事官自大理正以下，非中書省敕授者，歸尙書左選；武臣升朝官自皇城使、職事官自金吾階衞仗司〔一〕以下，非樞密院宣授者，歸尙書右選；自初仕至州縣幕職官，歸侍郎左選；自借差、監當至供奉官、軍使，歸侍郎右選。凡應注擬、升移、敍復、廕補、封贈、酬賞，隨所分隸校勘合格，團甲以上尙書省，若中散大夫、閤門使以上，則列選敍之狀上中書省、樞密院，得畫旨，給告身。

凡選人階官爲七等：其一曰三京府判官，留守判官，節度、觀察判官，即後來承直郎。其二曰節度掌書記，觀察支使，防禦、團練判官，即後來儒林郎。其三曰軍事判官，京府、留守、節度、觀察推官，即後來文林郎。其四曰防禦、團練、軍事推官，軍、監判官，即後來從事郎。其五曰縣令、錄事參軍，即後來從政郎。其六曰試銜縣令、知錄事，即後來修職郎。其七曰三京軍巡判官，司理、戶曹、司戶、法曹、司法參軍，主簿，縣尉。即後來迪功郎。七階選人須三任六考，用奏薦及功賞，迺得升改。

凡改官，留守、兩府、兩使判官，進士授太常丞，舊亦授正言、監察或太常博士，後多不除。餘人太子中允；舊亦授殿中丞。支使，掌書記，防禦、團練判官，進士授太子中允，或秘書郎。餘人著作佐郎；兩使推官、軍事判官、令、錄事參軍，進士授著作佐郎，餘人大理寺丞；初等職官知縣，知錄事參軍，防禦、團練、軍事推官，軍、監判官，進士授大理寺丞，餘人衞尉寺丞；惟判、司、主簿、縣尉七考，進士授大理寺丞，餘人衞尉寺丞。自節、察判官至簿、尉，考不及格者遞降等。

凡非登科及特旨者，年二十五方注官。凡三班院，二十以上聽差使，初任皆監當，次任爲監押、巡檢、知縣。凡流外人，三任七考，有舉者六員，移縣令、通判；有班行舉者三員，與磨勘。凡進納人，六考，有職官或縣令舉者四員，移注；四任十考，有改官者五人舉之，與磨勘。

初定四時參選之制：凡本屬發選解，並以四孟月十五日前達省，自千里至五千里外，爲五等日期離本處；若違限及不如式，本判官罰五十直，錄事參軍、本曹官各殿一選；諸州四時具員闕報吏部，踰期及漏誤，判官罰七十直，錄事參軍以下殿一選；在京百司發選解及送闕，違期亦有罰；諸歸司官奏年滿，俟敕下，準格取本司文解赴集，流外銓則據其人自投狀申奏，亦依四時取解參選；凡州縣老疾不任事者，許判官、錄事參軍糾舉以聞，判官、錄事參軍則州長吏糾之。藩郡監牧，每遣朝臣攝守，往往專恣。太祖始削外權，命文臣往涖之；由是內外所授官，多非本職，惟以差遣爲資歷。

建隆四年，詔選朝士分治劇邑，以重其事。大理正奚嶼知館陶，監察御史王祜知魏，楊應夢知永濟，屯田員外郎于繼徽知臨淸，常參官宰縣自此始。舊制，畿內縣赤、次赤；畿外三千戶以上爲望，二千戶以上爲緊，一千戶以上爲上，五百戶以上爲中，不滿五百戶爲中下。有司請據諸道所具板圖之數，升降天下縣，以四千戶以上爲望，三千戶以上爲緊，二千戶以上爲上，千戶以上爲中，不滿千戶爲中下。自是，注擬以爲資敍。又詔：「周廣順中應出選門州縣官，於南曹投狀，準格敕考校無礙，與除官；其敍復者，刑部檢勘送銓。」

先是，選格未備。乾德二年，命陶穀等議：

凡拔萃、制舉及進士、九經判中者，並入初等職官，判下者依常選。初入防禦團練軍事推官、軍事判官者，並授將仕郎，試校書郎。周三年得資，卽入留守兩府節度推官、軍事判官，並授承奉郎，試大理評事。又周三年得資，卽入掌書記、防禦團練判官，並授宣德郎，試大理評事兼監察御史。周二年得資，卽入留守、兩府、節度、觀察判官，並授朝散大夫，試大理司直兼監察御史。周一年，入同類職事、諸府少尹。又周一年，送名中書門下，仍依官階，分爲四等。已至兩使判官以上、次任入同類職事者，加檢校官或轉運憲銜〔三〕。凡觀察判官以上，緋十五年乃賜紫。每任以周三年爲限，閏月不預，每周一年，校成一考。其常考，依令錄例，書「中」、「上」；公事闕遺、嘗經殿罰者，卽降考一等；若校成殊考，則南曹具功績，請行酬獎；或考滿未代，更一周年與成第四考，隨有罷者不赴集；其奏授職事，書校考第，並準新格參選。

自是銓法漸有倫矣。帝又慮銓曹惟用資歷，而才傑或湮滯，乃詔吏部取赴集選人歷任課績多而無闕失、其材可副升擢者，送中書引驗以聞。時仕者愈衆，頗委積不可遣。

開寶初，令選人應格者，到京即赴集，不必限四時；及成甲次〔三〕，又給限：南曹八日，銓司旬有五日，門下省七日，自磨勘、注擬及點檢謝詞，總毋踰一月。若別論課績，或負過名須考驗〔四〕，行遣如法；及資考未合注擬者，不在此限。

三年，詔曰：「吏多難以求其治，祿薄未可責其廉，與其冗員重費，不若省官益奉。州縣官宜以戶口爲率，差減其員，舊奉月增給五千。西川管內諸州，凡二萬戶，依舊設曹官三員；戶不滿二萬，置錄事參軍、司法參軍各一員，司法兼司戶；不滿萬戶，止置司法、司戶，司戶兼錄事參軍；戶不滿五千，止置司戶，兼司法及錄事參軍。縣千戶以上，依舊置令、尉、主簿凡三員；戶不滿千，置令、尉，縣令兼主簿事；戶不滿四百，止置主簿、尉，以主簿兼知縣事；戶不滿二百，止置主簿，兼令、尉。」諸道減員亦倣此制。西川官考滿得代，更不守選。

嶺表初平，上以其民久困苛政，思惠養之。令吏部銓自襄、荊以南州縣，選見任年未五十者，移爲嶺南諸州通判，得攜族之官。以廣南僞署官迻學士院試書判，稍優則授上佐、令、錄、簿、尉。初，州縣有闕員，差前資官承攝；帝以其紊常制，令所在即上闕員，有司除注。又謂：「諸道攝官或著吏能，悉令罷去，良可惜也。有司按其歷任，三攝無曠敗者以名聞。」

六年，從流內銓之請，復四時選，而引對者每季一時引對之。時國家取荆、衡，克梁、益，下交、廣，闢土既遠，吏多闕，是以歲常放選。選人南曹投狀，判成送銓，依次注擬。其後選部闕官，即特詔免解，非時赴集，謂之「放選」，習以爲常，而取解季集之制漸廢。是冬，迺命參知政事盧多遜等，以見行長定、循資格及泛降制書，乃正違異，削去重複，補其闕漏，參校詳議，取悠久可用者，爲書上之，頒爲永式，而銓綜之職益有敍矣。

先是，選人試判三道，其二全通而文翰俱優爲上，一道全通而文翰稍堪爲中，三道俱不通爲下。判上者職事官加一階，州縣官超一資，判中依資，判下入同類，惟黃衣人降一資。至是〔五〕，增爲四等，三道全次、文翰無取者爲中下，用舊判下格；全不通而文翰又紕繆爲下，殿一選。

太平興國六年，詔京朝官除兩省、御史臺，自少卿、監以下，奉使從政於外受代而歸者，令中書舍人郭贄、膳部郎中兼侍御史知雜事滕中正、戶部郎中雷德驤同考校勞績，論量器材，以中書所下闕員擬定，引對以遣，謂之差遣院。蓋前代朝官，自一品以下皆曰常參官〔六〕，其未常參者曰未常參官；宋日常參者曰朝官，秘書郎而下未常參者曰京官。舊制，京朝官有員數，除授皆云替某官，或云塡見闕。京官皆屬吏部，每任滿三十月，罷任，則歲校其考第，取解赴集〔七〕。太祖以來，凡權知諸州，若通判，若監臨物務官，無定員。月限既滿，有司住給奉料，而見釐務者牒有司復文〔八〕，所釐務罷則已。但不常參，注授皆出中書，不復由吏部。至是，與朝官悉差遣院主之。凡吏部黄衣選人，始許改爲白衣選人。

太宗選用庶僚，皆得引對，觀其敷納可采者超擢之。復慮因緣矯飾，徼幸冒進，迺詔："應臨軒所選官吏，並送中書門下，考其履歷，審取進止。"舊制，州縣官南曹判成，流內銓注擬，其職事官中書除授。然而歷任功過，須經南曹考驗，遂令幕府官罷任，並歸銓曹，其特除拜者聽朝旨。又詔："獄官關繫尤重，新及第人爲司理參軍，固未精習，令長吏察視，不勝任者，奏判、司、簿、尉對易其官。"

淳化四年，選人以南郊赦免選，悉集京師。帝曰："並放選，則負罪者幸矣，無罪者何以勸？"乃令經停殿者守常選。又詔："司理、司法參軍在任有犯，遇赦及書下考者，止與免選，更勿超資。"工部郎中張知白上言："唐李嶠嘗云：『安人之方，須擇郡守。朝廷重內官，輕外任，望於臺閣選賢良分典大州，共康庶績。』鳳閣侍郎韋嗣立因而請行，遂以本官出領郡。今江、浙州郡，方切擇人，臣雖不肖，願繼前脩。"帝曰："知白請重親民之官，良可嘉也。"然不允其請。

淳化以前，資敍未一，及是始定遷秩之制：凡制舉、進士、九經出身者，校書郎、正字、寺監主簿、助教並轉大理評事，評事轉本寺丞，任太祝、奉禮郎者轉諸寺監丞，諸寺監丞轉著作佐郎，或特遷太子中允、秘書郎；由大理寺丞轉殿中丞，由著作佐郎轉秘書監、丞，資淺者或著作郎，優遷者爲太常丞；由太子中允、秘書郎轉太常丞，三丞、著作皆遷太常博士，轉屯田員外郎，優者爲禮部、工部、祠部、主客；由屯田轉都官，優者爲戶部、刑部、度支、金部；由都官轉職方，優者爲吏部、兵部、司封、司勳；其轉郎中亦如之。左右司員外郎，太平興國中有之，後罕除者。左右司郎中，惟待制以上當爲少卿者卽爲之。由前行郎中轉太常少卿、秘書少監，由此二官轉右諫議大夫或秘書監、光祿卿；諫議轉給事中，資淺者或右轉左；給事中轉工部、禮部侍郎，至兵部、吏部轉左右丞，由左右丞轉尙書。自侍郎以上，或歷曹，或超曹，皆繫特旨。

諸科及無出身者，校書郎、正字、寺監主簿、助教並轉太祝、奉禮郎，太祝、奉禮郎轉大理評事，評事轉諸寺監丞，諸寺監丞轉大理寺丞，大理寺丞轉中舍，優者爲左右贊善，資淺者爲洗馬。由幕職爲著作佐郎者轉太子中允。由中允、贊善、中舍、洗馬皆轉殿中丞，殿中丞轉國子博士，舊除五經者，至春秋博士則轉國子博士，後罕除。由國子博士轉虞部員外郎，優者爲膳部；由虞部轉比部，優者爲倉部；由比部轉駕部，優者爲考功；或由水部轉司門，司門轉庫部；爲郎中亦如之。至前行郎中轉少卿、監，或一轉，或二三轉，卽爲諸寺大卿、監，自大卿、監特恩獎擢，或入給諫焉。

其爲臺省官，則正言、監察比太常博士，殿中、司諫比後行員外郎，起居、侍御史比中行員外郎；起居轉兵部、吏部員外郎，侍御史轉職方員外郎，優者爲兵部、司封、知制誥；由正言以上至郎中，皆敍遷兩資，中行郎中爲左右司郎中，若非次醻勞，有遷三資或止一資者；至左右司郎中爲知制誥若翰林學士者，遷中書舍人，舊亦有自前行郎中除者，後兵、吏部止遷諫議。由中書舍人轉禮部以上侍郎，入丞、郎即越一資以上。內職、學士、待制亦如之。御史中丞由諫議轉者遷工部侍郎，由給事轉者遷禮部侍郎，由丞、郎改者約本資焉。

其學官，司業視少卿，祭酒視大卿。其法官，大理正視中允、贊善。凡正言、監察以上，皆特恩或被舉方除。其任館閣、三司、王府職事，開封府判官、推官，江淮發運、諸路轉運使、提點刑獄，皆得優遷，或以勤效特獎者亦如之。兩制、龍圖閣、三館皆不帶御史臺官，樞密直學士、三司副使皆不帶御史臺官及兩省官，待制以上不帶少卿、監。

其內職，自借職以上皆循資而遷，至東頭供奉官者轉閤門祗候，閤門祗候轉內殿崇班，崇班轉承制，承制轉諸司副使，自副使以上，或一資，或五資、七資，或直爲正使者，至正使亦如之。至皇城使者轉昭宣使，昭宣使轉宣慶使，宣慶使轉景福殿使。其閤門祗候，特恩轉通事舍人，通事舍人轉西上閤門副使，亦有加諸司副使兼通事者；西上閤門副使轉東上，東上轉引進，引進轉客省，客省轉西上閤門使；自此以上，亦如副使之遷，惟至東上者又轉四方館使。客省使轉內客省使，內客省使轉宣徽使，或出爲觀察使。自內客省使以上，非特恩不授。

武班副率以上至上將軍，其遷歷軍衞如諸司使副焉。由牧伯內職改授，則觀察使以上爲上將軍，團練使、閤門使以上爲大將軍，刺史、諸司使至崇班爲將軍，閤門祇候、供奉官爲率，殿直以上爲副率。

內侍省、入內內侍省，自小黃門至內供奉官，皆歷級而轉，至內東頭供奉官轉內殿崇班，有轉內侍、常侍者，內常侍亦正轉崇班。

其銓選之制：兩府司錄，次赤令，留守、兩府、節度、觀察判官，少尹，一選；兩府判、司，兩畿令，掌書記，支使，防禦、團練判官，二選；諸府司、錄，次畿令，四赤簿、尉，軍事判官，留守、兩府、節度、觀察、防禦、團練軍事推官，軍、監判官，進士、制舉，三選；諸府司理、判、司，望縣令，九經，四選；輔州、大都督府司理、判、司，緊上州錄事參軍，緊上縣令，次赤兩畿簿、尉，五經、三禮、三傳、三史、通禮、明法，五選；雄望州司理、判、司，中州錄事參軍，中縣令，次畿簿、尉，六選；緊上州司理、判、司，下州、中下州錄事參軍，中下縣、下縣令，緊望縣簿、尉，學究，七選；中州中下州司理、判、司，上縣簿、尉，八選；下州司理、判、司，中縣簿、尉，九選；中下縣下縣簿、尉，十選。太廟齋郎、室長通理九年，郊社齋郎、掌坐通理十一年。

凡入官，則進士入望州判司、次畿簿尉，九經入緊州判司、望縣簿尉，五經、三禮、通禮〔九〕、三傳、三史、明法入上州判司、緊縣簿尉，學究有出身人入中州判司、上縣簿尉，太廟齋郎入中下州判司〔一〇〕、中縣簿尉，郊社齋郎、試銜無出身人入下州判司、中下縣簿尉，諸司入流人入下州判司、下縣簿尉。

仁宗初，吏員猶簡，吏部奏天下幕職、州縣官期滿無代者八百餘員，而川、廣尤多未代。帝曰：「此豈人情之所樂耶？其亟代之。」帝御後殿視事，或至旰食。中書請如天禧舊制，審官、三班院、流內銓日引見毋得過兩人，詔弗許。自眞宗朝，試身、言、書、判者第推恩，迺特詔曰：「國家詳覈吏治，念其或淹常選，而以四事程其能。朕承統緒，循用舊典，爰命從臣，精加詳考。其令翰林學士李諮與吏部流內銓以成資闕爲差擬。」於是咸得遷官，率以爲常。後議者以身、言、書、判爲無益，迺罷。

凡磨勘遷京官，始增四考爲六考，舉者四人爲五人，曾犯過又加一考。舉吏各有等數，得被舉者須有本部監司、長吏按察官，乃得磨勘；須到官一考，方許薦任。凡選人年二十五以上，遇郊，限半年赴銓試，命兩制三員鎖試于尚書省，糊名謄錄。習辭業者試論、試詩賦，詞理可采、不違程式爲中格，習經業者人專一經，兼試律，十而通五爲中格，聽預選。七選以上經三試至選滿，京朝官保任者三人，補遠地判、司、簿、尉，無舉主者補司士參軍，或不赴試、亦無舉者，永不預選。京官年二十五以上，歲首赴試于國子監，考法如選人，中格者調官。兩任無私罪而有部使、州守倅舉者五人，入親民；舉者三人，惟與下等耋物務官。

初，州郡多闕官，縣令選尤猥下，多爲淸流所鄙薄，每不得調。乃詔吏部選幕職官爲知縣，又立舉任法以重令選，敕諸路察縣之不治者。然被舉者日益衆，有司無闕以待之，中書奏罷舉縣令法。未幾，有言親民之任輕，則有害於治，法不宜廢。復令指劇縣奏舉，舉者二人，必一人本部使，既居任，復有舉者，始得遷，否則如常選，毋輒升補。常參官已授外任，勿奏舉。然銓格煩密，府史姦弊尤多，而磨勘者待次外州，或經三二歲乃得改官，往往因緣薄勞，求截甲引見。有詔自是弗許。

神宗欲更制度，建議之臣以爲唐銓與今選殊異，雜用其制，則有留礙煩紊之弊。始刊削舊條，務從簡便，因廢南曹而併歸之于銓。初，審官西院與東院對掌文武，尋改從吏部，而左、右選分焉。祖宗以來，中書有堂選，百司、郡縣有奏舉，雖小大殊科，然皆不隸于有司。暨元豐罷奏舉闕，屬之銓曹，而堂選亦不領於中書，一時更制，必欲公天下而詒永久。於是除免選之恩，重出官之試，定賞罰之則，酌資蔭之宜。凡設試以待命士而入之銓注者，自蔭補、銓試之外，有進士律義、武臣呈試及試刑法官等，而銓試所受爲特廣。中書言：「選人守選，有及三年方遇恩放選者，或適歸選而遽遇恩，既爲不均，且蔭補免試注官，以不習事多失職，試者又止試詩，豈足甄才？已受任而無勞績，舉薦及免試恩法，須再試書判三道，然亦虛文。」

熙寧四年，遂定銓試之制：凡守選者，歲以二月、八月試斷按二，或律令大義五，或議三道，後增試經義。法官同銓曹撰式考試〔二〕，第爲三等，上等免選注官，優等升資如判超格，無出身者賜之出身。自是不復試判，仍去免選恩格，若歷任有舉者五人，自與免試注官。任子年及二十，聽赴銓試。其試不中或不能試，選人滿三歲許注官，惟不得入縣令、司理、司法。任子年及三十方許參注，若年及二十授官〔三〕，已及三年，出官亦不用試。若秩入京朝，卽展任監當三年，在任有二人薦之，免展。選人應改官，必對便殿。舊制，五日一引，不過二人。至是，待次者多，有踰二年乃得引。帝閔其留滯，詔每甲引四人以便之。

帝因論郡守，謂宰臣曰：「朕每思祖宗百戰得天下，今州郡付之庸人，常切痛心。卿輩謂何如而得選任之要？」文彥博請擇監司而按察之。陳升之曰：「取難治劇郡，擇審官近臣而責以選才，宜可得也。」

初置審官西院，磨勘武臣，並如審官院格，而舊審官曰東院。御史中丞呂公著言：「英宗時，文臣磨勘，例展一年，至少卿、監止。武臣橫行以上及使臣，猶循舊制，固未嘗如文臣有所節抑也。又仁宗時，嘗著令，正任防禦、團練以上，非邊功不遷。今及十年嘗歷外任，即許轉，亦未如少卿、監之有限止也。」詔兩制詳定。王珪等言：「文武兩選磨勘，已皆均用四年。請今自正任刺史以上，轉官未滿十年，若有顯效者自許特轉，其非次恩惟許改易州鎭，以示旌寵。有過，則比文臣展年。」從之。知審官西院李壽朋言：「皇城使占籍者三十餘員，多領遙郡，而尙得從磨勘，遷刺史、團練防禦使，每進一級，增奉錢五萬，廩粟雜給如之，實爲無名。請於皇城使上別置二使名，視前行郎中，量給奉祿。其遙郡刺史、團練防禦使，並從朝廷賞功擢用，更不序遷。」詔：「遙郡刺史、團練防禦使，並以十年磨勘，至觀察留後止。應官止而有功若特恩遷者，不以法。」

諸司使副，每磨勘皆用常制，雖軍功亦無別異，而閤門內侍輩，轉皆七資。帝謂：「左右近習，非勳勞而得超躐，至嘗立功者乃無優遷，非制也。」使副嘗有軍功應轉，許特超七資，閤門通事舍人、帶御器械、兩省都知押班、管幹御藥院使臣七資超轉法，皆除之。後客省、引進、四方館各置使二員，東、西上閤門共置使六員，客省、引進、閤門副使共八員。副使磨勘如諸司使法。使有闕，改官及五期者，樞密院檢舉。歷閤門職事有犯事理重者，當遷日除他官；閤門、四方館使七年無私過，未有闕可遷者，加遙郡；特旨與正任者，引進四年轉團練使，客省四年轉防禦使：皆著爲定制焉。

先是，御史乞罷堂選，曾公亮執不可。王安石曰：「中書總庶務，今通判亦該堂選，徒留滯，不能精擇，宜歸之有司。」帝曰：「唐陸贄謂：『宰相當擇百官之長，而百官之長擇百官。』今之審官，苟得其人，安有不能精擇百官者哉？」元豐四年，堂選、堂占悉罷。

初，有司屬職卑者不在吏銓，率命長吏舉奏。都水監主簿李士良言：「沿河幹集使臣，凡百六十餘員，悉從水監奏舉，往往不諳水事，干請得之。」迺詔東、西審官及三班院選差。於是悉罷內外長吏舉官法。明年，令吏部始立定選格，其法：各隨所任職事，以入仕功狀，循格以俟擬注。如選巡檢、捕盜官，則必因武舉、武學，或緣舉薦，或從獻策得出身之人。他皆倣此。

自官制行，以舊少卿、監爲朝議大夫，諸卿、監爲中散大夫，秘書監爲中大夫。故事，兩制不轉卿、監官，每至前行郎中，即超轉諫議大夫。前行郎中，於階官爲朝請大夫；諫議大夫，於階官爲太中大夫。帝謂：「磨勘者，古考績之法，所與百執事共之，而禁近獨超轉，非法也。」於是詔待制以下，並三年一遷，仍轉朝議、中散、中大夫三官。自是遷敍平允。凡開府儀同三司至通議大夫，無磨勘法；太中大夫至承務郎，皆應磨勘。待制以上六年遷兩官，至太中大夫止；承務郎以上四年遷一官，至朝請大夫止。朝議大夫以七十員爲額，有闕，以次補之。選人磨勘用吏部法，遷京朝官則依新定之制。除授職事官，並以寄祿官品高下爲法：凡高一品以上者爲行，下一品者爲守，二品以下者爲試，品同者不用行、守、試。

哲宗時，御史上官均言：「今仕籍，合文武二萬八千餘員，吏部逆用兩任闕次，而仕者七年乃成一任。當清其源，宜加裁抑。」朝廷下其章議之。司諫蘇轍〔三〕議曰：「祖宗舊法，凡任子，年及二十五方許出官，進士、諸科，初命及已任而應守選者，非逢恩不得放選。先朝患官吏不習律令，欲誘之讀法，乃減任子出官年數，去守選之格，概令試法，通者隨得注官。自是天下爭誦律令，於事不爲無補。然人人習法，則試無不中，故蔭補者例減五年，而選人無復選限。吏部員今年已用後四年夏秋闕，官冗至此亦極矣。宜追復祖宗守選舊法，而選滿之日，兼行試法之科〔四〕，此亦今日之便也。」事報聞。

三省言：「舊經堂除選人，惟嘗歷省府推官、臺諫、寺監長貳、郎官、監司外，悉付吏部銓注，凡格所應入，遞升一等以優之。被邊州軍，其城砦巡檢、都監、監押、砦主、防巡、諸路捕盜官，及三萬緡以上課息場務，凡舊應舉官，員闕，許仍奏舉。」時通議大夫以上，有以特恩、磨勘轉官，而比之舊格，或實轉兩官至三四官者。右正言王覿謂非所以愛惜名器，請官至太中大夫以上，毋用磨勘遷轉。詔：「待制、太中大夫應磨勘者，止於通議大夫，餘官止中散大夫。中散以上勞績酬獎，合進官者，止許回授子孫。特命特遷，不拘此制。」

初，武臣戰功得賞，凡一資，則從所居官遞遷一級。於是以皇城使驟上遙刺，或入橫行；且閤門使以上，等級相比而輕重絕遠。因樞密院言，乃詔「閤門、左藏庫副使得兩資，客省、皇城使得三資，止許一轉，減年者許回授親屬。」又小使臣磨勘轉崇班者，歲毋過八十人。內臣昭宣使以上無磨勘法，惟押班以上則取裁，餘理五年磨勘。

紹聖初，改定銓試格，凡攝官初歸選，散官、權官歸司，若新賜第，皆免試。每試者百人，惟取一人入優等，中書奏裁，二人爲上等，五人爲中等。崇寧以後，又復元豐制，而蔭補者須隸國學一年無過罰，乃試銓，若在學試嘗再入等，即免試；其公、私試嘗居第一，得比銓試推恩。政和間著爲令。旣而臣僚言：「進士中銓格者，每二百人，得優恩不過五七人，又或闕上等不取。而朝廷取隸國子試格，用之銓注，及今五年，而得上等優恩者二百四十人，免試者尚在其外。是蔭補隸學者，優於累試得第之人矣。」於是詔在學嘗魁一試者，許如舊恩，餘止令免試注官。吏部侍郎彭汝礪乞稍責吏部甄別能否，凡京朝官才能事效苟有可錄，尚書暨郎官銓擇以聞。三省分三年考察之，高則引對，次卽試用，下者還之本選；若資歷、舉薦應入高而才行不副，許奏而降其等。凡皆略許出法而加升黜，歲各毋過三人。

初，選人改官，歲以百人爲額。元祐變法，三人爲甲，月三引見，積累至紹聖初，待次者二百八十餘人。詔依元豐五日而引一甲，甲以三人，歲毋過一百四十人，俟待次不及百人，別奏定。又令歷任通及三考，而資序已入幕職、令錄，方許舉之改官。吏部言：「元豐選格，經元祐多所紛更，於是選集後先，路分遠近，資歷功過，悉無區別，踰等超資，惟其所欲。詔旨既復元豐舊制，而辟舉一路尚存，請盡復舊法，以息僥倖。」乃罷辟舉。

崇寧元年，詔吏部講求元豐本制，酌以時宜，删成彝格，使才能、閥閱兩當其實。吏部言：「堂選窠名及舉官員闕，內外共約三千餘目。元祐法，選人得升資以上賞，及參選射闕，不許遣人代注，今皆罷從元豐法。所當損益者，其知邊近蠻夷州如威、茂、黎、瓊等，及開封府曹掾，平準務，諸路屬官，在京重課場務，京城內外廂官，戶部幹官，麴院，榷貨務，將作監管幹公事，黃河都大，內外榷茶官，凡干刑獄及筦庫繁劇，皆不可罷舉。若御史臺主簿、檢法官、協律郎，豈可泛以格授？諸如此類，仍舊辟舉。」從之。惟諸路毋得直牒差待闕得替官權攝。

初，未改官制，大率以職爲階官。如以吏部尚書爲階官，而同中書門下平章事則其職也。至於選人，則幕職、令錄之屬爲階官，而以差遣爲職，名實混淆甚矣。元豐未及革正。崇寧二年，刑部尚書鄧洵武極言之，遂定選人七階：曰承直郎，曰儒林郎，曰文林郎，曰從事郎，曰通仕郎，曰登仕郎，曰將仕郎。政和間，改通仕爲從政，登仕爲修職，將仕爲迪功，而專用通仕、登仕、將仕三階奏補未出官人，承直至修職須六考，迪功七考，有官保任而職司居其一，乃得磨勘。坐愆犯，則隨輕重加考及舉官有差。

時權姦柄國，僥倖並進，官員益濫，銓法留礙。臣僚言：「吏員增多，蓋因入流日衆。熙寧郊禮，文武奏補總六百一十一員；元豐六年，選人磨勘改京朝官總一百三十有五員。考之吏部，政和六年，郊恩奏補約一千四百六十有畸，選人改官約三百七十有畸。欲節其濫，惟嚴守磨勘舊法。而今之磨勘，有局務減考第，有川遠減舉官，有用酬賞比類，有因大人特舉，有託事到闕不用滿任，有約法違礙許先次而改。凡皆棄法用例，法不能束而例日益繁，苟不裁之，將又倍蓰而未可計也。請詔三省若吏部，舊有止法，自當如故，餘皆毋得用例。」迺詔：「惟川、廣水土惡地，許減舉如制，餘悉用元豐法。」既而又言：「元豐進納官法，多所裁抑。應入令錄及因賞得職官，止與監當，該磨勘者換授降等使臣，仍不免科率，法意深矣。邇者用兵東南，民入金穀皆得補文武官，理選如官戶，與士大夫涇、渭並流，復其戶不受科輸。是得數千緡於一日，而失數萬斛於無窮也。況大戶得復，則移其科於下戶，下戶重貧，州縣緩急，責辦何人？此又弊之大者。」不聽。

初，宗室無參選法，祖宗時，間選注一二，不爲常制。徽宗欲優宗室，多得出官，一日參選，卽在合選名次之上。而膏粱之習，往往貪恣，出任州縣，黷貨虐民，議者頗陳其害。欽宗卽位，臣僚復以爲言，始令不注郡守、縣令，仍與在部人通理名次。

高宗建炎初，行都置吏部。時四選散亡，名籍莫攷。始下諸道州、府、軍、監，條具屬吏寓官之爵里、年甲、出身、歷仕功過、舉主、到罷月日，編而籍之。然自兵難以來，典籍散失，吏緣爲私，申明繁苛，承用踳駁，保任滋衆，阻會無期，參選者苦之。迺令凡文字有不應於令，而案牘參照明白，從郎官審覆，長貳予決，小不完者聽行，有狥私挾情，則令御史糾之。又詔京畿、京東、河北、京西、河東士夫在部注授，雖銓未中而年及者，皆聽注官。二年，命京官赴行在者，令吏部審量，非政和以後進書頌及直赴殿試之人，乃聽參選。在部知州軍、通判、僉判及京朝官知縣、監當以三年爲任者，權改爲二年。以赴調者萃東南，選法留滯故也。又詔州縣久無正官者，聽在選人申部，審度牓闕差注。

紹興元年，起居郎胡寅言：「今典章文物，廢墜無幾，百司庶府不可闕者，莫如吏部。

姑置侍郎一員，郎官二員，胥吏三十人，則所謂磨勘、封敍、奏薦常程之事，可按而舉矣。」

詔曰：「六官之長，佐王理邦國者，其惟銓衡乎。亂離以來，士大夫流徙，有徒跣而赴行在者。注授牓闕，姦弊日滋，寒士困苦，甚可憫焉。宜令三省議除其弊，嚴立賞禁，仍選能吏以主之，御史臺常加糾察。」於是三省立八事，曰注擬藏闕，申請徼幸，去失問難〔三〕，刷闕滅裂，闕會淹延，審量疑似，給付邀求，保明退難。令長貳機梐之。又詔館職選人到任及一年，通理四考，並自陳，改京官。

二年，呂頤浩言：「近世堂除，多侵部注，士人失職。宜倣祖宗故事，外自監司、郡守及舊格堂除通判，內自察官省郎以上、館職、書局編修官外，餘闕幷寺監丞、法寺官、六院等，武臣自準備將領、正副將以上，其部將、巡尉、指使以下，並歸部注。」從之。又復文臣銓試，以經義、詩賦、時議、斷案、律義爲五場，願試一場者聽，牓首循一資。武臣呈試合格者並聽參選。

三年，右僕射朱勝非等上吏部七司敕令格式。自渡江後，文籍散佚，會廣東轉運司以所錄元豐、元祐吏部法來上，乃以省記舊法及續降指揮，詳定而成此書。先是，侍御史沈與求言：「今日矯枉太過，賢愚同滯。」帝曰：「果有豪傑之士，雖自布衣擢爲輔相可也；苟未能攷其實，不若姑守資格。」迺命吏部注授縣令，惟用合格之人。

五年，詔：「凡注擬，並選擇非老疾及未嘗犯贓與非緣民事被罪之人。」時建議者云：「親民莫如縣令，今率限以資格，雖貪懦之人，一或應格，則大官大邑得以自擇。請詔監司、郡守，條上劇邑，遴選清平廉察之人爲之。」既而又詔：「知縣依舊法，止用兩任關升通判資序。」明年，侍御史周祕言：「今有無舉員考第，因近臣薦對，卽改官升擢，實長奔競。望詔大臣，自今惟賢德才能之人，餘並依格注擬。」廷臣或請以前宰執所舉改官，易以司馬光十科之目，歲薦五員，中書難之。詔「前宰執所舉京削，不理職司」而已。

三十二年，吏部侍郎凌景夏言：「國家設銓選以聽羣吏之治，其掌於七司，著在令甲，所守者法也。今升降於胥吏之手，有所謂例焉。長貳有遷改，郎曹有替移，來者不可復知，去者不能盡告。索例而不獲，雖有強明健敏之才，不復致議；引例而不當，雖有至公盡理之事，不復可伸。貨賄公行，姦弊滋甚。嘗覩漢之公府有辭訟比，尚書有決事比，比之爲言，猶今之例。今吏部七司宜置例册，凡換給之期限，戰功之定處，去失之保任，書塡之審實，奏薦之限隔，酬賞之用否，凡經申請，或堂白、或取旨者，每一事已，命郎官以次擬定，而長貳書之于册，永以爲例，每半歲上于尚書省，仍關御史臺。如是，則巧吏無所施，而銓敍平允矣。」

有議減任子者，孝宗以祖宗法令難於遽改，令吏部嚴選試之法。自是，初官毋以恩例免試，雖宰執亦不許自陳回授。舊制，任子降等補文學及恩科人皆免，至是悉試焉。凡未經銓中及呈試者，勿堂除；雖墨敕，亦許執奏。舊制，宗室文資與外官文臣參注窠闕，武資則不得與武臣參注，但注添差。至是，始聽注釐務闕。七年〔一〇〕，始命銓試不中、年四十，呈試不中、年三十者，令寫家狀，讀律注官。陳師正言：「請令宗室恩任子弟出官日量行銓試，如士夫子弟之法，多立其額而優爲之制。」遂詔：「自今宗室曾經應舉得解者，許參選，餘並行銓試，三人取二。其三試終場不中人，聽不拘年限調官。」

淳熙元年，參知政事龔茂良言：「官人之道，在朝廷則當量人才，在銓部則宜守成法。法本無弊，例實敗之。法者，公天下而爲之者也；例者，因人而立以壞天下之公者也。昔之患在於用例破法，今之患在於因例立法。諺稱吏部爲『例部』。今七司法自晏敦復裁定，不無疏略，然守之亦可以無弊。而徇情廢法，相師成風，蓋用例破法其害小，因例立法其害大。法常靳，例常寬，今法令繁多，官曹冗濫，蓋繇此也。望令裒集參附法及乾道續降申明，重行攷定，非大有牴牾者弗去，凡涉寬縱者悉刊正之。庶幾國家成法，簡易明白，賕謝之姦絕，冒濫之門塞矣。」於是重修焉。既而吏部尚書蔡洸以改官、奏薦、磨勘、差注等條法分門編類，名吏部條法總類。十一月，七司敕令格式申明成書。

淳熙三年，中書舍人程大昌言：「舊制，選人改秩後兩任關升通判，通判兩任關升知州，知州兩任即理提刑資序。除授之際，則又有別以知縣資序隔兩等而作州者，謂之『權發遣』，以通判資序隔一等而作州者，謂之『權知』，上而提刑、轉運亦然。隔等而授，是擇材能也；結銜有差，是參用資格也。今得材能、資格俱應選者爲上，其次，則擇第二任知縣以上有課績者許作郡，初任通判以上許作監司，第二任通判以上許作職司，庶幾人法並用。」從之。

寧宗慶元中，重定武臣關升格。先是，初改官人必作令，謂之「須入。」至是，復命除殿試上三名、南省元外，並作邑；後又命大理評事已改官未歷縣人，並令親民一次，著爲令。

紹定元年，臣僚上言：「銓曹之患，員多闕少，注擬甚難。自乾道、嘉定以來，嘗命選部，職官窠闕，各於元出闕年限之上，與展半年用闕。歷年寖久，入仕者多，即今吏部參注之籍，文臣選人、武臣小使臣校尉以下，不下二萬七千餘員，大率三四人共注一闕，宜其膠滯壅積而不可行。乞命吏部錄參、司理、司法、令、丞、監當酒官，於元展限之上更展半年。」從之。

七年〔七〕，監察御史陳垓建言，乞申戒飭銓法十弊：一曰添差數多，破法耗財；謂倅貳、幕職、參議、機宜、總戎、鈐轄、監押之類。二曰抽差員衆，州縣廢職；謂監司、帥守慕屬多差見任州縣他官權攝。三曰攝局違法，蠹政害民；謂監司、帥守徇私差權幕屬等職。四曰「須入」不行，徼幸撓法；謂初改官人必作知縣，今多規免，苟圖京局，躐求倅貳，遂使不曾歷縣之人冒當郡寄。五曰奏辟不應，奔競日甚；謂在法未經任人不許奏辟，今或以初任或以闕次遠而改辟見次者。六曰改任巧捷，紊亂官常；謂在法已授差遣人，不得干求換易。今既授是官，復謀他職，辭卑居尊，棄彼就此。七曰薦舉不公，多歸請託；八曰借補繁多，官資泛濫；九曰瘝曠職守，役心外求；十曰匿過居官，藐視國法。謂曾經罪犯，必俟赦宥。今則既遭彈劾，初未經赦者，經營差遣。

舊制，軍功補授之人，自合從軍，非老疾當汰，無參部及就辟之法。比年諸路奏功不實，寅緣竄名，許令到部，及諸司紛然奏辟，實礙銓法。建炎兵興，雜流補授者衆，有曰上書獻策，曰勤王，曰守禦，曰捕盜，曰奉使，其名不一，皆閫帥假便宜承制之權以擅除擢。有進士徑補京官者，有素身冒名卽爲郎、大夫者。乃詔：「從軍應賞者，第補右選，以清流品。」又有民間願習射者，籍其姓名。守令月一試，取藝優者，如三路保甲法區用。

紹興初，嘗以兵革經用不足，有司請募民入貲補官，帝難之。參知政事張守曰：「祖宗時，授以齋郎，今之將仕郎是也。」知樞密院李回曰：「此猶愈科率於民。」乃許補承節郎、承信郎、諸州文學至進義副尉六等，後又給通直郎、修武郎、秉義郎、承直至迪功郎。其注擬、資考、磨勘、改轉、蔭補、封敍，並依奏補出身法，毋得注令錄及親民官。和議之後，立格購求遺書，亦命以官。凡歿於王事，無遺表致仕格法者，聽奏補本宗異姓親子孫弟姪，文臣將仕郎，武臣承信郎；餘親，上州文學或進武校尉，所以褒恤忠義也。又以兩淮、荆襄，其土廣袤，募民力田。凡白身勸民墾田及七十五頃者與副尉，五伯頃補承信郎。

孝宗即位，命帥臣、監司、郡守、嘗任兩府及朝官等遣親屬進貢，等第補授登仕郎、將仕郎，推恩理爲選限。淳熙三年，詔罷鬻爵，除歉歲民願入粟賑饑、有裕於衆，聽補官，餘皆停。自是，進納軍功，不理選限，登仕郎、諸州助教不許出官，止於贖罪及就轉運司請解而已。

校勘記

〔一〕金吾階衞仗司　按本書卷一六四職官志，有「左右金吾街司」和「左右金吾仗司」，無金吾階衞仗司。宋會要選舉二三之一記此事作「金吾街仗司」，當是。

〔二〕或轉運憲銜　長編卷五作「或轉憲銜」。按宋代通稱轉運使爲漕臣，提點刑獄公事爲憲臣，疑「運」字衍。

〔三〕甲次　原倒。據下文「求截甲引見」、「三人爲甲，月三引見」，此處當是指將選人編成甲次以待引見而言，長編卷九作「甲次」，據改。

〔四〕負過名須考驗　「過名」，長編卷九作「過咎」，宋會要選舉二四之九作「過尤」，「過咎」與「過尤」同義，疑「名」是「咎」字之訛。

〔五〕至是　「至是」，承上文當指開寶六年，而長編卷一八、宋會要選舉二四之九都繫此事於太平興國二年，此處誤。

〔六〕前代朝官自一品以下皆曰常參官　按宋會要職官五九之三、長編卷二二，「朝官」都作「常參官」，「常參官」都作「京官」。

〔七〕每任滿三十月罷任則歲校其考第取解赴集　「考第」原作「考策」。長編卷二二記此事說：「每任三十月爲滿，歲校其考第，罷任取解赴集。」上文也有「書校考第」之語，作「考第」是，據改。

〔八〕牒有司復文　「復文」，長編卷二二作「復支」，和上下文義較合，疑「文」乃「支」字之訛。

〔九〕通禮　原作「通理」，此是科目名稱，據上文和長編卷一四、通考卷三〇選舉考改。

〔一〇〕入中下州判司　「中」字原脫，據本書卷一六九職官志、考異卷七〇補。

〔一一〕法官同銓曹撰式考試　「法官」，宋會要選舉一三之一四、長編卷二二七都作「差官」，於義爲長，「法」字當爲「差」字之誤。

〔二〕若年及二十授官　「二十」，宋會要選舉一三之一五、長編卷二二七在敍述選人試法時都作「三十」。長編卷三八六又說：「彼貴遊子弟，……就令屢試不中，年及三十亦得出仕。」疑以作「三十」爲是。

〔三〕蘇轍　原作「蘇軾」，據長編卷三八六、欒城集卷三九乞復選人選限狀改。

〔四〕兼行試法之科　「法」原作「守」，據同上書同卷同篇改。

〔五〕去失問難　「問」，原作「艱」。宋會要職官八之一七：「三、去失之弊，謂見存于照猶問難不已，直待賄賂方肯保奏。」繫年要錄卷六九作「去失問難」，據改。又：承上文，此事繫於紹興元年，據同上書同卷，應爲紹興三年。

〔六〕七年　據宋會要選舉二六之六，此處失書「乾道」紀元。

〔七〕七年　承上文此年當爲紹定七年，但紹定無七年；據本書卷四三理宗紀、宋史全文卷三四，此事繫於淳祐七年，此處失書「淳祐」紀元。

宋史卷一百五十九

志第一百一十二

選舉五 銓法下

遠州銓　補蔭　流外補

川峽、閩、廣，阻遠險惡，中州之人，多不願仕其地。初，銓格稍限以法，凡州縣、幕職，每一任近，即一任遠。川峽、廣南及沿邊，不許挈家者爲遠，餘悉爲近。既分川峽爲四路，廣南東、西爲二路，福建一路，後增荆湖南一路，始立八路定差之制，許中州及土著在選者隨意就差，名曰「指射」，行之不廢。

太平興國初，選人孟巒擬賓州錄事參軍，詣匭訴寃，坐流海島。自是，得遠地者不敢辭。既而詔：「川峽、嶺南、福建注授，計程外給兩月期，違則本州不得放上，遣送闕下，除籍不齒。或被疾，則所至陳牒，長吏按驗，付以公據；廢痼未損，則條狀以聞。」雍熙四年，又詔：「選人年六十，勿注遠地；非土人而願者聽。凡任廣、蜀、福建州縣，並給續食。」初，嶺南闕官，往往差攝。至是，詔州長吏試可者選用之；罷秩，奏送闕下，與出身。淳化間，又詔：「嶺南攝官，各路惟許選二十員以承乏，餘悉罷歸。」

始，令嶺南幕職，許攜族行，受代不得寄留。至道初，申詔：「劍南州縣官，不得以族行。敢有妄稱妻爲女奴，攜以之官，除名。」初，榮州司理判官鄭蛟，冒禁攜妻之任。會蜀賊李順構亂，其黨田子宣攻陷城邑，而蛟捕得之，擢爲推官。至是，知梓州張雍奏其事，上命戮蛟，而有是詔。

咸平間，以新、恩、循、梅四州瘴地，選荆湖、福建人注之。吏部銓擬官，悉標其過犯。自是，凡注惡地，令不須書。又詔：「規避遐遠，違期受代，勘鞫責罰，就移遠地。」

神宗更制，始詔：「川峽、福建、廣南，之官罷任，迎送勞苦，其令轉運司立格就注，免其赴選。」於是七路自常選知州而下〔一〕，轉運司置員闕籍，具書應代時日，下所部郡衆示之。凡見任距受代半年及已終更者，許用本資序指射。有司受而閱之，定其應格當差者，上之審官東院、流內銓，審覆如令，卽奏聞降敕。若占籍本路，或游注此州，皆從其便；惟不許官本貫州縣及鄰境，其參擬銓次悉如銓格。無願注者，上其闕審官，而在選者射之。

武臣之屬西院、三班院者，令樞密院放此具制。後荆湖南亦許就注。或言：「士人知州非便。法應遠近迭居，而川人許連任本路，常獲家便〔二〕，實太偏濫。」王安石曰：「分遠近，均勞佚也。中州士不願適遠，四路人樂就家便，用新法卽兩得所欲；況可以省吏卒將迎、官府浮費邪？」何正臣又言：「蜀人之在仕籍者特衆，今自郡守而下皆得就差，一郡之官，士人太半，寮寀吏民皆其鄉里親信，難於徇公，易以合黨。請收守令闕歸之朝廷，而他官兼用士人，量立分限，庶經久無弊。兼聞差注未至盡公，願許提刑司索案牘究察之。」奏上，法不爲改，但申嚴提刑司互察之法。

元祐初，御史上官均言：「定差不均之弊有七：諸路赴選中試乃差，八路隨意取射，一也。諸路吏部待試，需次率及七年，方成一任；八路就注，若及七年，已更三任，二也。八路雖坐停罷，隨許射注〔三〕，其待次者又許權攝，祿無虛日；而吏選無愆犯，亦大率四年方再得祿，四也。士人得射奏名者，免試就注家便，年高力憊，不復望進，往往營私廢職，五也。仕久知識既多，士人〔四〕就射本路，不無親故請託，六也。八路監司地遠而專，設漫滅功過名次，人亦不敢爭校；故有力者多得優便，而孤寒滯卻，七也。請併八路差盡歸吏部爲便。」既而吏部亦請用常格差除，遂悉歸之銓。

紹聖復行舊制，且許八路人廕補出官，卽轉運司試中注闕。重和間，臣僚又言其弊：

「轉運以軍儲、吏祿、供饋、支移爲己責，而視差注爲末務，往往付之主案吏胥定擬，而簽廳視成書判而已。注闕之高下，視賄之厚薄。無賂，則定差之牘，脫漏言詞，隱落節目。及其上部，必致退卻，參會重上，又半歲矣。以是闕多而不調者衆。宜督典領之官，歲終取吏部退難有無、多寡，爲之課而賞罰之，庶可公注擬而絕吏賕。」乃命立考課法。

建炎初，詔福建、二廣闕並歸吏部，惟四川仍舊制。初，累朝以廣南地遠，利入不足以資正官，故使舉人兩與薦選者，試刑法於漕司，以合格者注攝兩路，謂之「待次」。攝官更兩任無過，則錫以眞命。至是，雖歸之吏部，踰年無願就者，復歸漕司。自神宗朝，宗室不許調川陝官；至是宗室多避難入蜀，乃聽於四路注擬。六年〔五〕，詔：「川陝轉運司每季孟月上旬集注。」爲定法焉。八年，直學士院勾龍如淵上疏謂：「行都去蜀萬里，而比歲窠闕歸之朝廷，寒遠之士，困抑者衆。願參酌前制，稍還漕銓之舊，立爲定格，使與堂除不相侵紊。」遂命以小郡知州、監以下，仍付漕司差注，其選人改官詣司公參，理爲「到部」。人稱便焉。

補蔭之制。凡奏戚屬，太皇太后、皇太后、皇后本服期親，奉禮郎；大功，守監簿；小功，初等幕職官；元豐前，試大理評事。緦麻，知令、錄。元豐前試校書郎。異服親亦如之。有服女之夫，則本服大功以上女夫，知令、錄；小功，判、司、主簿或尉；緦麻，試監簿。周功女之子，知令、錄；孫及大功女之子，判、司、主簿或尉；曾孫及大功女之孫、小功女之子，並試監簿；其非所生子若孫，各降一等；緦麻女之子，試監簿。

每祀南郊、誕聖節，太皇太后、皇太后並錄親屬四人，皇后二人。非遇推恩而特旨賜官，不用此法。凡諸妃期親守監簿，餘判、司、主簿或尉；異姓親試監簿。婉容以上有服親，才人以上小功親，並試監簿。凡大長公主、長公主、公主夫之期親，判、司、主簿或尉，餘試監簿；子，補殿中丞；孫，光祿寺丞；壻，太常寺太祝；外孫，試銜、知縣。凡親王壻，大理評事；外孫，初等職官；女之子壻，試監簿。宗室緦麻以上女之夫，試銜、知縣；祖免，判、司、主簿或尉。其願補右職，依換官法，奉禮郎即右侍禁，幕職官即左班殿直，知令、錄即右班殿直，判、司、主簿、尉即奉職，試監簿即借職。

凡文臣：三公、宰相子，爲諸寺丞；期親，校書郎；餘親，本宗大功至緦麻服者。以屬遠近補試銜。使相、參知政事、樞密院使、副使、宣徽使子，爲太祝、奉禮郎；期親，校書、正字；餘親，補試銜。節度使、僕射、尚書、太子三少、御史大夫、文明殿學士、資政殿大學士子，校書郎、正字；期親，寺、監主簿；餘親，試銜。三司使，翰林、資政殿侍講、龍圖閣學士，樞密直學士，太常、宗正卿，中丞，丞、郎，留後，觀察使，內客省使子，正字；期親，寺、監主簿；餘親，試銜及齋郎。兩省五品、龍圖閣直學士、待制、三司副使、知雜御史子，寺、監主簿；期親，試銜；餘親，齋郎。諸司大卿、監子，寺監主簿；期親，試銜。小卿、監兼職者子，試銜；期親，齋郎。

凡武臣：宰相子，爲東頭供奉官，使相、知樞密院子，爲西頭供奉官；期親，皆左侍禁；餘屬，自左班殿直以下第官之。樞密使、副使、宣徽節度使子，西頭供奉官；期親，右侍禁；餘屬，自右班殿直以下第官之。六統軍諸衞上將軍、節度觀察留後、觀察使、內客省使子，右侍禁；期親，右班殿直；餘屬，三班奉職以下第官之。客省使、引進防禦使、團練使、四方館使、樞密都承旨、閤門使子，右班殿直；期親，三班奉職；餘屬，爲差使、殿侍。諸衞大將軍、內諸司使、樞密院諸房副承旨子，三班奉職；期親，借職；餘屬，爲下班殿侍。諸衞將軍、內諸司副使、樞密分房副承旨子，爲三班借職。

凡兼職在館閣校理、檢討，王府記室、翊善、侍講，三司主判官，開封府判官、推官，江淮發運，諸路轉運，始許奏及諸親。提點刑獄，惟許奏男。其嘗以贓抵罪，得復故官。文臣至郎中及員外郎任館閣職，武臣至諸司副使、諸衞將軍者，止許廕子若孫一人，尙在謫籍者弗預。

太祖初定任子之法，臺省六品、諸司五品，登朝嘗歷兩任，然後得請。始減歲補千牛、齋郎員額；齋郎須年貌合格，誦書精熟，乃得奏。太宗踐極，諸州進奏者授以試銜及三班職，初推恩授散試官者，不得赴選。太平興國二年，乃詔授試銜等人特定七選集，遂爲定令。凡誕聖節及三年大祀，皆聽奏一人。而淳化改元恩，文班中書舍人、武班大將軍以上，並許廕補；如遇轉品，許更蔭一子，由是奏薦之恩始廣。每誕聖節，朝臣多請奏疏屬，不報。至道二年，始限以翰林學士、兩省五品、尚書省四品以上，賜一子出身，此聖節奏薦例也。先是，任子得攝太祝、奉禮，未幾即補正員。帝謂：「膏粱之子，不十年坐致闔籍。」是年，悉授同學究出身赴選集。

眞宗東封，祀汾陰，進奉人已官者進秩，未官者令翰林試藝，與試銜、齋郎、借職。公主、郡縣主以下諸親，外命婦入內者，亦有恩慶。而東封恩，則提點刑獄、朝臣、使臣，皆得奏一人。奏戚屬，舊無定制。有求補閤門祗候者，眞宗以宣贊之職，非可以恩澤授，乃詔：「自今求敍遷者，至殿直止。」大中祥符二年，以門廕授京官，年二十五以上求差使者，令於國學受業，及二年，審官院與判監官考試其業，乃以名聞。內諸司使、副授邊任官者，陛辭時許奏子。詔樞密院定其制，凡妄名孫及從子爲子求蔭者，坐之。七年，帝幸南京，詔臣僚逮事太祖者，賜一子恩澤，令翰林學士李維等定，自給諫、觀察使以上得請。初，轉運使辭日，許奏一人。天禧後，惟川、廣、福建者聽，餘路再任始得奏。又詔：「承天節恩例所蔭子孫，不許以他親及已食祿者。」特許西京分司官，郊禋奏廕一子。自是分務西洛者得以爲例，南京則否。

仁宗慶曆中，裁損奏補入仕之路，凡選人遇郊赴銓試，其不赴試亦無舉者，永不預選。罷聖節奏蔭恩，學士以下，遇郊恩得奏大功以上親，再遇郊得奏小功以下親。郎中、帶職員外郎，初遇郊蔭子若孫，再郊及期親，四遇郊聽蔭大功以下親。初得奏而年過六十無子孫，廕期親。其皇親大將軍以上妻，再遇郊亦許之。武臣蔭例倣此。凡蔭長子孫皆不限年，諸子孫須年過十五；若弟姪須過二十，必五服親乃許。已嘗蔭而物故者，無子孫祿仕，聽再蔭。自是，任子之恩殺矣。

英宗卽位，郡縣致貢奉人，悉命以官。知諫院司馬光建言：「監司、太守，遣親屬奉表京師，不問官職高下、親屬近遠，推恩至班行、幕職、權知州軍，或所遣非親，亦除齋郎及差使、殿侍，此蓋國初承五代姑息藩鎭之弊，因循不革。爵祿本待賢才，今此等受官，誠爲大濫。縱不能盡罷其人，若五服內親，等第受以一官，其無服屬量賜金帛，庶少救濫官之失。」然詔令已行，不從其議。時方患官冗，言者皆謂：「由三歲一磨勘，其進甚亟，易至高位，故獲蔭者衆。」乃令待制以上，自遷官後六歲，無故則復遷之，有過僉展年，至諫議大夫止。京朝官四歲磨勘，至前行郎中止，少卿、監限七十員，員有闕，以前行郎中久次者補之。少卿、監以上遷官，聽旨。

仁宗雖罷聖節恩，而猶行之妃、主。神宗既裁損臣僚奏蔭，以宮掖外戚恩尤濫，故稍抑之。舊，諸妃遇聖節奏親屬一人，間一年許奏二人，郊禮許奏一人。嬪御每遇郊奏一人，兩遇聖節與一奏。後定，諸妃每遇聖節并郊，許奏有服親一人。淑儀、充儀、婕妤、貴人遇郊，許奏小功以上親一人，位號別而資品同者，許比類奏薦。舊，公主每遇聖節、郊禮，奏夫之親屬一人；公主生日，許奏一人。後罷生日恩，所奏須有服親。皇親妻兩遇郊，許奏期親一人，後罷奏。舊，郡、縣主遇郊，許奏親生子右班殿直，若庶子及其夫之親兩遇郊，許奏借職一人。後親子惟注幕職，孫若庶子兩遇郊，方許奏一人，夫之親屬勿奏。舊，臣僚之妻爲國夫人者，得遺表恩，後除之。妃嬪、公主以下，非有服親之壻不許奏。既而曾布等又言：「臣僚陳請恩澤，宜有定制。」乃許見任二府歲乞差遣一人。宰臣、樞密使兼平章事因事罷者，陳乞轉官一人，指射差遣二人。餘執政官，並各一人。待制以上乞差遣遷學士者又一人。三路、廣桂安撫使、知成都府、梓州差遣一人，親孫、子循一資。廣南轉運、提點刑獄奏子孫或期親合入官一人。成都、梓、利、夔路差遣一人，子孫循一資。中書檢正官、樞密院檢詳官至員外郎，在職及二年，遇大禮許補親屬。中書堂後官、提點五房官，雖未至員外，聽奏補。邕、宜、欽極邊煙瘴知州，聽奏子孫一人。凡因戰陣物故及歿於王事，許官其子孫。又功臣繪像之家，如無食祿人，則許特奏子孫一人入官。既定銓試法，任子中選者得隨銓擬注，其入優等，往往特旨賜進士出身。

元祐元年詔：「諸軍致仕停放人，其遺表恩該及子而過五年自陳者，慮有冒濫，毋推恩。職事官卿、監以下應任子者，須官至朝奉郎，乃許奏。」三年，定宰臣、執政初遇郊，許奏本宗異姓親各一人，次遇郊，奏數如初。願用其恩與有官人，則許轉官幷循資，或乞差遣，惟不得轉入朝官、循入支掌。應奏承務郎、殿直以上，許換升一任；不得升入通判。餘官三遇郊，許奏有官人。舊制，應奏兩人止者，次郊，止許奏有官人。其後，遇郊更合補蔭者，並準此爲間隔之次；已致仕而遇大禮應奏補者，再奏而止。宣仁太皇太后諭輔臣曰：「近已裁減入流，本家恩澤，宜減四分之一。」呂公著等曰：「陛下臨朝同聽斷，本殿恩澤，自不當限數。先來所定，止與皇太后同等，豈可更損？」宣仁曰：「裁減恩澤，凡自上而始，則均一矣。」乃詔曰：「官冗之患，實極于今，苟非裁入流之數，無以淸取士之原。吾以眇身率先天下，今後每遇聖節、大禮、生辰，合得親屬恩澤，並四分減一，皇太后、皇太妃同之。」

哲宗旣親政，詔復舊。凡乞致仕而不願轉官者，中大夫至朝奉郎及諸司使，許奏補本宗有服親一人；自奉議郎、內殿承制以下，許與有服親一人恩例；惟中大夫、中散大夫、諸司使帶遙郡者，蔭補外仍與有服親恩例；若致仕未受敕而身亡者，在外以陳乞至門下省日，在京以得旨日，亦許乞有服親恩例一人。初，任子法以長幼爲序，若應奏者有廢疾，或嘗犯私罪至徒，或不肖難任從仕，許越奏其次。至是，始刪去格令「長幼爲序」四字。

五年，定親王女郡主蔭補法，遇大禮，許奏親屬一人，所生子仍與右班殿直；兩遇，奏子或孫與奉職；即用奏子孫恩迴授外服親之夫，及夫之有服親者，有官人轉一官，毋得升朝，選人循一資，無官者與借職，須期以下親，乃得奏。吏部言：「皇太妃遇大禮，以應奏恩與其親屬，而服行不應法。」詔用皇后緦麻女之子爲比，補借職。舊法，母后之家，十年一奏門客，而太妃未有法。紹聖初，詔皇太妃用興龍節奏親屬恩，迴授門客。自是，太后每及八年、太妃十年，奏門客一名，與假承務郎，許參選。如年數未及，凡恩皆毋回授。

元符後，命婦生皇子許依大禮奏有服親，三品以上三人。宗室緦麻親，許視異姓蔭孫。凡蔭補異姓，惟執政得奏，如簽書樞密院事雖依執政法，而所蔭即不理選限。後因轉官礙止法者，許回授未仕子孫，而貪冒者又請回授異姓，有司每沮止之，然亦多御筆許特補。

政和間，尚書省定回授格，謂無官可轉，或可轉而官高不欲轉，或事大而功效顯著爲一格，許奏補內外白身有服親；官有止法不可轉，功績次著爲一格，許奏本宗白身袒免親；官不甚高、而功績大爲一格，許奏本宗白身有服親；官不甚高、功不甚大爲一格，而分爲三，一與內外有官有服親，一與有官有服本宗親，一與有官有服者之子孫。凡爲六等。

宣和二年，殿中侍御史張汝舟言：「今法所該補奏，與先朝同。昔之官至大夫，歷官不下三五十年，而今閱三五年，有已至大夫者矣；諸翼將軍至武翼郎，須出官三十年，方許奏補；今文武官奏補，未嘗限年，此太濫也。至若中大夫以下及武功、武翼大夫，已求致仕而不及受敕，乃格其恩，於是有身謝而未受敕者，其家或至匿哀須限；然不及親受而不與霑恩者多矣，此太吝也。欲自今中大夫至帶職朝奉郎以上，雖遇郊恩，入官不及二十年，皆未許蔭補；雖已經奏薦，再遇郊恩年仍未及者，亦寢其奏，庶抑其濫。至於文武官及大夫以上嘗求休致，而身謝在出敕前，欲並許奏蔭，以補其不及。」尙書省文武官致仕〔七〕，雖不及受敕，若無曾受蔭人，自有遺表恩。又寺、監長貳至開封少尹，係用職事蔭補，不合限年。餘從之。

崇寧以來，類多泛賞，如曰「應奉有勞」、「獻頌可采」、「職事修舉」特授特轉者，皆無事狀可名，而直以與之。孟昌齡、朱勔父子、童貫、梁師成、李邦彥等，凡所請求皆有定價，故不三五年，選人有至正郎或員外，帶職小使臣至正、副使或入遙郡橫行者。而蔡京拔用從官，不論途轍，一言合意，卽日持槖。又優堂吏，往往至中奉大夫，或換防禦、觀察使。由此任子百倍。欽宗卽位，赦恩覃轉，惟許宗室；其文武臣止令回授有官有服親，且詔：「非法應回授及特許者，毋錄用。」

高宗中興，重定補蔭法，內外臣僚子孫期親大功以下及異姓親隨，文武各有等秩，見職官志。建炎元年，詔：「宰執子弟以恩澤任待制以上者，並罷。」紹興四年詔：「文武太中大夫以上及見帶兩制職名，依舊不限年。內無出身自授官後以及十五年，年及三十、不係宮觀責降之人，聽依條補蔭。」七年，中書舍人趙思誠言：「孤寒之士，名在選部，皆待數年之闕，大率十年不得一任。今親祠之歲，任子約四千人，是十年之後，增萬二千員，科舉取士不與焉。將見寒士有三十年不得調者矣。祖宗時，仕至卿、監者，皆實以年勞、功績得之，年必六十，身不過得恩澤五六人。厥後私謁行，橫恩廣，有年未三十而官至大夫者，員數比祖宗時不知其幾倍，而恩例未嘗少損。有一人而任子至十餘者，此而不革，實蠹政事，望議革其弊。」會思誠去國，議遂格〔七〕。舊法，惟贓罪不許任子，新令併及私罪徒，有司以爲拘礙者多，遂罷新令。又詔：「宰執、侍從致仕遺表，惟補緦麻以上親，毋及異姓。」二十二年，以武臣多出軍中，爵秩高而族姓少，凡有薦奏，同姓皆期功，異姓皆中表，閭巷之徒附會以進。命須經統轄長官結罪保明，詭冒者連坐之。帝於后妃補蔭，每加裁抑，詔后族不得任從官。

孝宗卽位，思革冗官。初詔百官任子遇郊恩權免奏薦，年七十人，遇郊不許奏子。俄又詔，未奏者許一名。隆興元年，以張宋卿言蔭補冗濫，立爲定法。凡員外轉正郎，正郎轉侍從，卿監之至中大夫，每初遇郊，則聽任一子；再經，則不許復請。遺表之恩，各減其一。減年之類，亦去其半。至府史之屬，武功之等，亦倣此差降之。

乾道二年詔：「非泛補官，如宗室、戚里女夫捧香，異姓上書獻頌，隨奉使補官，陣亡女夫，異姓給使減年之類，轉至合奏薦官，候致仕與奏一名，嘗奏者不再奏。」四年，詔：「宗室祖免親諸衞將軍、武功大夫至武翼郎以上，遇大禮奏補親屬，並依外官法，著爲令。」九年，詔：「文臣帶職員外郎及武翼大夫以上，生前未嘗奏薦者，與致仕恩澤一名；卽已嘗奏薦而被蔭人身亡，許再請。應朝奉郎、武翼郎以上補授及三十年者，亦與一名。」又詔：「武臣嘗任執政官，遇郊聽補文資。」於是恩數視執政者亦得之。蓋戚里、宗王與夫攀附之臣，皆爭以文資祿其子，不可復正矣。自隆興著酬賞實歷對用轉官之法，遷官稍緩。至是，郊恩之奏視爲減半，然猶未大艾也。淳熙九年，始詔：「減任子員數。自宰相、執政、侍從、卿監、正郎、員外郎，分爲五等，每等降殺，以兩酌中定爲止數，武臣如之。宰相十人，執政八人，侍從六人，中散大夫至中大夫四人，帶職朝奉郎至朝議大夫三人，通減三分之一。」於是冗濫漸革。

寧宗慶元中，立補蔭新格，自使相以下有差，文臣中大夫、武臣防禦使以下，不許遺表推恩。嘉泰初，以官冗恩濫，凡宗女夫授官者，依舊法終身止任一子，兩府使相不得以郊恩奏門客，著爲令。

凡流外補選，五省、御史臺、九寺、三監、金吾司、四方館職掌，每歲遣近臣與判銓曹，就尙書同試律三道，中者補正名，理勞考。三館、祕閣楷書，皆本司試書札，中書覆試，補受。後以就試多懷挾傳授，乃鎖院、巡搜、糊名。凡試百司吏人，問律及疏，旣考合格，復令口誦所對，以防其弊。其自敍勞績，臣僚爲之陳請，特免口誦，謂之「優試」。得優試者，率中選。後遂考試百司人，歲以二十人爲額，毋得僥倖求優試。爲職掌者，皆限年，授外州司戶、勒留，有至諸衞長吏、兩省主事者。

學士、審官、審刑院，登聞檢鼓院，糾察刑獄司，皆選取諸司吏人，或以年限，或理本司選。然中書制敕及五院員闕，多卽遣官特試書箚，驗視材質。制敕院須堂後官以下親屬，五院須父祖有官者，樞密院亦如之，惟本院試驗。宣徽院、三司、各省、閤門、三班院，皆本司召補，至其首者出職。

凡出職者，樞密院、三司，皆補借職以上，餘或補州縣。內廷諸司主吏、三司大將，亦有補三班借職者。中書主事以下，三司勾覆官以上，各帶諸州上佐；樞密院主事以上，皆帶同正將軍；餘多帶遠地司戶、簿、尉。

先是，勒留、出官及選限，皆無定制。其隸近司，有裁三二年卽堂除外官者。咸平末，命翰林學士承旨宋白，與兩制、御史中丞同詳定之。白等請令「中書沿堂五院行首、副行首，依舊制補三班；通引、堂門、直省、發敕驗使臣，遇闕，依名次補正名；三年授勒留官，遇恩則一年，授後，七年出官。宣徽院貼房至都勾押官，軍將至知客、押衙各六等，並以次補；至勾押官、押衙，及五年以上出官，補三班或簿、尉。學士院孔目官，補正三年授勒留官，遇恩一年，授後，五年出官；驅使官，補正四年授勒留官，遇恩二年，授後，八年出官。三館孔目官，書直庫表奏、守當官，四年授勒留官，遇恩二年，授後，守當官八年、書直庫表奏官七年、孔目官六年出職；其職遷補者，許通計年考，有奉錢官者，更留三年。典書、楷書五選集，準格三館入流，歲數已少，無得以諸色優勞減選。閤門、客省、承受、驅使官轉次第，並依本司舊例，補正名四年授勒留官，遇恩則二年，授後，七年出授簿、尉；其行首並如舊制。審刑院本無職掌名額，於諸司選差正名，令不以有無勒留。審官五年、審刑三年，出官以前，諸司請自今勒留，並比七選集授官例，赴選日不以州縣地望爲資敘」。從之。後又定客省承受、行首歲滿補殿直、奉職；御書院、翰林待詔、書藝祗候，十年以上無犯者聽出職。

太祖嘗親閱諸司流外人，勒之歸農者四百人。開寶間，詔：「流外選人經十考入令、錄者，引對，方得注擬。驅使散從官、伎術人，資考雖多，亦不注擬。」堂後官多爲姦贓，欲更用士之在令、錄、簿、尉選者充之；或不屑就，而所選不及數，乃如舊制。雍熙時，以堂後官充職事官，入謝外不赴朝參，見宰相禮同胥吏。端拱初，以河南府法曹參軍梁正辭、楚丘縣主簿喬蔚等五人爲將作監丞，充中書堂後官，拔選人授京官爲堂吏，自此始。

校勘記

〔一〕於是七路自常選知州而下　「七路」原作「八路」。按上文首先提到的八路是川峽四路、廣南東、西路、福建路和荆湖南路，此處所記沒有荆湖南路，實只七路。長編卷二一四作「七路」，據改。

〔二〕常獲家便　「家便」二字原倒，按下文「家便」一詞數見，同上書同卷也作「家便」，「家便」當是當時習用語。今乙正。

〔三〕八路雖坐停罷隨許射注　上文明言「定差不均之弊有七」敍述中只有「二也」、「四也」而無「三也」，此處當有脫文。按長編卷三八〇所載，有「又八路在任犯罪停替，或體量罷任，並許再指射差遣，而見在吏部待次之人，至有歷任無過尚須試法，俟及一年方有注擬，此不均之弊三也」之文，此處所云當即此第三事的改寫。此處下當脫「三也」二字，或尚脫有關「見在吏部待次之人定差情況文字。

〔四〕士人　原作「士人」，據長編卷三八〇、通考卷三八選舉考改。

〔五〕六年　承上文當指建炎六年，而建炎無六年；繫年要錄卷九九繫此事於紹興六年，是，此處失書「紹興」紀元。

〔六〕尚書省文武官致仕　據下文「餘從之」及通考卷三四選舉考「詔除寺、監長貳至開封少尹，係用職事蔭補，不合限年。餘悉從之」等語，疑「尚書省」前脫「詔」字。

〔七〕議遂格　「格」原作「革」，據繫年要錄卷一一五、通考卷三四選舉考改。

宋史卷一百六十

志第一百一十三

選舉六 保任 考課

保任之制。銓注有格，概拘以法，法可以制平而不可以擇才，故予奪升黜，品式具在，而又責官以保任之。凡改秩遷資，必視舉任有無，以爲應否；至其職任優殊，則又隨事立目，往往特詔公卿、部刺史、牧守長官，即所部所知，揚其才識而任其能否。上自侍從、臺諫、館學，下曁錢穀、兵武之職，時亦以薦舉命之，蓋不膠於法矣。

國初，保任未立限制。建隆三年始詔：「常參官及翰林學士，舉堪充幕職、令、錄者各一人，條析其實，毋以親爲避。」既而舉者頗因緣爲姦，用知制誥高錫奏：「請許人訐告，得實，則有官者優擢，非仕宦者授以官，或賞緡錢；不實，則反坐之。」自是，或特命陶穀等舉才堪通判者，或詔翰林學士及常參官舉京官、幕職、州縣正員堪升朝者。藩鎭奏掌書記多越資敍，則詔歷兩任有文學方得奏。又令諸道節度、觀察使，於部內官選才識優茂、德行敦篤者各二人，防禦、團練使各舉一人，遣詣闕庭，觀其器業而進用焉。凡被舉擢官，於誥命署舉主姓名，他日不如舉狀，則連坐之。

太宗尤嚴牧守之任，詔諸道使者察部內履行著聞、政術尤異、文學茂異者，州長吏擇判、司、簿、尉之淸廉明幹者，具名以聞，驛召引對，授之知縣。又令閤屬部司理參軍，廉愼而明於推鞫者，舉之。雍熙二年，舉可升朝者，始令翰林學士、兩省、御史臺、尙書省官舉之。

淳化三年〔一〕，令宰相以下至御史中丞，各舉朝官一人爲轉運使，迺詔曰：「國家詳求幹事之吏，外分主計之司，雖曰轉輸，得兼按察，總覽郡國，職任尤重，物情舒慘，靡不由之。尙慮徼功，固當責實。凡轉運使釐革庶務，平反獄訟，漕運金穀，成績居最，及有建置之事，果利於民，令歲終以聞。非殊異者不得條奏。」又詔：「三司、三館職事官已升擢者，不在論薦；其有懷材外任，未爲朝廷所知者，方得奏舉。始令內外官，凡所舉薦有變節踰矩者，自首則原其聯坐之罪。

太宗聽政之暇，每取兩省、兩制淸望官名籍，擇其有德譽者，悉令舉官。所舉之人，須析其爵里及歷任殿最以聞，不得有隱。如舉狀者有賞典，無驗者罪之。又嘗謂宰臣曰：「君子小人，趣向不同。君子畏愼，不欺暗室，名節造次靡渝；小人雖善談忠信，而履行頗僻，在官黷貨，罔畏刑罰。如薛智周以侍御史守婺，政以賄成，聚斂無已，其土產富於羅，州民謂之『羅端公』，則爲治可知矣。卿等職在掄材，今令朝臣舉官，已是逐末，更不擇舉主，何由得人也？」供奉官劉文質嘗入奏，察舉兩浙部內官高輔之、李易直、艾仲孺、梅詢、高鼎、高貽慶、姜嶼、戚綸八人有治迹，並降璽書褒諭。帝曰：「文質所舉，皆良吏也。」特遷文質爲西京作坊副使。

咸平間，祕書丞陳彭年請用唐故事舉官自代。詔祕書直學士〔三〕馮拯、陳堯叟參詳之。拯等上言：「往制，常參官及節度、觀察、防禦、刺史、少尹、畿赤令并七品以上清望官，授訖三日內，於四方館上表讓一人以自代。其表付中書門下，每官闕，以見舉多者量而授之。今官品制度沿革不同，請令兩省、御史臺、尙書省六品以上，諸司四品以上，授訖，具表讓一人自代，於閤門投下，方得入謝。在外者，授訖三月內，具表附驛以聞〔三〕。」遂著爲令。

眞宗初，屢詔舉官，未立常制。大中祥符二年詔：「幕職、州縣官初任，未閑吏事，須三任六考，方得論薦。」三年，始定制：

自翰林學士以下常參官，歲各舉外任京朝官、三班使臣、幕職州縣官一人，著其治行所宜任，令閤門、御史臺歲終會其數。如無舉狀，卽具奏致罰。於冬季以差出，亦須舉官後乃入辭。諸司使副、承制、崇班曾任西北邊、川、廣鈐轄、親民者，亦倣此制。諸路轉運使副、提點刑獄官，知州、通判奏舉部內官屬，則不限人數，具在任勞績，如無可舉及顯有踰濫者，亦須指述，不得顧避。以次年二月二十五日以前到京，違期則都進奏院以名聞，論如不申考帳法。

三司使副舉在京掌事京朝官、使臣。凡被舉者，中書歲置二籍，疏其名銜，下列歷任功過、舉主姓名及薦舉數。一以留中書，一以五月一日進內。明年，籍內仍計向來功過及舉主數，使臣即樞密院置籍。兩省、尚書省、御史臺官凡出使迴，須採訪所至及經歷隣近郡官治迹善惡以聞。轉運使副、提點刑獄官、知州、通判赴闕，各具前任部內官治迹能否，如隣近及所經州縣訪聞善惡，亦許同奏，先於閤門投進，方得入見。

凡朝廷須人才，及欲理州縣弊政劇務，即籍內視舉任及課績數多而資歷相當者差委，於宣敕內盡列舉主姓名。或任內幹集，特與遷秩，苟不集事，本犯雖不去官，亦移閑慢僻遠地。內外羣臣所舉及三人有成績，仰中書、樞密院具姓名取旨甄奬。如併舉三人俱不集事，坐罪不至去官，亦仰奏裁，當行責降。或得失相參，亦與折當。

天聖六年詔：「審刑院舉常參官在京刑法司者爲詳議官；大理寺詳斷、刑部詳覆法直官，皆舉幕職、州縣曉法令者爲之。自請試律者須五考，有舉者，乃聽試。試律三道，疏二道，又斷中小獄案二道，通者爲中格。」時舉官擢人，不常其制。國子監闕講官，則詔諸路轉運使舉經義通明者；或欲不次用人，嘗詔近臣舉常參官歷通判無贓罪而才任繁劇者；欲官諸邊要，亦嘗詔節度使至閤門使、知州軍、鈐轄、諸司使，舉殿直以上材勇堪邊任者，或令三司使下至天章閣待制舉奏之。邊有警，則詔諸轉運使、提點刑獄舉所部官才堪將帥者；三路知州、通判、縣令，則詔近臣舉廉幹吏選任之，毋拘資格。至于文行之士，錢穀之才，刑名之學，各因時所求而薦焉。

自天聖後，進者頗多，始戒近臣，非受詔毋輒舉官。又下詔風厲，毋以薦舉爲阿私。其任用已至部使者，毋得復薦，失舉而已擢用，聽。自言不實，弗爲負。初，選人四考，有舉者四人，得磨勘遷京官；始詔增爲六考，舉者五人，須有本部使者。御史王端以爲：「法用舉者兩人，得爲縣令。爲令無過譴，遷職事官、知縣；又無過譴，遂得改京官。乃是用舉者兩人，保其三任也。朝廷初無參伍考察之法，偶幸無過，輒信而遷之。是以碌碌之人，皆得自進，因仍弗革，其弊將深。」乃定令：被薦爲令，任內復有舉者始得遷，否則如常選，毋輒升補。

時增設禁限，常參官已授外任，毋得奏舉。京官見任知州、通判，升朝官兵馬都監、諸司副使以上，及在京員外郎嘗任知州、通判，諸司副使嘗任兵馬都監者，乃聽舉，流內銓復裁。內外臣僚歲舉數，文臣待制至侍御史，武臣自觀察至諸司副使，舉吏各有等數，毋得輒過；而被舉者須有本部監司、長吏、按察官，乃得磨勘。又限到官一考，方得薦。知雜御史、觀察使以上，歲舉京官不得過二人，其常參官毋得復舉，自是舉官之數省矣。定監司以所部州多少劇易之差，爲舉令數，非本部勿舉。其後又增舉主三員。蓋官冗之弊浸極，故保薦之法，大抵初略而後詳也。

英宗時，御史中丞賈黯又言：「今京朝官至卿、監，凡二千八百餘員，而吏部奏舉磨勘選人，未引見者至二百五十餘人。且以先朝事較之：方天聖中，法尙簡，選人以四考改官，而諸路使者薦部吏，未有限數；而在京臺閣及常參官嘗任知州、通判者，雖非部吏皆得薦。時磨勘改官者，歲才數十人，後資考頗增，而知州薦吏，視屬邑多少裁定其數，常參官不許薦士。其條約漸繁，而改官者固已衆矣，然引對猶未有待次者也。皇祐中，始限監司奏舉之數，其法益密，而磨勘待次者已不減六七十人。皇祐及今纔十年耳，而猥多至于三倍。向也，法疏而其數省；今也，法密而其數增，此何故哉？正在薦吏者歲限定員，務充數而已。如郡守歲許薦五人，而歲終不滿其數，則人人以爲遺己。當舉者避謗畏譏，欲止不敢，此薦者所以多〔四〕，而眞才實廉未免濫於無能也。宜明詔天下，使有人則薦，不必滿所限之數。」天子納其言，下詔申敕。中外臣僚歲得舉京官者，視元數以三分率之，減一分；舉職官，有舉者三人，任滿選如法。所以分減舉者數，省京官也。

判吏部流內銓蔡抗又言：「奏舉京官人，度二年引對乃可畢，計每歲所舉，無慮千九百員，被舉者既多，則磨勘者愈衆。且今天下員多闕少，率三人而待一闕，若不稍改，除吏愈難。臣以爲可罷知雜御史、觀察使以上歲得舉官法。」從之。自是舉官之數彌省矣。故事，初入二府，舉所知者三人，將以觀大臣之能。後來請謁之說勝，而薦者或不以公。四年，詔：「中書、樞密院舉人，皆明言才業所長，堪任何事，以副朕爲官擇人之意。」

神宗卽位，乃罷兩府初入舉官。凡薦任之法，選人用以進資改秩，京朝官用以升任，舊悉有制。熙寧後，又從而損益之，故舉皆限員，而歲又分舉，制益詳矣。定十六路提點刑獄歲舉京官、縣令額。又詔察訪使者得舉官。選人任中都官者，舊無舉薦，始許其屬有選人六員者，歲得舉三員。既而帝以舊舉官往往緣求請得之，乃革去奏舉，而概以定格。詔內外舉官法皆罷，令吏部審官院參議選格。

元祐初，左司諫王巖叟言：「自罷辟舉而用選格，可以見功過而不可以見人材，中外病之。於是不得已而別爲之名，以用其平日之所信，故有『踏逐申差』之目。『踏逐』實薦舉而不與同罪，且選才薦能而謂之『踏逐』，非雅名也。況委人以權而不容舉其所知，豈爲通術？」遂復內外舉官法。

及司馬光爲相，奏曰：

爲政得人則治。然人之才，或長於此而短於彼，雖皋、夔、稷、契，各守一官，中人安可求備？故孔門以四科論士，漢室以數路得人。若指瑕掩善，則朝無可用之人；苟隨器授任，則世無可棄之士。臣備位宰相，職當選官，而識短見狹，士有恬退滯淹，或孤寒遺逸，豈能周知？若專引知識，則嫌於私；若止循資序，未必皆才。莫若使有位達官，各舉所知，然後克叶至公，野無遺賢矣。

欲乞朝廷設十科舉士：一曰行義純固可爲師表科，有官、無官人，皆可舉。二曰節操方正可備獻納科，舉有官人。三曰智勇過人可備將帥科，舉文武有官人。四曰公正聰明可備監司科，舉知州以上資序。五曰經術精通可備講讀科，有官、無官人，皆可舉。六曰學問該博可備顧問科，同上。七曰文章典麗可備著述科，同上。八曰善聽獄訟盡公得實科，舉有官人。九曰善治財賦公私俱便科，舉有官人。十曰練習法令能斷請讞科。同上。應職事官自尚書至給舍、諫議，寄祿官自開府儀同三司至太中大夫，職自觀文殿大學士至待制，每歲須於十科內舉三人，仍具狀保任，中書置籍記之。異時有事須材，卽執政案籍視其所嘗被舉科格，隨事試之，有勞，又著之籍。內外官闕，取嘗試有效者隨科授職。所賜告命，仍備所舉官姓名，其人任官無狀，坐以繆舉之罪。所貴人人重愼，所舉得才。

光又言：「朝廷執政惟八九人，若非交舊、無以知其行能。不惟涉徇私之嫌，兼所取至狹，豈足以盡天下之賢才？若採訪毀譽，則情僞萬端。與其聽遊談之言，曷若使之結罪保舉？故臣奏設十科以舉士，其『公正聰明可備監司』，誠知請屬挾私所不能無，但有不如所舉，譴責無所寬宥，則不敢妄舉矣。」詔皆從之。

二年，殿中侍御史呂陶言：「郡守提封千里，生聚萬衆，所係休戚，而不察能否，一以資格用之，凡再爲半刺、有薦者三人，則得之矣。不公不明，十郡而居三四，是天下之民，半失其養。請令內外從臣〔五〕，歲舉可爲守臣者各三人，略資序而採公言，庶其可以擇才芘民也。」詔「內外待制、太中大夫以上，歲舉再歷通判資序、堪任知州者一人，籍于吏部。遇三路及一州而四縣者，其守臣有闕，先差本資序人，次案籍以所薦者〔六〕。」

頃之，侍御史韓川言：「近太中大夫以上歲舉守臣，而薦所不及，雖課入優等，皆未預選，此倚薦以爲信也。然太中大夫以上，率在京師，唯馳鶩請求、因緣宛轉者，常多得之。迹遠地寒，雖歷郡久、治狀著、課入上考，偶以無薦，則反在通判下，不許入三路及四縣州。且州以縣之多少而分簡劇，亦未爲盡。蓋繁簡在事不在縣，固有縣多而事不繁，亦有縣少而事不簡者。願參以考績之實，著爲通令，仍不以縣之多少而爲簡劇。」詔吏部立法以聞。已而歲舉積久，吏部無闕以授。四年，遂罷太中大夫以上歲舉法，惟奉詔乃舉焉。

紹聖元年，右司諫朱勃言：「選人初受任，雖能，法未得舉爲京官。而有挾權善請求者，職官、縣令舉員既足，又併改官舉員求之。」詔：「歷任通及三考，而資序已入幕職、令錄，方許舉之改官。」

初，神宗罷薦舉，惟舉御史法不廢。熙寧二年，王安石言：「舉御史法太密，故難於得人。」帝曰：「豈執政者惡言官得人耶？」於是中書悉具舊法以奏。安石曰：「舊法，凡執政所薦，卽不得爲御史。執政取其平日所畏者薦之，則其人不復得言事矣，蓋法之弊如此。」帝乃令悉除舊法，一委中丞舉之，而稍略其資格。趙抃曰：「用京官恐非體，又不委知雜，專任中丞，亦非舊制。」帝曰：「唐以布衣馬周爲之，用京官何爲不可？知雜，屬也，委長爲是。」侍御史劉述奏曰：「舊制，舉御史必官升京朝，資入通判。衆學士、本臺丞、知雜更互論薦，每一闕上二人而擇用一人。今專委中丞，則愛憎由己，公道廢於私恩；或受權臣之託，引所親厚，擅竊人主威福，此大不便。」弗聽。既改法，著作佐郎程顥、王子韶、謝景福方爲條例司屬官，中丞呂公著薦之，遂以太子中允權監察御史裏行。

宣仁太后聽政，詔范純仁爲諫議大夫，唐淑問、蘇轍爲司諫，朱光庭、范祖禹爲正言。章惇曰：「故事，諫官皆薦諸侍從，然後大臣稟奏，今得無有近習援引乎？」太后曰：「大臣實皆言之，非左右也。」惇曰：「臺諫所以糾大臣之越法者。故事，執政初除，苟有親戚及嘗被薦引者見爲臺臣，則皆他徒，防壅蔽也。今天子幼沖，太皇太后同聽萬機，故事不可違。」於是呂公著以范祖禹，韓縝、司馬光以范純仁，皆避親嫌。光曰：「純仁、祖禹實宜在諫列，不可以臣故妨賢，寧臣避位。」惇曰：「縝、光、公著必不私，他日有懷姦當國者，例此而引其親黨，蔽塞聰明，恐非國之福。」純仁、祖禹請除他官，仍令侍從以上，各得奏舉。」於是，詔尚書、侍郎、給舍、諫議、中丞、待制各舉諫官二員；純仁改除天章閣待制，祖禹爲著作佐郎。後又命司諫、正言、殿中侍御史、監察御史，並用升朝官通判資序。

元祐六年，御史中丞鄭雍言：「舊御史闕，臺官得自薦，所以正名舉職也。自官制行，御史中丞與兩省分舉，而今之兩省官屬，皆與聞門下、中書政事，其自舉非故事，且有嫌。乞專委臺官，若稍涉私，自有黜典。」詔御史中丞舉殿中侍御史二員，翰林學士、中書舍人同舉監察御史二員，給事中亦舉二員。雍又言：「風憲之地，責任宜專。若臺屬多由他薦，恐非責任之本意。」詔中丞更舉監察御史二員。八年，侍御史楊畏言：「風憲之任，人主寄耳目焉。御史進用，宰執不得預，顧令兩省屬官舉之，非是。」遂寢前命。

武臣薦舉立格，有枚別職任而舉之者，有概名材武而入之銓格者，又其上則「謀略膽勇可備統衆」、「諳練兵事可任邊寄」之類。惟邊要任使隸樞密院，餘則審官西院、三班院按格注之。其後，雖時有更易，而薦舉之所重輕，選用之所隸屬，多規此立制。

建炎兵興多事，以中外有文武材略出倫，或淹布衣，或沉下僚，命侍從、監司、郡守搜訪，各舉所知，州縣禮遣赴行在。又詔舉「忠信寬博可使絕域」與「智謀勇毅能將萬衆」者，不以有無官資，並詣登聞檢院自陳，才謀勇略可使者，赴御營司量材錄用。或命庶僚各舉內外官及布衣隱士才堪大用者，擢爲輔弼，協濟大功；或命侍從舉可爲臺諫者，或舉縣令，或舉宗室；刺史舉忠義之士能恢復土疆保護王室者；帥臣、監司、守令舉所部見任寄居待次文武官有智謀及武藝精熟者；及訪求國初功臣後裔，中興以來忠義死節之家子孫。四年，以朝班多闕，詔：「臺諫、左右司郎官已上，各薦士二人，仍令執政同選。在外侍從雖在謫籍，無大過而政事才學實可用者，亦與召擢。」

紹興二年，廷臣言：「今右武之世，雖二三大將，各立雋功，微賤之中，尙多奇士。願廣加薦舉，延問恢復之計。」帝然其言。詔觀察使以上各薦可爲將帥者二人，樞密籍錄以備選用。又以中原士大夫隔絕滋久，流徙東南者，煢寡援疎，多致沉滯，令侍從搜訪以聞。三年，復司馬光十科，時遣五使宣諭諸道，令訪廉潔淸修可以師表吏民者。尋詔宣諭官所薦，並俟終更，令入對升擢，以勸能吏。復用舊制，侍從官受命三日，舉官一員自代，中書、門下省籍記姓名，每闕官，卽以舉狀多者進擬。內外武臣，舉忠勇智略可自代者一人，如文臣法。

五年，命自監察御史至侍從官，舉曾經治縣聲績顯著者爲監司、郡守，不限員數，遇闕選除；才堪大縣者，通舉二十人，不限資序。十年，以南渡後人材萃於兩浙，而屬吏薦員甚狹，增部使者薦舉改官之額，歲五員。十四年，命守臣終更入見，各舉所部縣令一人。

二十二年，右諫議大夫林大鼐言：「國初，常參官皆得舉人，不限內外，亦無員數。南渡之初，恩或非泛，人得僥倖，有從軍而改秩者，有捕盜而改秩者，有以登對而改秩者。今朝廷無事，謹惜名器，惟薦舉一路，貪躁者速化，廉靜者陸沉。今欲取考第、員數增減以便之，增一任者減一員，十考者用四〔七〕，十二考者用三，十五考者用二。如減舉法，須實歷縣令，不得仍請嶽祠。其或負犯殿選，自如常坐。士有應此格者，行無玷缺，年亦蹉跎，無非孤寒老練安義分之士。望付有司條上，以弭奔競。」二十五年，命侍從舉知州、通判治跡顯著者，以補監司之闕；仍保任終身，犯贓及不職，與同罪。

二十九年，聞人滋又請：「凡在官歷任及十考以上，無公私罪，雖舉削不及格，許降等升改。或疑其太濫，則取吏部累年改官酌中之數，立爲限隔，舉狀、年勞，參酌並用。」於是下其議，中書舍人洪遵、給事中王晞亮等上議曰：「本朝立薦舉之法，必使歷任六考，所以遲其歲月而責其赴功，必使之舉官五員，所以多其保任而必其可用。今如議臣所請，則有力者惟圖見次，無材者苟冀終更，出官十餘年，可以坐待京秩。此不可一也。今欲減改官分數以待無舉削者，則當被舉之人，必有失職淹滯之歎。此不可二也。京官易得，馴至郎位，任子之恩，愈不可減，非所以救入流之弊。此不可三也。夫祖宗之法非有大害，未易輕議；今一旦取二百年成法而易之。此不可四也。臣以爲如故便。」滋議遂寢。

三十年，以武臣被薦者衆，命內外大臣所舉統制、統領官各遷一秩，將官以下，所舉者令兩府籍記。右正言何溥言：「比命侍從薦舉縣令，如聞選人不可授大邑，止籍記姓名。夫論人才不拘資格，豈堪爲縣令而有小大之別乎？今所舉者才也，非官也。願無拘劇易，早與選除，歲一行之，十年之後，天下多賢令矣。」乃詔：「薦舉守令，遇見闕依次除授；如已授差遣者，任滿取旨。」帝謂輔臣曰：「朕有一人材薄，臣下有所薦揚，退則記其姓名。遇有選用，搜而得之，無不適當。」

孝宗嘗命內外選在任閑居待次官舉可任監司、郡守之人，以資序分二等，一見今可任，一將來可任，注籍于三省，仍作圖進呈，以憑除擢。又以武選之衆，拔擢未廣，立「謀略沉雄可任大計」、「寬猛適宜可使御衆」、「臨陣驍勇可鼓士氣」、「威信有聞可守邊郡」、「思智精巧可治器械」凡五等科目，令曾歷軍功觀察使以上各舉二人〔八〕。其「通習典章可掌朝儀」、「練達民事可任郡寄」、「諳曉財計可裕民力」、「持身廉潔可律貪鄙」、「詞辨不屈可備奉使」五等，令非軍功觀察使以上舉之。並隨類指陳實跡，毋得別撰褒詞。

隆興二年，廷臣上言，謂：「國朝視文武爲一體，故有武臣以文學換授文資，文臣以材略智謀換右職當邊寄者。蓋文武兩塗，情本參商。若文臣總幹戎事，不換武階，則終以氣習相忌，有不樂從者矣。今兵塵未息，方厲恢復之圖，願博采中外有材智權略可以臨邊、可以制閫者，倣舊制改授。」從之。乾道以後，又選大將之家能世其武勇者，武舉及第武藝絕倫可爲將佐者。會廷臣言曰：「方今國家之兵，東至淮海，西至川蜀，殆百餘萬。其間可爲將帥者，不在其上，則在其下，而朝廷未知振其氣、表其才也。今文臣有三人舉主，則爲之循資再任，五人則爲之改秩，而武臣無有焉。古語曰：『三辰不軌，擢士爲相；蠻夷不恭，拔卒爲將。』宜令都統制視監司者歲舉武臣二人，視郡守者歲舉一人。以智勇俱全爲上，善撫士卒專有膽勇者次之。不拘將校士卒，優以獎擢。被舉人有臨戰不用命者，與文臣犯入己贓者同，併坐舉主。」帝可其奏，仍著爲法。

三年，禮部尚書趙雄請令侍從、臺諫、兩省，於知縣資序以上歲薦堪充郡守，通判資序以上歲薦監司，仍用漢朝雜舉之制，三省詳加考察。詔如所請，仍不以內外，雜舉歲各五人，保舉官及五員以上，列銜共奏。帝曰：「薦舉本欲得人，又恐干請，反長奔競。」龔茂良言：「三代良法，亦不免於弊。今欲精選監司、郡守，非薦舉何由知之。」帝曰：「若今雜舉，則須衆論僉允，又經中書考察而後除授，亦博采遴選之道也。」

吏部請：「武舉軍班武藝特奏名出身，幷任巡檢、駐泊、監押、知砦，比附文臣關升條令，並實歷六考，有舉主四人，內監司一人，聽關升親民。正副將，兩任、有舉主二人，內一人監司，亦與關升。凡升副將，視文臣初任通判資序；再關升正將，視文臣次任通判資序；關升路分副都監，視文臣初任知州資序；小郡州鈐轄，視文臣次任知州資序。」孝宗以歲舉京官數濫，於是內外薦舉改官員數，六部、寺、監長貳，戶部右曹郎官等，三分減一；禮部、國子監長貳，如上條外又減半；前宰執，歲各減二員；諸道轉運、提刑、提舉常平茶鹽學事司，總領茶馬、鑄錢司，安撫、制置司，及諸路州軍，並四分減一。通籍之數彌省矣。

光宗時，言者謂：「被薦者衆，朝廷疑其私而不信，病其泛而難從，縱有賢才，不免與僥倖者併棄，請條約之。」乃命帥守、監司毋獨員薦士。時薦舉固多得人，然有或乏廉聲而舉充廉吏，或素昧平生而舉充所知，或不能文而舉可備著述。遂命臣僚自今有人則薦，無人則闕，其尤繆妄者覺察之。

嘉泰二年，令內外舉薦並具實跡以聞，自是濫舉之弊稍革。嘉定十二年，命監司、守臣舉十科政績所知自代，露章列薦，並籍記審察。任滿，則取其舉數多、有政績行誼者，升擢之。

宋初，內外小職任，長吏得自奏辟。熙寧間，悉罷歸選部。然要處職任，如沿邊兵官、防河捕盜、重課額務場之類，尋又立專法聽舉，於是辟置不能全廢也。旣出常格，則儉人往往因之以行其私。元祐以來，屢行屢止。蓋處心公明，則得以用其所知，固爲良法；苟徇私昧理，則才不爲用，請屬賄賂，無所不有矣。又孰若付之銓曹而概以公法者哉？

建炎初，詔河北招撫、河東經制及安撫等使，皆得辟置將佐官屬；行在五軍幷御營司將領，亦辟大小使臣。諸道郡縣殘破之餘，官吏解散，諸司誘人塡闕，皆先領職而後奏給付身。於是州郡守將，皆假軍興之名，換易官屬，有罪籍未敍復、守選未參部者。朝論患之，乃令釐正，使歸部依格注擬。惟陝西五路、兩河、兩淮、京東等路經略安撫司屬官聽舉辟，餘路並罷。四年，初置諸鎭撫使，管內州縣官並許辟置。言者謂遠方之民，理宜綏撫。如峽州四縣，多用軍功或胥吏補知縣，欄吏補監稅，民被其害。遂命取峽州、江陵府、荆門軍、公安軍州縣官闕，委安撫司奏辟。命御史臺仍舊辟舉承務郎已上官充主簿、檢法官，不限資序。

紹興二年，臣僚又以「比年帥守、監司辟官，攙奪部注，朝廷不能奪，銓曹不能違，又多畀以添差不釐務之闕。上自監司、倅貳，下至掾屬、給使，一郡之中，兵官八九員，一務之中，監當六七員，數倍於前日。存無事之官，食至重之祿，所以重困生民。請裁省其闕，否則以宮廟之祿畀之。」遂命自今已就辟差理資任者，毋得據舊闕以妨下次。六年，詔諸道宣撫司，僚屬許本司奏辟，內京官以二年爲任，願留再任者，取旨。自兵興，所辟官有經十年不退者，故條約焉。二十六年，詔已注知縣、縣令，不許奏辟。

孝宗初，詔內外有專法，辟闕並仍舊。乾道九年，命監司、帥臣，非有著令，不得創行奏辟；所辟毋得攙已差之闕，違者御史臺察之。淳熙三年，命自今極邊知縣、縣令闕官，專委本州守臣奏辟，毋得仍舊權攝；其見攝官留意民事百姓愛服者，許不以有無拘礙，特行奏辟。七年，詔未中銓、未歷任、初改秩人毋得差辟，著爲令。

理宗寶慶二年，以廣南東、西路通判、幕職、教授等官，法未嘗許辟者，須於各官將滿之前具闕。如未有代者，卽聽申部出闕，滿三月無人注擬，申省下本路。通判以下京官闕，從諸司奏辟。選人闕，從漕司定差。作邑未滿三年、作倅未滿二考，不許預期奏辟他闕。諸司屬官不許輒自辟置，或久闕正官，許令次官暫攝，待朝命方許奏辟。淳祐十一年，以御史臺申嚴銓法，禁監司、郡守辟親戚爲屬吏。又選人無考第、舉主不及三員，及納粟人雖有考第、舉主，並不聽辟爲令。寶祐三年，戒諸路監司、帥閫，不應辟而輒辟者，辟主及受辟之官，並與鐫秩。

考課。宋初循舊制，文武常參官各以曹務閑劇爲月限，考滿卽遷。太祖謂非循名責實之道，罷歲月敍遷之制。置審官院，考課中外職事。受代京朝官引對磨勘，非有勞績不進秩。其後立法，文臣五年、武臣七年，無贓私罪始得遷秩。曾犯贓罪，則文臣七年、武臣十年，中書、樞密院取旨。其七階選人，則考第資歷，無過犯或有勞績者遞遷，謂之「循資」。凡考第之法，內外選人，周一歲爲一考，欠日不得成考。三考未替，更周一歲，書爲第四考，已書之績，不得重計。初著令，州縣戶口準見戶十分增一，刺史、縣令進考，若耗一分，降考一等。建隆三年，又以科賦有欠踰十之一，及公事曠違嘗有制受罰者，皆如耗戶口降考。吏部南曹又舉周制，請州縣官益戶增稅，受代日並書於籍。凡千戶以下能增百戶減一選，減及三選以上，令賜章服，主簿升秩進階。能歸復逋亡之民者，亦如之。

是年，縣始置尉，頒捕盜條，給以三限，限各二十日，三限內獲者，令、尉等第議賞；三限外不獲，尉罰一月奉，令半之。尉三罰、令四罰，皆殿一選，三殿停官。令、尉與賊鬬而能盡獲者，賜緋升擢。乾德四年，詔諸縣令、佐有能招攜勸課，以致蕃庶民籍，租額出其元數，減一選，仍進一階。

太宗勵精圖治，遣官分行郡縣，廉察官吏。河南府法曹參軍高丕等，皆以不勝任免官。復詔諸道察舉部內官，第其優劣爲三等：「政績尤異」爲上，「職務粗治」爲中，「臨事弛慢所湓無狀」者爲下。歲終以聞。先是，諸州掾曹及縣令、簿、尉，皆戶部南曹給印紙、曆子，俾州郡長吏書其績用愆過，秩滿，送有司差其殿最。詔有司申明，其諸州別給公據者罷之。判吏部南曹董淳言：「有司批書印曆，多所闕略，令漏書一事殿一選，三事降一資。」自是職事官依州縣給南曹曆子，天下知州、通判、京朝官釐務於外者，給以御前印紙，令書課績。時蔣元振知白州，爲政清簡，民甚便之；秩滿，衆輒詣部使乞留，凡十有八年，未受代。姚益恭清白有才幹，知鄆州須城縣，鞭朴不施，境內大治。淳化初，採訪使各言其狀，下詔褒嘉，賜元振絹三十匹、粟五十石，賜益恭對衣、銀帶、絹五十匹。

四年，始分置磨勘之司。審官院掌京朝官，考課院掌幕職、州縣官，廢差遣院，令審官總之。乃詔：「郡縣有治行尤異、吏民畏服、居官廉恪、湓事明敏、鬬訟衰息、倉廩盈羨、寇盜剪滅、部內清肅者，本道轉運司各以名聞，當驛置赴闕，親問其狀加旌賞焉。其貪冒無狀、淹延鬬訟、踰越憲度、盜賊競起、部內不治者，亦條其狀以聞，當行貶斥。」

以翰林學士錢若水、樞密直學士劉昌言同知審官院，考覆功過，以定升降；又以判流內銓翰林學士蘇易簡、知制誥王旦等知考課院，重其職也。凡流內銓，主常調選人；考課院，主奏舉及歷任有殿最者。明年，帝親選京朝官三十餘人，自書戒諭之言于印紙曰：「勤政愛民，奉法除姦，方可書爲勞績。」且謂錢若水曰：「奉法除姦之言，恐諸臣未喻，因而生事，可語之曰：『除姦之要，在乎奉法。』」至道初，罷考課院，併流內銓。二年，遣使廉察諸道長吏，得八人治事公正、惠愛及民，皆降璽書獎諭。

眞宗即位，命審官院考京朝官殿最，引對遷秩。京朝官引對磨勘，自此始。先是，每恩慶，百僚多得序進。帝始罷之，惟郊祀恩許加勳、階、爵邑。帝察羣臣有聞望者，得刑部郎中邊肅等二十有四人，令閤門再引對，觀其辭氣文藝，並得優升。景德初，令諸道辨察所部官吏能否，爲三等：公勤廉幹惠及民者爲上，幹事而無廉譽、淸白而無治聲者爲次，畏懦貪猥爲下。

仁宗尤矜憐下吏，以銓法選人有私罪，皆未聽磨勘，諭近臣：「凡『門謝弗至』與『對敭失儀』，其毋以爲罪。」又曰：「州縣秩卑，而長吏多鉤摭細故，文致之法，使不得自進，朕甚閔焉。」宰相王曾曰：「引對時，陛下酌其輕重而稍擢之，則下無滯才矣。」其後選人，有束鹿縣尉王得說，歷官寡過，書考最多而無保任者。帝察其孤貧，特擢爲大理寺丞。天聖時，詔：「文武臣僚，非有勳德善狀，不得非時進秩；非次罷免者，毋以轉官帶職爲例。兩省以上，舊法四年一遷官，今具履歷聽旨。京朝官磨勘年限，有私罪及歷任嘗有罪，先以情重輕及勤績與舉者數奏聽旨；若無私犯而著最課及有舉者，皆第遷之。自請釐物務于京師，五年一磨勘，因舉及選差勿拘。凡有善政異績，準事大小遷升，選人視此。」又定監物務入親民，次升通判，通判升知州，皆用舉者。舉數不足，毋輒關升。

慶曆三年，從輔臣范仲淹等奏定磨勘保任之法：自朝官至郎中、少卿，須淸望官五人保任，始得遷。其後，知諫院劉元瑜以爲適長奔競，非所以養廉恥，乃罷之。

八年，詔近臣論時政。翰林學士張方平言：「祖宗之時，文武官不立磨勘年歲，不爲升遷次序〔九〕。有才實者，從下位立見超擢，無才實者，守一官十餘年不轉。其任監當或知縣、通判、知州，至數任不遷。當時人皆自勉，非有勞効，知不得進。祥符之後，朝廷益循寬大，自監當入知縣，知縣入通判，通判入知州，皆以兩任爲限；守官及三年，例得磨勘。先朝始行，未見有弊。及今年深，習以爲常，皆謂分所宜得，無賢不肖，莫知所勸。願陛下稍革此制，其應磨勘敍遷，必有勞績；或特敕擇官保任者，卽與轉遷；如無勞績又不因保任者，更增展年。其保任之法，須選擇淸望有才識之人，命之舉官。如此，則是執政之臣舉淸望官，委淸望官舉親民官。凡官有闕，惟隨員數舉之，庶見急才愛民之意。」

嘉祐六年，下詔曰：「朕觀古者治世，牧民之吏，多稱其官，而百姓安其業。今求材之路非不廣，責善之法非不詳，而吏多失職，非稱所以爲民之意。豈人材獨少而世變殊哉？殆不得久於其官故也。蓋智能才力之士，雖有興利除害、禁姦勸善之意，非假以歲月，則亦媮不爲用，欲終厥功，其路無由。自今諸州縣守令，有淸白不擾、政迹尤異而實惠及民者，本路若州連書同罪保舉，將政迹實狀以聞，中書門下察訪得實，許令再任。」

英宗治平三年，考課院言：「知磁州李田，再考在劣等。」降監淄州鹽酒稅務。坐考劣降等，自田始。考績，舊審定殿最格法〔10〕，自發運使率而下至於知州，皆歸考課院，專以監司所第等級爲據；至考監司，則總其甄別部吏能否，副以採訪才行，合二事爲課，悉書「中等」，無高下。

神宗即位，凡職皆有課，凡課皆責實。監司所上守臣課不占等者，展年降資；而治狀優異者，增秩賜金帛，以璽書獎勵之。若監司以上，則命御史中丞、侍御史考校。凡縣令之課，以斷獄平允、賦入不擾、均役屛盜、勸課農桑、振恤飢窮、導修水利、戶籍增衍、整治簿書爲最，而德義淸謹、公平勤恪爲善，參考治行，分定上、中、下等。至其能否尤殊絕者，別立優劣二等，歲上其狀，以詔賞罰。其入優劣者，賞罰尤峻。繼又令：一路長吏，無甚臧否，不須別爲優劣二等，止因上、中、下三等區別以聞。是時，內外官職，各從所隸司以考覈，而中書皆置之籍。每歲竟，或有除授，則稽差殿最，取其尤甚者而進退之。

熙寧五年，遂罷考課院。間遣使察訪，所至州縣，條其吏課。凡知州、通判上中書，縣令上司農，各注籍以相參考。惟侍從出守郡，聽不以考法，朝廷察其治焉。元豐元年，詔因勞效得酬賞，皆分五等，有司受其等而差進之。初一等，京朝官、大小使臣皆轉一官，選人資歷深者改京朝官，資淺者循兩資。次二等，隨其官高下升資，或減磨勘年。惟軍功、捕盜皆得改次等。京朝官自三等以下，賞以差減。若一人而該兩賞，許累計其等以遷。三年，詔：「御史臺六察按官，以所糾劾官司稽違失職事多寡爲殿最，中書置簿以時書之，任滿，取旨升黜。」元祐初，御史中丞劉摯言：「近者，朝廷主察名實，行綜覈之政，下乃承之以刻；主行教化，擴寬洪之澤，而下乃爲苟簡。先此追罪監司數人，爲其掊斂害民耳；而昧者矯枉過正，乃欲以綏縱委靡爲安靜。請申立監司考績之政，以常賦登耗、郡縣勤惰、刑獄當否、民俗休戚爲之殿最，歲終用此以誅賞。」文彥博又奏：「唐六典所載，以德行、才用、勞效三類察在選之士，參辨能否。今之選格特多，舉主、有軍功，斯爲上矣。然舉主可求，軍功或妄，何可盡據？請委吏依倣三類〔二〕，第其才德功效，送中書門下覆驗，取其應選者，引對而去留之。」詔令近臣議，議者請用元豐考課令，第爲高下，以行升黜，歲毋過五人。後改立縣令課，有「四善」、「五最」之目，及增損監司、轉運課格，守令爲五等減磨勘法。初，元祐嘗立吏、戶、刑三部郎官課。崇寧間，言者乞倣周制，歲終委省、寺、監、六曹之長，各攷其屬，稽其官成，而三年遂校其勤惰，行賞罰焉。

大觀元年詔：「國家休養生民，垂百五十年。生齒日繁，而戶部民籍曾不加益，州縣於進丁、入老，收落失實，以故課役不均，皆守令弛職，可申嚴考課法。」然其考法，因時所尙，以示誘抑。若勸學、墾田、植桑棗、振貸、葬枯、興發坑冶、奉詔無違、誘進道徒、賦稅趣辦、能按贓吏，皆因事而增品目，舊法固不易也。但奉行不皆良吏，以請謁移實者亦多。

紹興二年，初詔監司、守臣舉行考課之法。時郡縣數罹兵燹，又命以「戶口增否」別立守令課，分上、中、下三等，每等分三甲置籍。守倅考縣令，監司考知州，考功會其已成，較其優劣而賞罰之。五年，立縣令四課：曰糾正稅籍，團結民兵，勸課農桑，勸勉孝悌。三歲，就緒者加旌賞，無善狀者汰之。

臣僚上言：「守令之治，其略有七：一曰宣詔令，二曰厚風俗，三曰勸農桑，四曰平獄訟，五曰理財賦，六曰興學校，七曰實戶口。得人，則七者皆舉。今之監司，實古刺史。比年守令姦貪，監司未嘗按發，玩弛之弊日甚。」而戶部侍郎張致遠亦言之。乃下詔戒飭監司，考察守令而舉按焉。頃之，有請令江、淮官久任，而課其功過者。帝曰：「朕昔爲元帥時，見州縣官以三年爲任，猶且一年立威信，二年守規矩，三年則務收人情，以爲去計。今止以二年爲任，雖有葺治之心，蓋亦無暇矣，可如所奏。」是時，歲以十五事考校監司，四善、四最考校縣令，違限不實者有罪。又詔監司，一歲再具所部知縣有無「善政顯著」、「繆懦不職」，上之省。

十三年，詔淮東、京西路州縣，逐考批書，若增添戶口、勸課農桑、增修水利，歲終委監司覆實比較。守臣之條有九，通判之條十有四，令佐而下有差。二十五年，以州縣貪吏爲虐，監司、郡守不訶察，遂命監司按郡守之縱容，臺諫劾監司之失察，而每歲校其所按之多寡，以爲殿最之課。二十七年，校書郎陳俊卿言：「古人各守一官終身，使易地而居，未必盡其能也。今監司、帥守，小州換大州，東路易西路；朝廷百執事，亦往往計日待遷，視所居之官，有如傳舍。望令有政術優異者，或增秩賜金，或待終秩而後遷。使久於其職，察其勤惰而升黜之。庶幾人安其分，而萬事舉矣。」詔三省行之。

隆興元年，命湖南、北路應守令增闢田疇，自一千頃以下轉磨勘有差，虧者展磨勘、降名次。二年，詔淮南、川陝、京西邊郡守令，能安輯流亡、勸課農桑首就緒者，本道監司以聞。乾道二年，廷臣上言：「國朝盛時，有京朝官考課，有幕職、州縣官考課，其後爲審官院，爲考課院，皆命中書或兩制臣僚校其能否，以施賞罰。望遵故事，應監司郡守朝辭日，別給御前曆子。如薦賢才爲幾人，若爲治錢穀，若爲理獄訟，興某利，除某害，各爲條目，使之黽勉從事。每考，令當職官吏從實批書，代還，使藉手陛見，然後詔執事精加考覈。其風績有聞者，優與增秩；所莅無狀者，罰之無赦。則賢者效職，而中下之才，亦皆強於爲善矣。」帝乃命經筵官參照累朝考課之法，講而行之。

淳熙二年，因臣僚言，沿邊七路，每路以文臣一人充安撫使以治民，武臣一人充都總管以治兵。分舉其職，各奏其功，任必加久，歲考優劣。一年視其規畫，二年視其成效，三年視其大成，重議誅賞。臧否分爲三等：治效顯著者爲臧，貪刻庸繆者爲否，無功無過者爲平。時天子留意黜陟，諸道莫敢不奉承。於是得實者皆增秩升擢，而監司、牧伯舉按稽緩者輒降黜。行之十餘年，不免有弊，帝因諭輔臣曰：「臧否亦有喜怒之私，如諸司以爲臧，一司以爲否，必從衆爲公，亦在精擇監司，而以臺諫攷察之，庶乎其可也。」光宗初，詔罷其令。寧宗以郡國按刺，多徇私情，遂倣舊制，於御史臺別立攷課一司，歲終各以能否之實聞于上，以詔升黜。其貪墨、昏懦致臺諫奏劾者，坐監司、郡守以容庇之罪。度宗咸淳三年，命參酌舊制，凡文武官一是以公勤、廉恪爲主，而又職事修舉，斯爲上等；公勤、廉恪各有一長爲中等；既無廉聲又多繆政者考下等。其要則以御史臺總帥閫、監司，監司總守倅，守倅總州縣屬官。餘如戎司及屯軍大壘，則總之制司；或無制司，則併各郡總管、鈐轄並總於帥司。以逐路所部州郡多寡之數，分隸轉運、提舉、提刑三司。守倅月一考州縣屬官，監司會所隸守倅，制司會戎司、軍壘，遵照舊制互用文移，會其兵甲、獄訟、金穀之數，及各司屬官書擬公事、拘榷錢物、招軍備器之數，次月置册，各申御史臺上之課籍。俟至半年，類考較前三年定爲三等，中者無所賞罰，上者或轉官、或減磨勘，下者降官、展磨勘，各有等差。

校勘記

〔一〕淳化三年　「三年」原作「元年」，據本書卷五太宗紀、宋會要選舉二七之五改。

〔二〕祕書直學士　按本書卷二八五馮拯傳、卷二八四陳堯叟傳，馮、陳二人於咸平間都官樞密直學士，與宋會要職官六〇之一六、長編卷四八所記同。此處「祕書」當爲「樞密」之誤。

〔三〕授訖三月內具表附驛以聞　「三月」，宋會要職官六〇之一七、長編卷四八此條都作「三日」。當是。

〔四〕此薦者所以多　「薦者」二字原脫，據長編卷二〇四、通考卷三八選舉考補。

〔五〕內外從臣　「臣」字原脫，據通考卷三八選舉考，並參考長編卷三九六呂陶奏疏補。

〔六〕次案籍以所薦者　通考卷三八選舉考作「次案籍以及所薦者」。

〔七〕十考者用四　「十考」，宋會要選舉三〇之二、繫年要錄卷一六三都作「九考」。

〔八〕各舉二人　「二人」，本書卷三三孝宗紀、宋會要選舉三〇之一二都作「三人」。

〔九〕次序　疑當作「資序」，見長編卷一六三張方平條對。

〔一〇〕舊審定殿最格法　通考卷三九選舉考作：「舊無審定殿最格法。」

〔一一〕請委吏依倣三類　據宋會要職官五九之一〇和長編卷三九六、卷四〇一引文彥博奏疏，「請委吏」下當有「部尚書侍郎」五字。